WIZARD

WIZARD
BOOK
SERIES
Vol.68

最強の
ポイント
アンド
フィギュア
分析

市場価格の予測追跡に不可欠な手法

Thomas J. Dorsey
トーマス・J・ドーシー［著］
世良敬明［監訳］　井田京子［訳］

POINT AND FIGURE CHARTING :
The Essential Application for Forecasting and
Tracking Market Prices, 2nd Edition

PanRolling

日本語版へのまえがき

　私のウォール街29年目のハイライトのひとつが、本書『最強のポイント・アンド・フィギュア分析』の日本語版出版の知らせであった。本書はすでに数カ国語に翻訳されている。しかし、日本語版には、格別の喜びを感じずにはいられなかった。

　私と日本とのかかわりは、幼少のころにさかのぼる。東京郊外のワシントンハイツに住み、代々木小学校に通学していた。そこで過ごした数年間は、非常に懐かしい思い出として残っている。

　次に日本に戻ってきたのは、ベトナム戦争中、米海軍にいたときだった。空母に乗船していた私は、日本の港に入るたびに、何か故郷に戻ってきたような気がした。

　それから長い月日がたち、日本への帰還は私の宿願であった。そして今、私は待望の日本帰還を果たし、ポイント・アンド・フィギュア分析について、日本の投資家たちと論じ合える機会を得たのである。

　大半の日本語は記憶から消えてしまった。しかし、幸運にもポイント・アンド・フィギュア分析という説明の非常に簡単な言葉がある。事実、どこの経済でも通話可能な普遍的な言語だと言える。この分析手法は、需要と供給という単純な摂理を基本としており、これには国境も文化的隔絶もないからだ。需要と供給は、米国であれ日本であれ、あるいはギリシャであれ、その国の株式の識別に応用が利く。常に機能し、世界的に不変の均衡装置なのだ。

　アルフレッド・マーシャル（1842～1924）は、エッセー『サプライ＆デマンド（Supply & Demand）』で、需要と供給をひとつのハサミとして組み合わされた2つの刃にたとえている。どちらか一方だけでは使い物にならない。工作器具として機能させるには、両方を持ち合わせる必要があるのだ！

ポイント・アンド・フィギュアの分析手法は、この需給の原理から成り立つ。単純かつ論理的に、需要と供給の攻防、つまりハサミの両方の刃を評価できる組織された手法である。

需要と供給は、最も基本的な定義であり、そこには何よりも非常に民主的な関係がある。結局のところ、だれもが構造的に価格決定の手続きにかかわっている。自分がラフライス（もみ米）の価格を決める先物トレーダーであるか、取引所でホンダ株を買おうとしている株式投資家であるか、あるいはお店で靴の価格を値切っている消費者であるかは、問題ではない。

自由市場では、ラフライス先物を売ろうとする売り手よりも、買い手のほうが多ければ、価格は上昇するはずだ。逆に、ホンダ株を買おうとする買い手よりも、売り手のほうが多ければ、価格は下落するはずである。需要と供給が等しければ、価格は均衡状態にあり、同じままだろう。

結局、価格が変化する原因はほかにはない。だれがどのようにマーケットを評価しようと、需要と供給の不均衡に帰着するのだ。

この投資手法は、1800年代後半、ウォール・ストリート・ジャーナル紙の初代編集長、チャールズ・ダウによって発明された。当時「フィギュアリング」と呼ばれたこの手法は、1900年代初めに「ポイント」という言葉が加えられ、「ポイント・アンド・フィギュア」へと名を変えた。「ポイント」という言葉は、当時、チャートを構成するために利用された1ドルもしくは1ポイント枠のサイズを意味している。

本書を読めばお分かりのように、私は現在のトレードと投資環境に適合させるため、需要と供給の原理を新しいセクター、新しい指標、最新の応用法に広げている。しかし、基本的な手法は、チャールズ・ダウの時代から1世紀以上の間、変わらない。その骨組みは、依然として、おそらく何よりも時代の試練を受けてきたアプローチに根ざし

ているのだ。

　需要と供給の均衡を解明する、最も直接的に関連した分析手法を学ぶことに興味があれば、皆さんはうってつけの場所にいる。本書を丹念に読み返すうちに、値動きの真の原因を悟って初めて得られる充実感から、かつてない投資への意気込みと自律の感覚を経験するだろう。

　本書を読んで疑問点や質問があれば、ぜひ気軽に私あてに電子メールを送ってほしい。アドレスは tom@dorseywright.com である。日本でのポイント・アンド・フィギュアのセミナーで、いつの日か皆さんとお会いできることを楽しみにしている。

2004年1月

トーマス・ドーシー

CONTENTS

日本語版へのまえがき　　　　　　　　　　　　　　1
謝辞　　　　　　　　　　　　　　　　　　　　　　9

第1章　はじめに　　　　　　　　　　　　　　　13
　ポイント・アンド・フィギュア分析──失われたアート　　13
　現代の投資家と18歳のバンジージャンパーの共通点は？　17
　P&F分析が道理に適う理由と開発の経緯　　　　　20
　なぜP&Fチャートを使うべきなのか？　　　　　　22
　P&F分析との出合い　　　　　　　　　　　　　　23
　人生においてリスクをとるということ　　　　　　27

第2章　ポイント・アンド・フィギュア分析の基本　31
　P&Fチャートの基本原則　　　　　　　　　　　　33
　P&Fチャートの更新方法　　　　　　　　　　　　37
　チャート練習──テクノロジー・ワン　　　　　　45
　トレンドライン　　　　　　　　　　　　　　　　50
　　強気支持線　　　　　　　　　　　　　　　　　51
　　強気抵抗線　　　　　　　　　　　　　　　　　54
　　弱気抵抗線　　　　　　　　　　　　　　　　　55
　　弱気支持線　　　　　　　　　　　　　　　　　57
　　目標値　　　　　　　　　　　　　　　　　　　58
　　垂直カウント　　　　　　　　　　　　　　　　59
　　空売りする場合の垂直カウント　　　　　　　　60
　　水平カウント　　　　　　　　　　　　　　　　61

第3章　チャートパターン──需給の攻防の記録　63
　経済学101　　　　　　　　　　　　　　　　　　63
　歴史は繰り返す　　　　　　　　　　　　　　　　64
　成功率を上げるために　　　　　　　　　　　　　66
　チャートパターン　　　　　　　　　　　　　　　70

ダブルトップ	72
強気シグナル	75
弱気シグナル	76
トリプルトップ	77
トリプルボトム売りシグナル	79
強気カタパルトと弱気カタパルト	81
カタパルトを使った戦略	83
弱気カタパルトの形成	85
トライアングル・フォーメーション（三角保ち合い）	87
トリプルトップの変形	90
トリプルボトムの変形	90
スプレッド・トリプルトップ	91
強気シェイクアウト	94
ロングテール・ダウン	97
ハイポールの警告	100
ローポールの形成	100
末広がり型トップの形成	102
弱気シグナル転換	104
強気シグナル転換	105
天才のひらめき	**108**
職人への道	108
一流の仕事をするために	110

第4章　レラティブ・ストレングスの重要性　　113

RSの種類	**114**
1．RS対ダウ平均（マーケットRS）	114
2．RS対DWAセクター指数（ピアRS）	114
3．マーケット対セクター指数（セクターRS）	115
RSの計算	**115**
マーケットRS／ピアRS／セクターRS	

CONTENTS

RSチャートの解釈方法	118
ピアRSの解釈	129
セクターRSの解釈	132
指数の組み合わせ	136

第5章　NYSEと店頭市場のブリッシュ・パーセントの概念──最も重要なマーケット指標　145

NYSEブリッシュ・パーセント指数	145
自分に合ったオペレーティングシステムを持っているか	149
ブリッシュ・パーセントの概念と開発の経緯	153
なぜ一般の指数ではなくBPIを使うのか	156
ブリッシュ・パーセントの仕組み	159
NYSE BPIのリスク水準	161
「強気確認」のマーケット	161
「強気通知」のマーケット	162
「強気調整」のマーケット	163
「弱気確認」のマーケット	164
「弱気通知」のマーケット	165
「弱気調整」のマーケット	166
BPIの教訓	167
1987年	167
1990年	169
1994年	170
1998年	172
計画を立てよ	174
2000年	183
OTC BPI	185

第6章　その他の指標　189

2つの短期指標	191

10週移動平均よりも上でトレードされている銘柄の割合の指数（P-10指数）	**191**
ハイロー指数	**196**
30週移動平均よりも上でトレードされている銘柄の割合の指数（P-30指数）	**197**
騰落ライン	**200**
ポジティブトレンドの割合（PT）	**200**
RSが×列の割合（RSX）	**203**
RSが買いシグナルの割合（RSP）	**207**
強気センチメント指数	**209**
弱気センチメント指数	**209**
まとめ	**209**
債券市場の指標	**212**
ダウ・ジョーンズ20種債券平均	**212**
商品先物市場	**218**

第7章　セクター分析　　**219**

ブリッシュ・パーセント指数によるセクター分析	**219**
電気セクターBPI	**227**
テレコムBPI	**233**
まとめ	**239**
セクターベルカーブ	**240**
デウス・エクス・マキナ	**242**

第8章　オプションとETFを利用したポートフォリオのリスク管理　　**247**

コールオプション	**249**
定義	**249**
コールの買い手	**249**
カバードコールの売り	**253**

CONTENTS

プットオプション 256
  定義 256
  空売り（ショート） 256
  空売りの代わりとしてのプット 257
  プットの売り——アンダーライターになる 259
  保険としてのプット（プロテクティブ・プット） 263
  デルタの原則 267
ETFと資産配分 270
最初の一歩の先を考える——パソコンメーカー 273
  チャートとコメント 277
ETFの利用 283
緊張——恐怖のあまり気が動転するのを防ぐヒント 289

第9章　まとめ 295

銘柄選択のガイドライン 296
  ステップ1　マーケット全体を見る——ボールを保持しているのはだれか？ 296
  ステップ2　セクターの評価 300
  ステップ3　選んだセクターのなかで、ファンダメンタルの安定した銘柄をリストアップする 301
  ステップ4　P＆F分析で「いつ買うか」を調べる 304
  リスクとリワード 305
  モメンタムとトレーディングバンド 310
  モメンタム 310
  トレーディングバンド 318
練習問題 323
  例題1 323
  例題2 328
結論 336

監訳者あとがき 339

謝辞

　本書の初版が発行されてから5年、期待以上の成功を収めてきた。その安定した売れ行きから、このテクニックが多くの投資家にとって正しい手法であるという確信をますます強めている。
　この間、私が代表を務めるドーシー・ライト&アソシエーツ社（DWA）の顧客数は、著しく増加した。その理由のひとつとして、社員の定着率の高さが挙げられる。私たちのビジネスが際限のない学習過程であることを考えると、定着率の高さは非常に重要だ。
　DWAのトップアナリストであるスーザン・モリソンとタミー・デロシエは、当社と実質的に設立当初からかかわってきた。ポイント&フィギュア（P&F）分析ですでに14年の経験があり、さらに2人は株価の従来の指標に、これまでとは違う視点を加えて評価する新しい方法を開発している。
　またモリソンは、この第2版でも紹介しているレラティブ・ストレングス（RS）を徹底的に掘り下げたリサーチをしてきた。私は最近モリソンに「マーケットに対する理解を一段と深めたようだね」と声をかけた。投資プロセスについての理解レベルが格段に上がっていたからだ。
　モリソンが顧客（プロの投資家だ）にするアドバイスも、卓越した水準にある。チェスの元世界チャンピオンのボビー・フィッシャーが、チェスというゲームを完全にマスターしたのと似ている。この域に達するため、フィッシャーは何年も一心不乱に研究に打ち込み、当時世界チャンピオンだったロシア人、ボリス・スパスキイに挑戦した。そしてフィッシャーは、この最高の名勝負のひとつとうたわれた試合に勝った。モリソンの姿勢は、まさにフィッシャーそのものだ。
　デロシエもモリソンに匹敵する経験を積んでいる。こうしたアナリ

ストがしっかりと定着しているからこそ、DWAがテクニカル分析の最前線を走っているのだと思う。当社のテクニカル分析に関する経験の蓄積は、ゆうに100年分を超えているはずだ。

　モリソンやデロシエだけでなく、DWAのジェイ・ボール、パートナーのワトソン・ライト、ケビン・デピュウ、ポール・キートンも、世界でもトップクラスのウォール街のアナリストである。また、スティーブ・レイモンドは、ミューチュアルファンドの分野で実力を発揮している。当社の年金基金「ドーシー・ライト・マネー・マネジメント」の運用を任されているマーク・ムーディとハロルド・パーカーは、世界中に150人しかいない公認マーケットテクニシャン（CMT）の資格を有するトップクラスのファンドマネジャーだ。

　DWAのインターネットサイト「インベスター・プロダクティビティ・システム」は、インターネット上で提供されているサービスのなかでも最大規模を誇る総合サイトである。6年以上前に電話でアクセスする情報サービスをスタートして以来、ジェイ・ボールを中心に開発を進めてきた。電話情報サービスを開始して2〜3年後には、オンラインでチャートを表示するサービスを始めた。ボールは、常に最新技術を用いてトップレベルのサービスを維持している。そしてボールが不在のときに、このシステムのすべてを担うのは、アシスタントのジャスティン・ナイトだ。

　事務責任者として新しく加わったナンシー・エミグもまた、ほかには考えられない最高の適任者である。複雑でストレスの多いこの仕事をこなせる人材を探すのに、多少の時間がかかった。しかし、エミグはこの条件を完璧に満たしていた。

　DWAから転職した社員はひとりもいない。社員全員がよりレベルアップするために、賢明に努力を重ねている。「皆はひとりのために、ひとりは皆のために」が社風だ。

　DWAのアナリストは全員、20ページもの調査レポートを毎日執筆

している。これをまとめると、それぞれが年間約250本、5000ページに及ぶ独自のリサーチをしていることになる。アナリストたちは、プロを含む顧客の相談に、日中いつでも電話で個別に応じる決まりがあるため、レポートはその合間をぬって書かれている。

　アナリストは最低でも1日平均、約30件の電話相談を受けていて、それ自体、素晴らしいことである。レポート作成には大変な創造力と文章力が必要とされる。レポートは毎日、論理的で分かり易く系統だって書かれていなければならないし、目まぐるしく変化する今日の経済状況で収益性のある内容が要求されている。これは投資プロセス全体を理解していなければ不可能な作業であり、そのような作業を担当者すべてに任せられる体制をとっていることが、DWAの成功の秘訣と言えるだろう。

　本書を改訂するにあたって、新しく盛り込むべき内容が一段と増えている。そのおかげで私たちの視点は、さらに広がった。また、私とモリソンとデロシエの3人は、このプロジェクトに取り組んでいる間、史上最大級の強気相場と、現在進行中の悲惨なテクノロジー株の暴落相場を目の当たりにした。3人の共同作業とも言えるこの改訂版では、デロシエとモリソンによるRSに関する画期的なリサーチも紹介している。2人はこの概念を用いて、かなりの規模の企業向け退職基金を運用中だ。

　最後に、日々向上心をもって努力を続けるDWAの全社員に感謝を捧げたい。わが社はウォール街で最も優れたプロ集団だと自負している。

　それでは、ベストセラーとなった本書へようこそ。

トーマス・J・ドーシー

第1章
はじめに
Introduction

ポイント・アンド・フィギュア分析──失われたアート

　ポイント・アンド・フィギュア（P&F）は、創造力の限界に挑戦するような新しい手法ではない。しかし、失われた「アート（芸術）」である。

　理由は簡単だ。今のプロや個人投資家の大半は、証券価格の根本的な変動要因を見失っているからである。テクノロジーの著しい進歩に目がくらんで、需給の摂理という不変の原理をほとんど忘れてしまっているのだ。

　結局のところ、テクノロジーの変化よりも重要で、本当に生き残っている唯一のものは、個人の人一倍の努力である。ところが、新しい証券分析法やテクノロジーが続々と開発され、一般投資家の尽きることのない好奇心を魅了している。多くの投資家が「必勝法」という聖杯を追い求めるばかりで、経験を積み、投資プロセスを理解した「職人」になろうとしない。プロにせよ個人投資家にせよ、運用結果に責任を持つのは自分なのに、実際は努力もせずに、楽に勝ちトレードが分かるコンピュータープログラムを探している。

　聖杯など、どこにも存在しない。大昔にウォール街の大手証券会社

で株のブローカーをしていた私は、このことが身に染みて分かっている。

　どの世界でも言えることだが、投資の世界で成功するカギは「自信を持つ」ことだ。辞書によると、自信とは「強い信念または信頼、自己を信頼すること、大胆さ、確信」と定義されている。このなかで投資の世界に当てはまるキーワードは「自己を信頼すること」である。そして、多くの投資家やブローカーは、この資質を欠いている。

　事実、今の投資家は、自分自身で決定を下すのを嫌う傾向にある。そのため、ミューチュアルファンドが空前の成長を遂げているわけだ。またプロの投資家でも、投資プロセスを学んでいない者が多い。これは、75％以上のプロのファンドマネジャーが市場リターンを一度も超えたことがない、という事実からも明白である。

　大半の投資家は、マーケットを謎めいたものとして恐れ、マーケットの反応に理論的なパターンを見いだすことはできないと悩んでいる。収益増加が期待できるならば株価は上昇するはずなのに、必ずしもそうはならない。それどころか逆の場合も多い。2000年がまさにそうで、かつては天文学的な高値を誇ったファンダメンタルに優れた銘柄が暴落した。

　例えば、株価が80ドルから1桁台まで下落したルーセント・テクノロジーのファンダメンタルは、バブル期には80ドルでも人気が高かった。しかし、同社の問題は、社内ではなく、同社の製品を購入した顧客の支払能力にあったのだ。そして、この情報は株価が崩壊するまで、同社のファンダメンタル分析レポートに載ることはなかった。

　ところがP&Fチャートには、これがはっきりと表れていた。同銘柄の需給関係に注目することで、この問題を早くから指摘していたのである。

　本書の初版から6年を経て2001年を迎えた現在、P&Fという手法に対する私の信頼は限りなく深まっている。この手法自体は何ら変わ

っていない。しかし、その応用範囲は大きく広がった。DWAでもいくつか新しい指標を開発している。多くは初版で紹介したブリッシュ・パーセントやレラティブ・ストレングスといった概念に基づいている。また、従来からの指標に新たな用途を見いだしたケースもある。

この5年間で私たちは、かつてない大変化の相場をいくつか経験した。この変動と変化に満ちた景気状況のなか、うまくマーケットを乗り切っていくため、指針となるオペレーティングシステムを持つことが不可欠なのは疑いようがないと確信している。そして、そのシステムを提供するのが本書の目的である。

「実際の製品と明確な収益を上げている優良銘柄を買え」という古い格言は、とうに廃れてしまった。少なくともマスコミや投資家は、古いと考えている。1990年代末のウォール街のスローガンは「収益は関係ない、重要なのは売上高だ」というものだった。22歳のCEO（最高経営責任者）は、米国の屋台骨を支えてきた従来の企業について「まったく理解できない」などとコメントしていた。

しかし、彼に「理解できる」はずのドットコム銘柄は暴落し、マーケットでは儲かるときもあれば損をするときもある、ということを米国人は思い出した。もっとも、本書を執筆している時点で、この22歳のCEOは、まだ「理解できていない」。

本来マーケットは富を生むところだ。しかし、それと同じくらいのスピードで富を奪うときもある。このことを痛感した投資家は、本当に重要なのは純利益だと改めて気づき、人々は再びバランスシートの最終行に関心を向けるようになってきた。

1990年代後半、多くの企業が何百万ドルもの広告費を投じ、ブランドイメージを高めようとした。プロクター＆ギャンブルのような優良企業が40年かけて確立したブランドイメージを、わずか1カ月で作り上げようとしたわけだ。広告による売り上げを期待して、コスト以下で製品を売る企業も現れた。

しかしこの風潮も、ナスダックが突如、ほんの2～3週間で崩壊したため、2000年第2四半期には元にもどってしまった。一時は71ドルの値を付けたザ・ストリート・ドット・コム（TSCM）は、現在3ドルまで下げ、330ドルまで上げたマイクロストラテジー（MSTR）は14ドルに落ち込んでいる。高値を誇ったプライスライン・ドット・コムもかつては165ドルだったのが、今では5ドルで買える。FRB（米連邦準備制度理事会）のグリーンスパン議長の警告どおり、マーケットは驚くべき速さで根拠なき繁栄を修正したのだった。

バブルがはじけたのは、2000年に暴落した銘柄ばかりではない。ニューヨーク証券取引所（NYSE）の上場株を中心に、いくつかの銘柄が1998年をピークに下落した。最近回復の兆しを見せ始めているとはいえ、イーストマン・コダック、シスコ・システムズ、ポラロイド、プロクター＆ギャンブル、AT&T、ワールドコムなど、数多くの優良企業の株価は、半値以下に落ち込んで、投資家が資金を避難させるどころではなくなってしまった。

1998年4月から2000年3月にかけては、興味深い時期だった。個別銘柄のパフォーマンスは散々なのに、それらで構成される指数自体は、まずまずの結果を出したからだ。これは、ダウ平均やナスダック、S&P500などの指数が、ほんの一握りの銘柄の動きに偏っているためである。指数自体はいくつかの上位銘柄の動きによって上下しても、指数の背後にある大多数の銘柄は低迷していたというわけだ。

ところが、この不安定な時期でも一度も揺らぐことのなかった概念がある。不変の法則とも言える需給の摂理だ。先ほど述べたすべてのケースで、P&Fチャートはその後のトラブルを予告していたのだ。この指標のおかげで、DWAの顧客は損失を逃れることができた。需給指標がどのように暴落を予想し、リスクの高まりを教えてくれたかについて、後ほど説明したい。

インターネットがウォール街のルールを大きく変えた今、マーケッ

トはこれまで見たこともないような状況に突入している。ネット上にドットコム・ビジネスへの参入を阻む障壁は何もなく、だれもが常に同じ土俵で戦うことができる。その代わり、競争は激しさを増した。しかし、過去100年間、どのような状況でも変わっていないのが、需給関係とP&Fによるマーケット分析なのである。

現代の投資家と18歳のバンジージャンパーの共通点は？

答えは「恐いもの知らず」である。この10年で、押し目買いこそ成功のカギという考えが広まった。「株価は必ず回復するのだから、パニックを起こさず買い続ければよい」というわけだ。なかには自宅まで抵当に入れて株に資金をつぎ込む者さえいた。しかし、こんな方法がうまくいき続けるはずがない。

2000年もやはりそうだった。ナスダックの崩壊は、無警戒だった人たちを完全に捕らえたのだ。多くの投資家が、値下がり株のナンピン買いで膨大な損失を被った。ただし、多少は懲りたとしても、投資家からこの習性がなくなったとは思えない。

「押し目はすべて買い」という考え方は、私には虚勢をはっているようにしか見えない。虚勢とは、アルコールやドラッグで気分が高揚しているときに感じる自信だ。感覚が鈍くなっているため、しらふのときには思いもしないことを、できると感じてしまう。友人のコーネリアス・パトリック・シーアが言う。「ソース（アルコール）は思ってもいないことを口走らせたり、ありもしないことを信じさせたりしてしまう、というのがオヤジの口癖だったね」

投資家にとっての「ソース」は、ひたすら上昇し続けるかに見えた高値のハイテク銘柄であった。泥酔のために思ってもいないことを口走り（もう1000株買おう）、ありもしないこと（売上高は果てしなく

伸びる）を信じてしまったのだ。

　1990年代末から2000年第1四半期にかけて、投資家は果てしなく続くかに見えた右肩上がりのマーケット、とくにナスダック市場の虜になっていた。マスコミも「ゼロインフレと技術革新によって、生産性は永久に上昇し続ける」などと繰り返し喧伝し、この風潮に拍車をかけた。そしてその熱狂に酔った投資家は、ボラティリティがどう考えても高すぎる銘柄に借金してまで資金をつぎ込み、リスクを膨らませていったのである。

　私に勧誘の電話をかけてきたブローカーのなかには「自分の祖母も信用取引をしたがっているが、80歳という高齢のため自分の会社では応じられなかった。そこで自宅を二重抵当に入れ、その資金で株のトレードを続けた」などと言う者までいた。これはブローカー経由ではないにしろ、結局は信用取引をしたことになる。2000年3月、5月、そして11月の暴落後、このおばあちゃんはどうしているだろう。自宅には住んでいないかもしれない。

　多くの投資家が、理論的で系統化され十分な根拠に基づく投資手法こそがマーケットで成功する唯一の道であることを忘れている。無計画に過度のレバレッジをかけた一貫性のない投資は、2000年の例を見るまでもなく、常に失敗する。

　ナスダックは調整どころか、渡り鳥のごとくまっしぐらに南下した。ピークからわずか数週間で37％も下落するという素早い動きだ。さらに驚いたことに、その間、個別銘柄の大半が80％以上の価値を失っていたのである。おそらく、インターネット銘柄やテクノロジー銘柄ばかりを組み込んだハイテクポートフォリオ（別名、壊滅ポートフォリオ）が再び日の目を見るのは、何年も先のことになるだろう。

　50％下落したポートフォリオが回復するためには、100％上昇する必要がある。過去80年間の株の年リターンの平均は約10％程度だ。したがって、100％上昇するには約7年かかる。事実、1973年の天井期

に買って、下落相場でも持ち続けたとすると、損失分を回復させるだけで7年半かかっているのだ。マスコミやファンドマネジャーの勧めるままに下げ相場に投資し、資金を取り戻すまで7年半待てるのだろうか。もし答えが「ノー」であれば、それは「リスク管理」、すなわち本書の主題に関心を持つべきである。

先日、本書を執筆するため新しいノートパソコンを買いに行き、パソコン売り場の責任者と投資の話になった。彼には私の仕事がよく理解できていないようだったので、「すべてのパソコンにオペレーティングシステム（OS）が必要なように、投資で成功するためにも投資のオペレーティングシステムが必要なのだ」と説明した。

パソコンのOSは、すべてのソフトウエアを効率よく読み取り、起動させる基本ソフトである。ウィンドウズ98のようなOSが、パソコンを動かすため、一連の指示を出すわけだ。OSがなければソフトウエアはパソコン上で動かない。投資も同じだ。始める前にまず、自分がこの先使う基本システムを決めたうえで取りかからなければ、結果は出せないのだ。

投資でOSに当たるのは、投資家が完全に理解し、心から信頼できる分析手法である。ウォール街にはさまざまな宗派があり、成功している投資家は常にある時点で、ウォール街のどこかに毎週通う教会（分析手法）を見つけている。なかでも多くの信者を集めているのがファンダメンタル派の教会だ。しかし、この手法は企業自体の質を調べるだけで、売買のタイミングや需給が崩れるタイミングは考慮していない。

そのほかにも占星術、フィボナッチ数列、ギャンアングル、波動、サイクル、ローソク足、バーチャートなどさまざまな宗派がある。好きな手法を選べばよい。私が代表を務めるDWAでは、需給の摂理という不変の法則に基づいたP&F分析のみを採用している。マーケットが強気のときも弱気のときも含めて長年の実績があり、8歳でも80

歳でも理解できる簡単な手法だ。基本から学びたいのであれば、本書は役に立つだろう。このシステムは、株式からミューチュアルファンド、商品先物に至るまで、これからの投資活動の指針となってくれるはずである。

P&F分析が道理に適う理由と開発の経緯

　急な判断に迫られても、人には限界というものがある。実際、多くの投資家が株に関する複雑な決定を下すのは難しいと感じているという。しかし、問題は情報が多すぎることではない。その管理と処理の仕方だ。毎日、消防ホースからの水のごとく私たちに浴びせられる情報を効率的な判断が下せるように、嚙み砕いて理解できる形に整理することが重要なのだ。情報整理なしでは、判断することが多すぎる。DWAでは、こうした情報整理のための強力なツールをいくつか提供している（http://www.doseywright.com/参照）。

　情報整理の最も分かりやすい例に、電話がある。だれでも連続した３つ４つの数字は簡単に覚えられるが、それが７つとなると難しい。電話番号が途中で区切ってあるのは、そのためである。また、電話機についている「#」や「＊」のキーは長い間、何の機能も付いていなかった。しかし、今ではよく使われている。電話会社は、いずれこれらの機能が情報管理に必要になると分かっていたのだ。

　同様に、はるか昔の1800年代に、チャールズ・ダウはデータの管理方法を発見した。ダウは株価の動きを最初に記録した人物で、そこから「フィギュアリング」という、後にP&F分析に発展した手法を考案した。そう、簡単にいえばP&Fチャートとは、株価データの管理方法なのだ。

　20世紀に入ると抜け目ない投資家たちは、ダウのチャートに、繰り返し現れるパターンがあることを発見した。当時はまだSEC（米証

券取引委員会)など存在せず、規則や規制もほとんどなかった。相場はストックプールという大株主の集まりに支配され、部外者が参加できるようになったのは、ずいぶんあとになってからだ。言うなれば、インサイダーだけの閉ざされた世界だったわけだ。

P&Fチャートは、需給の不均衡を論理的に整理して記録する方法として開発された。このチャートは、需要と供給のせめぎ合いを順序だてて分かり易く描写している。

車で旅行するとき、だれもが地図を見る。例えば、バージニア州からニューヨーク州に行くときは、まず州間の高速道路I-95を北上する。しかし、標識を見過ごしてうっかり南線に入ってしまうと、下手をすればフロリダ州キーウエストまで行ってしまう。家族で旅行するのであれば、まず地図で順路を把握してから、タイヤの空気を点検し、ガソリンを満タンにして、子供たちが本やおもちゃを持っているか確認する。要するに、旅の計画を立てるのだ。

ところが、大半の投資家は投資という旅を始めるときに、計画をまったく立てていない。そこで、その計画を立ててくれるのが、需給関係を分析するP&Fチャートだ。もちろん、成功が保証されている方法などあり得ない。しかし、要素ひとつひとつに勝算があれば、成功の確率はかなり高まってくる。道中、回り道を強いられるときがあるかもしれないが、最初の計画を忠実に守っているかぎりは大丈夫、というわけだ。本書は証券投資に成功するに最適な計画の枠組みを提供するだろう。

結局のところ、ある証券の買い手が売り手よりも多ければ、株価は上昇する。反対に、売り手のほうが多ければ、株価は下落する。そして、売り手と買い手が同じであれば、株価は変わらない。これが需給の摂理という不変の法則である。簡単にいえば、ジャガイモやトウモロコシやアスパラの値段が変わるのとまったく同じ理由で、株価も変動するわけだ。

株式の評価には、2つの分析手法がある。ひとつは、多くの投資家が利用しているファンダメンタル分析で、これは企業収益、製品の売り上げ、そして経営陣の質に注目し、「どの」銘柄を買うべきか教えてくれる。それに対して、もうひとつの手法であるテクニカル分析は、証券を「いつ」買えば良いかを教えてくれる。

タイミングは非常に重要だ。企業のファンダメンタル情報は数多く提供されており、さまざまなインターネットの専門サイトからも無料で入手できる。しかし、テクニカル分析のほうは難しい。一般投資家でも理解できて、かつ高品質のテクニカル分析を提供しているプロは、ほとんどいないからである。そこで本書は、しっかりしたファンダメンタル分析にP&F分析を組み合わせる方法で、読者ひとりひとりに合うシステムを構築できるように構成されている。

なぜP&Fチャートを使うべきなのか？

投資の世界には、株価の動きを分析するためのさまざまな手法があふれている。しかし、シンプルで分かりやすいのはP&Fだけだと、私は考えている。

チャートは×と○から成り立っている。この方法で株価を記録するのは、テニスの試合を記録するのとよく似ている。テニスの試合では6ゲームを先取するとそのセットを取り、最終的に獲得したセット数の多いほうが勝者になる。重要なのは試合結果であり、セット単位の勝ち負けではない。

またP&Fのチャートパターンは簡単で、見つけやすい。なにしろバージニア州の小学校でこの方法を紹介したこともあるくらいだ。何ごともシンプルが一番である。

ただし、手法の基となる概念には確かな根拠が必要だ。その点、需給の摂理ほど確かで基本的な概念はない。念のために言っておくが、

これは何もほかの手法を批判しているわけではない。需要と供給は日々の生活の一部であり、大抵の人は簡単に理解できるため、これを日々の投資活動にも取り入れようということなのだ。

1955年、A・W・コーエンは、最高級の指標を開発した。「ニューヨーク証券取引所ブリッシュ・パーセント指数」(NYSE BPI) である。DWAでは、この指標を長年使用し、大きな成果を上げている。この間、マーケットの変化に合わせて調整を重ねてはいるが、基本概念はまったく変わっていない。この指標について、本書では1章分を当てている。

また、別の章で紹介しているセクター分析は、ブリッシュ・パーセント指数の応用に当たる。これらの基本原理を学ぶことで、投資に対して大きな自信がつき、マーケットの動きに反応するのではなく、自分のほうから行動を起こせるようになる。P&F分析は私の人生を変えた。本書を読み、投資の基本原理を実行すれば、だれにでも同じ経験をするチャンスがある。

P&F分析との出合い

P&F分析と出合うまでの数年間、ブローカーだった私は、霧の中を模索するような気持ちで過ごしていた。

1974年末、最初に就職したのはバージニア州リッチモンドにある大手ブローカー会社だった。この会社の新入社員研修はセールスが中心で「会社の勧める銘柄を売るのが仕事だ」という概念をたたきこまれた。また、ブローカー志望者はNYSEに登録するため、シリーズ7という資格試験に合格する必要があり、4カ月間、取引所の規則や規制から複雑なオプション戦略まで、広範囲にわたる集中研修を受けた。そして試験合格後、5週間の営業研修を終え、一人前のブローカーとして世間に放たれたのである。

しかし、どのような仕事でも経験がものをいう。新人にはそれが決定的に不足していた。当時のマーケットは不景気の真っただ中にあり、株価はすでに70％も下落し、新規顧客の獲得は非常に難しかった。それでも生き残った何人かは4年間、ビジネス書を読みあさり、試行錯誤を重ねていった。

　その会社では、推奨していない銘柄を顧客に勧めることは禁じていた。ニューヨークから毎朝送られてくる大量の推奨株リストのなかからファンダメンタルに優れた銘柄を選ぶだけだった。訴訟の原因となる可能性があるため「自分で考えてはいけない」というルールだったからだ。社員の仕事は、黙って会社のリサーチを売ることであり、その内容に疑問をはさむ余地はなかった。

　ブローカーとして仕事をしている間、いくつか素晴らしい成功も、はなはだしい失敗も経験した。しかし、それが自信につながることはなかった。そこで、仕事の合間に、絶対に信頼できるニュースレターを探してみた。そして分かったのは、ニュースレターの発行者はニュースレターを売るのが得意なだけで、銘柄選択がうまいわけではない、ということだけだった。毎日が目的もないまま過ぎていった。

　あれから21年たった今でも、業界の仕組みは、ほとんど変わっていない。新しい金融商品や、一時的に流行する投資法はいくつかある。ところが業界全体としてみれば、やはりファンダメンタル分析に基づく推奨株が中心なのである。

　話をもとに戻すと、先の会社で私は次第にオプション戦略のスペシャリストになっていった。当時、オプションは1973年4月に上場されたばかりで、まだ新しい商品だった。そして1978年、オプションの研究に多くの時間を費やしていた私は、同じ街を拠点とする大手地元ブローカーから、新設するオプション戦略部門の責任者としてスカウトされた。これは非常に魅力的なチャレンジで、私はこの新しい冒険に飛び込んだ。

一夜にして私の顧客は、個人投資家からプロのブローカーに変わった。500人ものブローカーで構成されるセールス部隊にオプション戦略を提供する部署の立ち上げ責任者になったのだ。この新しい部署の成否が、オプションを組み合わせる銘柄の選択、つまり私自身の株式市場に関する知識にかかっていることは、明らかであった。ここに至って、私は自分の能力を正直に評価する必要に迫られたわけだ。そして私のあやふやな知識では、結果は見えていた。

　最初の会社での4年間、ブローカーとしては成功していたが、セクターの評価やマーケットの動き、そして銘柄選択のための知識は、ほとんどなかった。会社の指示どおりの銘柄を勧めることに慣れきっていたのだ。唯一、分かっていたのが、会社のリサーチに頼るのは一か八に近いということで、オプション戦略部門を成功させるためには、銘柄選択に精通した人材が不可欠だった。

　人探しをしている間、同じ会社のシャーロット支店に勤務するスティーブ・ケーンという名前が何度も浮かんできた。そこでケーンに連絡をとり、新しい部の説明をしたうえでポジションをオファーした。ケーンも了承してくれた。ケーンが銘柄、セクター、相場観を見極め、それに私がオプション戦略を当てはめていくという寸法だ。

　職人は皆そうだが、ケーンも自分の道具を携えてやってきた。×や○がぎっしり書き込まれた何百銘柄分ものチャート帳と、A・W・コーエンが著したP&Fのテクニカル分析書(現在は出版されていない)である。ちなみに、P&F手法の基本原理について書かれた最初の本『ストック・マーケット・タイミング(Stock Market Timing)』は、私が生まれた1947年に出版されている。

　ケーンは毎週、この×と○のチャートを丹念に更新して、それをもとに銘柄を選択していった。最初の年は非常にうまくいった。ケーンが上昇すると選んだ銘柄は総じて上げ、下落するだろうといった銘柄は総じて下げた。マーケットやセクターに関する判断も的確だった。

チームはうまく機能し、部内には必要なすべてがそろっていた。テクニカル分析とオプション戦略がうまくかみ合い、すべてとはいかないまでも、外れより当たりのほうが多かった。そして何よりも重要なのは、私たちが売買戦略を持っていたことだった。

すべてがうまくいくかのように見えたある日、ケーンがNYSEのあるスペシャリスト会社にスカウトされた。この会社の余剰資金を運用するというポストは、ケーンにとって断りがたいチャンスだった。私もこの転職には賛成した。

こうして再び1年前と同じ苦境に立つことになった。しかし、私はこのときP&Fを理解している人材をもう一度探すのではなく、だんだん慣れてきたこの手法を自分自身で学ぼうと決心した。

ケーンはP&Fの基本を説明し、大切にしまってあったA・W・コーエンの本を読むよう勧めてくれた。その週末、さっそくこの本を開いて最初の3ページを読んだところで、私の人生は大きく変わった。答えを模索しながらも、複雑すぎて自分では理解できないと信じていた何年間の思いが、すべて消えたのだ。最初の3ページに書かれていた内容は、まったく道理に適っており、残りの人生でやるべきことがはっきり分かったのである。これこそブローカーが顧客に効率的なサービスを提供するときに欠けていた視点であった。

現在、DWAでは米国で唯一の株式ブローカー専門学校を運営している。これもその夜、思い描いた夢から始まった。ここではすでに何百人ものブローカーがP&F手法を学んでおり、自信をつけたうえで、顧客の資産を大幅に増やすことに成功している。また、バージニア・コモンウエルス大学と共同で設立した、米国で唯一の個人投資家向けの専門学校も大盛況である。何か正しいことが起ころうとしている。

人生においてリスクをとるということ
（この項はジャド・ビアショット博士の協力を得て執筆した）

　スポーツと株式投資には、心理学的に多くの類似点がある。重量挙げの世界記録保持者である私は、技術向上のために読んでいる『パワーリフティング』という雑誌に掲載されているジャド・ビアショット博士の記事から、多くのことを学んだ。博士とは個人的にも懇意になり、お互いのビジネスには多くの共通点があることを発見した。これまでにも共同で原稿を執筆しており、近いうちにスポーツ競技の心理テクニックを投資に応用する方法について書いた本を共著で出版する予定である。

　博士が野球チームのカンザスシティ・ロイヤルズで働いていたとき、ルームメートだったブランチ・B・リッキーⅢ世の紹介で、フロリダに建設中のコンドミニアムの建設プロジェクトへの参加を誘われた。10戸までならコンドミニアムを1戸1万ドルで購入できるというのである。当時の1万ドルは大金であったが、それでも計画どおりに行けば、すぐにでも価格は2〜3倍に跳ね上がるという破格の取引だった。しかし、どんなことにも常にリスクはある。海岸沿いの物件のため、税金が非常に高かったのだ。

　リッキーと違って長期投資のできる資金を持っていなかった博士は、買うとなれば高い金利で借金するしかなく、そうなると比較的短期で転売しなければ大金を失うことになりかねなかった。結局、博士はこの話には乗らなかった。もちろんこの物件は、今や50万〜100万ドルの価値がある。

　もしあのとき買っていれば、今ごろはバハマの海岸でのんびり過ごしていたかもしれない。だが、博士は結局リスクをとらなかった。ここではっきりと言えるのは、「今、スタートラインに立つ勇気がなければ、限られた成功のチャンスしかない」ということである。

スポーツに限らず、トップを目指す者なら、だれでもリスクとうまく付き合っていく方法を学ぶ必要がある。リスクの要素である多少の危険でさえ、楽しめるくらいであってほしい。
　これは何もパンプロナの牛追い祭りで猛牛と一緒に疾走しろとか、自己ベストが300ポンドなのに500ポンドのデッドリフト（重量挙げの種目のひとつ）に挑戦しろというのではない。そのような不要で愚かで予測のつかないリスクをとるのは、単に幼稚な行為でしかない。ここで言っているのは、コストに十分見合う、知的で計算されたリスクのとり方である。
　これは投資にもぴったりと当てはまる。投資では、成功どころか生き残るだけのためにリスクをとる必要がある。株を買うということは、必死に働いて稼いだお金をリスクにさらすことにほかならない。あなたがブローカーであれば、顧客が一生懸命働いて得たお金をあなたがリスクにさらしているのだ。高いリスク環境に耐えられないようであれば、それは投資家としての資質がないと考えたほうがよいだろう。自分や顧客の資金を失うのが怖くて、買いの決断が下せない投資家やブローカーを、これまでずいぶん見てきた。
　もちろん、投資にある程度の不安感を持つのはよい。愚かな間違いを防いでくれる。しかし、恐怖で凍りついていては、大きなチャンスを逃してしまう。健全なリスク観を持つことと、リスクで思考が麻痺することには、大きな隔たりがある。残念ながら、多くの投資家やブローカーがマーケットの変動にうまく対処できていない。リスクを管理することとリスクに支配されることは、まったく異なる。株式市場は気弱な人には向いていない。
　個人でもプロでも投資で頂点を目指すのであれば、緊張感を持って生きることを学び、ある程度のリスクや危険を楽しめるくらいでなければ難しい。過去の例を見ても、歴史を作ってきたのは、勇気を持って勝負に挑み、恐怖に正面から立ち向かっていった人々だ。リスクを

恐れ、安全な道だけを選んできた者ではない。それについて、セオドア・ルーズベルト大統領が私の大好きな言葉を残している。

　称賛されるべきは「いかに強者がヘマをしたか」「もっとうまく戦えたはず」などと指摘するだけの評論家ではない。実際にアリーナに立ち、顔中ほこりと血と汗にまみれて果敢に闘った者、失敗しても何度でも這い上がり、間違いや欠点を克服するため努力を惜しまない者、大きな目的のためにその身を捧げる者こそ称賛されるべきなのだ。うまくいけば素晴らしい成功をつかめるだろう。しかし、たとえ失敗したとしても、勝利も敗北も知らず、ただ憶病で冷めた魂の者とは一線を画している。したがって、やはり称賛に値するのだ。（パワーリフティング誌　1999年6月号）

　この言葉は投資ビジネスにも当てはまる。リングの上で実際に自分の資金や評判を賭けて勝負した経験が一度もないのに、人の間違いにはいちいちケチをつけようとする評論家が大勢いる。しかし、他人のお金についてとやかく言うだけの「プロ」の評論家が、心配で眠れぬ夜を過ごすことはない。
　ルーズベルト大統領の言葉に心当たりがあるか考えてほしい。本書の読者は、すでにリングに上がり、より良い戦いをするため、この手法を学ぼうとしている人たちである。完璧な方法など、どこにもない。負けが続くこともあるだろう。だが、止めてしまえば二度とチャンスはなくなると分かっている。だからこそ、時を経るにつれ、かつては困惑させられたマーケットの動きも自然に理解できるようになり、職人の域に達するのである。
　もちろん評論家は批判を続けるだろう。それが彼らの仕事なのだから仕方がない。テレビの金融専門チャンネルを見れば、どこも無意味な話をたれ流しているだけだ。分析の基本さえ分かれば、これらの情

報は必要なくなる。

　自分のブローカー時代をはっきり覚えている。血のにじむような思いを何度も経験した。しかし、とにかくリングに上がって、さらに上を目指し、懸命に努力を重ねた。そして、リングを降りようとは思わなかった。もしあのころにP&Fの知識や考え方があれば、毎日がまったく違ったものになっていただろう。この手法に、私の向上心と誠意が合わされば、無敵だったかもしれない。読者のなかには、すでにこの経験をしている人も多いと思う。金銭的な成功に向け大きな一歩を踏み出す人が増えるのは、私にとっても大変嬉しいことなのだ。

　ルーズベルト大統領の言うように、称賛は実際にリングに上がり、何度失敗しても這い上がって最後に勝利をつかむ投資家やブローカーにこそ与えられるべきだ。投資家がこの手法を学び、自分で資産を管理するように心からに勧めるのは、そのためである。勝っても、負けても、とにかくリングに上がって戦ってほしい。重要なのは、自分自身で決断を下し、計算されたリスクをとり、自分自身の人生を生きることだ。他人の慈悲にすがったり、しかれたレールの上に最後まで乗ったり、外から他人の成功を眺めるだけの人生を送ってほしくない。舞台は整っている。あとはやる気さえあれば始められる。

　スポーツ選手にもさまざまなタイプがいる。しかし、無理だと思っても向かっていく選手や、選手生命をかけて戦う選手は本当に少ない。そして、その数少ない選手が、大抵はトップを極めている。

　そして、この事実は私に勇気を与えてくれる。リスクをとらなければ、成長も変化も自由もなく、そのような人生は、本人が気づいていないだけで、死んでいるも同然なのだ。ぜひリスクをとる人生を生きてほしい。その気にさえなれば、何にでもなれるし、何をする力だってある。奇跡だって起こすことができる。ただ、やる気を起こしさえすればよいのだ。そして新しい世界に旅立てば、きっと自分の本当の素晴らしさを理解できるだろう。

第2章
ポイント・アンド・フィギュア分析の基本
Point and Figure Fundamentals

　大半の投資家が、学校や新聞や雑誌で覚えた何かしらのチャートを使用している。そのひとつであるP&Fチャートは、100年以上も前に開発され、長い時の試練に耐えてきた。

　近年、効果的ですべてのマーケットに適応できるこのP&F手法の歴史に、新たな1ページが加わった。インターネットの急激な普及である。この手法について「長い時の試練を耐えてきた」というのは、「インターネット時代を含む今日まで」を意味している。P&Fに対する私の信頼もまた深まるばかりだ。

　これまでさまざまな機会で、P&F手法を教えてきた。なかでも一番若い生徒は12歳の小学生だった。この手法が教えやすい理由のひとつは、需給の摂理に基づいている点である。すべての価格がそうであるように、株価の動きも需要と供給によって決まる。売り手よりも買い手のほうが多ければ株価は上昇するし、買い手よりも売り手のほうが多ければ株価は下落する。つまり、この需給の不均衡こそが株価を上下させる唯一の原因なのだ。

　余計な情報を省き、ウォール街のたわごとを無視すれば、需給という事実だけが残る。企業のファンダメンタル的な要素が需給の不均衡の原因となるかもしれない。しかし、つまるところ、株価を動かしている直接の原因は、需給の不均衡なのだ。

誤解のないように言っておくが、これはファンダメンタル分析の重要性を否定しているわけではない。むしろファンダメンタル的にしっかりした銘柄を買うのは当然である。だが、これはあくまで最初の防衛策でしかない。
　私も需給関係を調べる前に、ファンダメンタル的に優れた銘柄を選んでいる。ただし、ファンダメンタルは、わずかながら常に変化する。これはプロのファンダメンタルアナリストでも、なかなか発見するのが難しい。しかし、このニュアンスを本当に理解した人は早くから買っている。そのため需給バランスに変化が生じ、それがP&Fチャートに表れる。つまり、目先の利く投資家は、これを見て株価の方向が変わりつつあると知るわけだ。
　P&Fという株価分析法は、もともと需給関係を論理的に整理して、記録するために考案されている。ここでカギとなるのは「整理して」という部分である。道路地図に実際の道や高速道路が区別して示されていなければ使いづらいように、株の動きも際限なく続く高値、安値、終値のリストを見るだけでは、何が起こっているのか分からない。そこで、これらの数字を論理的に整理して需給関係を明確にするわけだ。P&Fチャートは、単に需要と供給のどちらが勝っているかを示しているにすぎない。しかし、これにチャートパターンや、トレンドラインを当てはめると、売買判断の目安になるのである。このパターンとマーケット分析、セクター分析については、後ほど詳しく紹介する。
　需給のせめぎ合いは、テニスの試合によく似ている。往年の名プレーヤーであるジミー・コナーズとジョン・マッケンローの試合を想像してほしい。コナーズが需要、マッケンローが供給だ。試合は2人がセットを取り合いながら進む。この模様はP&Fチャートの×の列と〇の列で表される。そして一見ランダムに見える×の列と〇の列の交互の流れは、2人のプレーヤーによるセットの取り合いという、一見ランダムに見える試合の流れにたとえられる。

試合はいずれ、どちらかが勝利するのに必要やセット数を獲得して終了する。株価も需給のせめぎ合いが決着してからでなければ、方向性を判断できない。P&Fチャートでは、セットごとの戦いは単にノイズ（雑音）であり、判断材料に含める価値はないと考える。そして、短期的に見ればランダムな株価の動きも、いずれ需要か供給の流れに飲み込まれ、トレンドが始まる。
　このように本書では、マーケット指標やチャートパターンの多くをテニスやフットボールに例えて説明する。レッツ・プレーボール！

P&Fチャートの基本原則

　まず、チャートのつけ方から説明しよう。チャートの更新は、非常に簡単な作業で、20～30銘柄分のチャートを毎日手作業で更新したとしても、1日数分しかかからない。もちろん、現在では8000銘柄ものチャートを毎日更新してくれるインターネットのサイトがある。しかし、やはりいくつかの銘柄は自分で書いてみてほしい。はっきりした感触をつかめるはずだ。
　DWAの顧客には、毎日400銘柄分のチャートを手作業で更新しているブローカーがいる。おそらく、これだけは何があっても止めないだろう。DWAの年金運用部門でも、チャートを毎日手でつけている。そうしなければ、つかむことのできない感覚があるからだ。ただ、マーケット終了後にこの作業をする時間がない投資家も多い。そのときはインターネットが時間を節約する貴重なツールになってくれる。
　自分でチャートをつける場合、用意するのは、高値と安値が書いてある新聞の金融面だけでよい。また、パソコンとモデムさえあれば、株価チャートはインターネットでいくらでも手に入る。
　P&Fチャートでは、株価の動きのみに注目し、出来高は考えない。ただ、売り手が買い手より多いか、その逆でないとチャートが形成さ

れないため、出来高はチャートにすでに織り込まれていると考えられる。また、出来高には株価の方向性とは無関係のオプションがらみの売買が驚くほど多く含まれている。需給関係に注目するP&Fにこれは必要ない。

　このチャート手法では、需要を×、供給を○で表す。この×や○の列の転換するときがカギになる。本書では、すべて3枠転換で説明している。慣れてくると自分に合う枠数が別に見つかる可能性もある。しかし、DWAではシンプルに徹し、この章で紹介している3枠以外は使っていない。

　図2.1は、P&Fチャートの基本形である。話はそれるが、×と○の話でいつも思い出すのがミネソタ州ミネアポリスで行った講習会での出来事である。講義のあと、私の講習会にご主人とともにすでに二度も参加し、著書も読んでくれているという70歳代の美しい婦人が声をかけてきた。このご婦人は、チャートをつけるようになってから、夫が人生に活力と熱意を取り戻し、自分も相当額のポートフォリオを管理する手伝いをしているのだと話してくれた。そして最後に、にっこり微笑んで「夫がハグ（抱擁）で、私がキスを担当しているんですよ」と教えてくれたのである（**訳注**　○にはハグ、×にはキスの意味がある）。なんと素敵なエピソードだろう！　このご婦人のようにP&Fを使って投資に成功した人々の話は、それだけで1冊の本が書けるくらいたくさんあるのだ。

　チャートのパターンは、×と○の列が交互に書かれて形成される。列が×から○に変わるのは、3枠以上反対の動きがあったときだ。これは○から×に変わるときも同様である。このひとつの列から次の列への前後の動きが、チャートパターンを形成する。ここがバーチャートと大きく異なる点だ。

　P&Fチャートは、株価の突飛な変動を無視することで、需給関係がはっきりと浮かび上がるようになっている。一方、バーチャートは、

図2.1　基本的なP&Fチャート

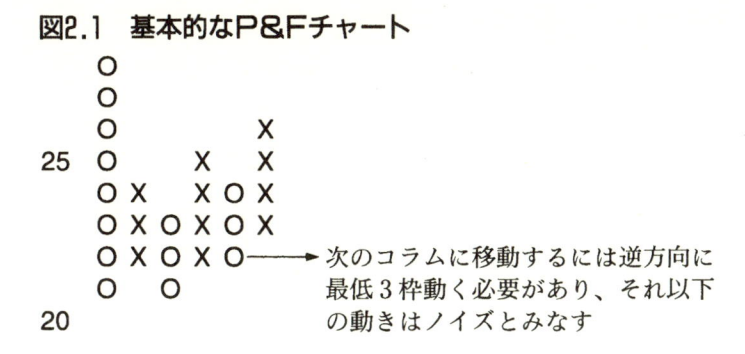

```
      ○
      ○
      ○       X
  25  ○    X  X
      ○ X  X  X
      ○ X ○ X ○ X
      ○ X ○ X ○ ──→ 次のコラムに移動するには逆方向に
      ○    ○          最低3枠動く必要があり、それ以下
  20                   の動きはノイズとみなす
```

どんな取るに足らない動きも毎日必ず記入するため、株価のあらゆる変動が均一にチャートに現れてしまう。そのためバーチャートは、主観的で読みにくく、ほとんど役に立たないものになるわけだ。

ここでP&Fチャートの仕組みを説明しよう。P&F分析では、チャート用紙の一マスを「1枠」と呼ぶ。1枠の値幅は株価の水準によって変わる。そのため、私は3「ポイント」転換ではなく、3「枠」転換という呼び方をしている。株価が20～100ドルのときは、1枠＝1ポイントとなる。しかし、それ以外では1枠のポイント数が違う。したがって、ポイント単位よりも、枠単位で考えることが大事なのだ。1枠当たりのポイント数は、以下のとおり。このチャートを学んでいる間は、この表を常に手元においておくとよいだろう。

株価（ドル）	1枠当たりの値幅
0～5	1/4ポイント
5～20	1/2ポイント
20～100	1ポイント
100～200	2ポイント
200～	4ポイント

インターネット時代に入り、株価は高騰しただけでなく、そのボラティリティ（変動率）も高くなった。このボラティリティの高さに合わせてチャートを調整する最も良い方法のひとつが、1枠の値幅を増やすことである。特にテクノロジーセクターやインターネットセクターのボラティリティは高いため、1枠の値幅を十分大きくとってチャートを圧縮しなければ、通常のパターンは表れない。事実、1998年から2000年にかけてのヤフー株などは、1枠を10ポイントに縮めなければ通常のチャートにならなかったほどだ。そしてこの年、ハイテク株（別名、壊滅株）によって多くの投資家が消えていった。

考えてみれば、需給の動きをなだらかにするために1枠を1ポイントから5ポイントに変えなければならないような銘柄は、大半の投資家にとってはボラティリティが高すぎる。2000年には、わずか1秒で株価が半分になってしまう光景を多くの投資家が目の当たりにした。例えば、アップル・コンピュータが四半期の予想収益を達成できなかったと分かると、なんと寄り付きから50％も下落したことがある。

投資を続けていくなかで、1枠5ポイントの銘柄は、大半の投資家のリスク許容量の範囲を超えている。これは非常に重要なので、ぜひ覚えておいてほしい。それでもこのような銘柄を買いたいときには、10株だけ購入すればよい。そうすればボラティリティという怪物を避けることができるだろう。

株価水準ごとの1枠の値幅を復習しておこう。とにかく、しっかりと覚えておいてほしい。もし株価が5ドルより低ければ1枠は1/4ポイント、5～20ドルなら1/2ポイント、20～100ドル（大部分の銘柄はこの範囲内である）ならば1ポイント、100ドルより上は2ポイント、200ドルを超えると4ポイントである。

ただし、この設定は、あくまで標準値だ。初期設定と考えてもよい。DWAのサイトでは、テクノロジー銘柄やインターネット銘柄などボラティリティの高い銘柄は、必要に応じて枠の値幅を変更できるよう

になっている。

　チャートを作成するとき、列の変わり目がカギとなる。P&Fチャートは、需要が勝って株価が上昇しているときには×、反対に供給が勝って株価が下落しているときには○を書き込む。ただし、次の列に移動する証拠となるのは、はっきり3枠分以上反対に動いたときだけだ。

　例えば、1枠＝1ポイントの20～100ドルの銘柄で、×から○に転換するためには、3ポイント以上転換しなければならない。ただし、もし1枠＝1/2ポイントの5～20ドルの銘柄であれば、3枠分は1 1/2ポイントである。また5ドル未満の銘柄なら1枠＝1/4ポイントなので、3/4ポイントで転換することになる。常に枠単位で考えるようにしてほしい。

　図2.1は、列が転換するために株価がどれだけ上下しなくてはならないか示している。このチャートでは、それぞれの列に少なくとも3つの×や○が記されている点に注目してほしい。

　この章では、いずれ自分でチャートを書くときに必要な基本を繰り返し述べる。基本概念をしっかり身につけておけば、3章以降は楽に理解できるからだ。もし一度読んで理解できなければ、十分理解できるまで、この章を何度も読み返してほしい。これは絶対に無駄にはならない。この簡単な手法の職人になれば、だれでもリスクを管理しつつ安定した利益を上げられるエリート投資家の仲間入りができるのだ。もちろん、このなかにはプロの投資家も含まれている。

P&Fチャートの更新方法

　P&Fチャートの更新方法について説明するとき、私は常に次の**図2.2**を使うことにしている。基本的な概念は「株価が現在の方向に1枠でも動いていれば、現在の列に記入すること」である。例えば、現

在〇の列（株価が底値を切り下げている状態）の場合、まず取引終了後に「現在の方向に１枠でも動いたか（つまり１枠でも下げたか）」を調べる。これはフローチャートの最初の設問に当たる。

　もし株価の安値がもう１枠下げて、例えば45ドルが44ドルになった場合、その動きを表す〇を44ドルの行に書き込んで作業は終了する。それだけだ。それ以上でも、それ以下でもない。次の営業日の取引が終了するまで、それ以外に何もチャートに記入する必要がないのだ。

　翌日、取引が終了したら、同じようにその日の高値と安値を調べ（この例では安値に注目して）、前日と同じ設問に答える。この場合は、まだ〇の列にいるため、設問も「１枠以上の下げがあったか？」である。答えはこの日の安値によって決まる。もし安値が43ドル以下、つまり１枠以上の下げがあれば「イエス」だ。その分だけ〇を記入して終了する。

　この日、仮に安値を１枠以上、下げたあとに100ドルまで上昇したとしても、ここでは何もしない。それは次の日に対処すればよい。あくまで、その日に記入するのは一方向だけなのだ。

　現在、このチャートは〇の列の43ドルの行にある。したがって、翌日もまず１枠以上の下げがあったか調べることになる。

　では、次は翌日にフローチャートの最初の設問の答えが「ノー」になった場合を考えてみよう。つまり、安値が１枠分も下げなかった場合だ。

　安値が前日より下げなかったか、下げても１枠分には満たなかった場合、フローチャートの次の設問である「３枠以上の転換があったか？」に進む。

　この例では、株価が20〜100ドルの水準で推移しているため、１枠＝１ポイントである。つまり３枠転換するには、最後につけた〇から３ポイント上昇していなければならない。43ドルから３枠上げると46ドルなので、この場合「高値が46ドルに達しているか？」と聞いて

図2.2　チャート作成のためのフローチャート（チャートの更新はフローチャートに従って行う）

チャートが○列にあるとき

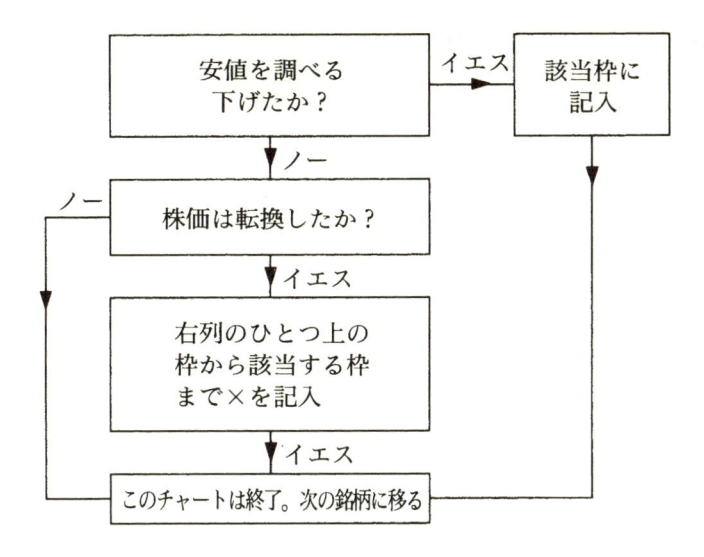

```
          ┌─────────────┐  イエス  ┌─────────┐
          │ 安値を調べる │────────→│ 該当枠に │
      ┌──→│ 下げたか？  │         │ 記入     │
      │   └─────────────┘         └─────────┘
      │         │ノー                    │
      │         ↓                        │
      │   ┌─────────────┐                │
      │ノー│株価は転換したか？│            │
      └───│             │                │
          └─────────────┘                │
                │イエス                   │
                ↓                        │
          ┌─────────────┐                │
          │ 右列のひとつ上の │             │
          │ 枠から該当する枠 │             │
          │ まで×を記入    │              │
          └─────────────┘                │
                │イエス                   │
                ↓                        │
          ┌──────────────────────┐       │
          │このチャートは終了。次の銘柄に移る│←──┘
          └──────────────────────┘
```

いることになる。例えば、このとき高値が45 7/8ドルであれば、2 7/8ドルしか転換していない。したがって、3枠の条件を満たしていないため、何もしない。

翌日も同じ繰り返しだ。まだ○の列にいるので、フローチャートの最初の設問に戻り、「1枠以上の下げがあったか？」に答える。このときチャート上で注目すべき点が2つある。もう1枠下の42ドルか、3枠転換による46ドルである。それより小さな動きであれば、チャートに変化はない。チャートが変化するのは、そのまま○が増えるときか、転換して×の列に変わるときだけで、それ以外にP&Fチャートの更新に関するルールはない。

数日後、株価が46ドルに達して3枠転換となれば、フローチャート

の3つ目と4つ目の質問に従って、右列に3つの×が記載されているはずだ。そして、これまでの流れを繰り返す。

今度は×の列について考えてみよう。つまり株価が高値を切り上げているため、フローチャートの最初の設問は「株価の高値に1枠以上の上げがあったか？」に変わる。作業はこれですべてである。

繰り返す。反対方向に3枠以上動かなければ、列の転換はない。例えば、現在×の列で45ドルまで高値を上げていれば、42ドル（45－3＝42）まで下げないと○の列には変わらない。それ未満の動きはマーケットのノイズであり、記録するほどの価値はないとみなされるわけだ。

一方、現在○の列で45ドルまで安値を下げているのであれば、次の×の列に移るためには44ドル以下に安値を下げず、48ドルまで高値を上げている必要がある。ここでも3枠分よりも小さな値動きはノイズとみなされる。**図2.3**に転換の例を載せておく。

チャートの更新で唯一の例外は、株価水準の変化に伴って1枠の値幅が変わる場合である。例えば、21ドルの銘柄が下落に転じたときは、20ドル以下で1枠＝1/2ポイントに変わるため、転換するには20と19 1/2と19の3枠分、つまり2ポイント下げればよいことになる。

株価水準をまたいだ動きを記入する場合、枠の値幅に注意して、ブレイクポイントを割り出してほしい。最もシンプルなのは、X軸（縦

図2.3　転換の例

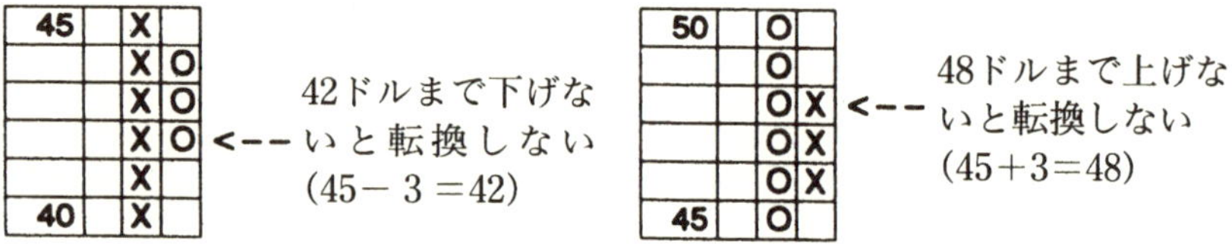

42ドルまで下げないと転換しない
（45－3＝42）

48ドルまで上げないと転換しない
（45＋3＝48）

軸)の目盛りにあらかじめ正しい値幅を記入しておく方法である。こうしておけば、あとは枠を数えるだけで転換するための株価が簡単に分かる。

　今度は実際にチャートを書いてみよう。必要とするのは対象銘柄の日々の高値と安値だけだ。現在のインターネット時代では、例えばDWAのサイトにアクセスすれば、データは簡単に手に入る。あるいは、ほとんどの新聞にある金融面のなかから、チャートを更新すべき株価があるか探せばよい。

　ある銘柄が現在×の列で28 7/8ドルが高値のとき、1枠＝1ポイントとなる20～100ドル銘柄のチャート上では、これを「28ドル」とみなす。7/8では、もう1枠上の29ドルの枠を埋めるのに1/8ポイント足りないからだ。P&Fチャートでは、1枠＝1ポイントの場合、7/8ポイントはノイズとみなすわけだ。

　また、○の列であれば、さらに下げたか安値を見る。同じ例で28 7/8ドルが安値の場合、今度は「29ドル」とみなす。もうひとつ○を追加するためには28ドルに下げなければならないからだ。

　3枠分以上、反対方向の値動きがあれば、次の列に移り、新しい方向に枠を埋める。方向を変えるには、必ず最低条件である3枠分の動きが必要だ。そして、列が変わって同方向に1枠分以上の更新があれば、それを記入していくのである。

　株価が1枠分の上値更新をせず、3枠分の下落に転じれば、次の行から3枠に○を記入する。逆に、株価が1枠分の下値更新をせず、3枠分の上昇に転じれば、次の行から3枠に×を入れる。

　いずれにしても3枠の数え方は現在の枠からではなく、その次からである。回復時なら、ひとつ上の枠からだ。例えば、○の列の28ドルから転じた場合、最低限の3枠とは29、30、31である。そして29から上に3つ×を書き込む。同様に、反落時は×の列の最高値のひとつ下から数え始める。

P&Fチャートでは、毎月初めての更新日に、その月の数字を記入することになっている。これが唯一の時間の経過記録になる。ただし、これには参考程度の意味しかない。株価に動きがないときは○か×のどちらかの列で止まっている。そして、必要なときだけ×や○を記入していく。月が変わって最初に記入する枠だけに月の数字を記入するのだ。

　例えば、7月に入って最初に株価が1枠上げたとき、×をひとつ記入する代わりに、その枠に7月の「7」を記入する。下落時も同様で、もし8月の最初の更新が1枠下であれば、そこには○の代わりに「8」を書き込む。

　簡単に復習してみよう。もし株価が高値更新中であれば、まず高値を見る。そして3枠以上の上昇があれば、上昇した分の×を記入する。1枠＝1ポイントで4ポイント上げていれば×を4つ、5ポイント上げていれば×を5つ記入する。この場合、フローチャートの最初の設問だけで、この日の作業は終了だ。

　しかし、×を更新するほど上昇しなかったときは、次の質問に移り、安値を調べる。もし、3枠以上の下げがあれば、チャートを転換する。転換はP&Fの最も重要な特徴だ。この場合、次の列に移り、ひとつ下の枠から○を3つ記入する。もし、転換するだけの下げがなければ、その日は何も記入しない。

　3枠転換は、別の言い方をすれば「3枠同時に埋まらないと転換しない」ことを意味している。1枠＝1ポイントのとき2 7/8ポイントの下げは3枠には足らない。新しい列は1枠で始められない以上、次の列を一度に3枠埋められるまで、現在の列にとどまることになる。

　ここまで、かなりしつこく繰り返し、ルールを説明してきた。この先の本当に面白い部分に入る前に、チャートの概念をしっかりと理解してほしいからである。3枠転換のルールによって、マーケットにありがちな細かい動きが排除され、大きな流れとみなすのに十分な動き

だけが記載されるのだ。

　安値を切り下げているときも同様のステップで転換させる。まず、○を書き足すのに十分な下げがあるかどうか調べ、あれば必要な数だけ記入する。なければ、次は高値を調べて転換しているかどうか確認する。転換していれば、次の列のひとつ上の枠に×を３つ（必要ならそれ以上）書き込む。しかし、新しく３つ×を書けないのであれば、その日は何もしない。

　この手法の場合、チャートが何カ月も更新されない銘柄もあれば、ひとつの列が長く続いたあとにようやく転換する銘柄もある。

　また例えば、ある銘柄が次の枠に高値更新したあとで、取引終了20分前の決算発表によって８ポイント下げるケースがあるだろう。このときフローチャートにしたがって記入するのは×をひとつだけだ。大引け間際の下げについては、翌日考える。

　ただし、大引け間際の方向転換は、チャートには記入しなくても、覚えておくとよい。これは決算発表のときによくある動きで、１枠上げてから発表を迎えるケースは多い。もし決算がウォール街の期待を大幅に下回っていたら、株価は崩壊するだろう。チャートは転換するようにも思える。しかし、P&Fは１日１方向にしか動かないチャートである。この日は１枠すでに上げているため、これ以上書くことない。ただ、その後の大きな下げは当日記入しなくても、大抵は翌日の結果に反映されるだろう。

　ここまでの説明で、チャートの更新方法が理解できただろうか。できていれば、このまま先に進んでほしい。そうでなければ、もう一度読み返してほしい。

　現在×の列にいて高値更新していれば、上昇した分の枠を×で埋める。ただし、１枠以上満たすほど更新していなければ、安値を見て、３枠転換しているかどうか調べる。○から×に転換するためには、３枠以上反対の動きがなければならない。例えば、高値更新中で高値50

ドルの銘柄であれば、もうひとつ×を重ねるポイントは51ドル、そうでないとき○の列に転換するポイントは47ドルだ。下値更新している銘柄なら、その反対である。

　最も簡単なチャートのつけ方は、高値や安値を見る前に、その日の「アクションポイント」を調べておくことである。先の例であれば、それは51ドルと47ドルである。そして高値や安値を見るとき、このアクションポイントに達しているかどうかだけを確認すればよいわけだ。

　先の例では、まず51ドルまで上げて×を書き足せるか見て、そうでなければ、次は47ドルまで下げて転換していないかを調べる。もしどちらかに当てはまれば、それを記録して終了だ。その逆も同様である。高値や安値を見る前に、アクションポイントを調べておくのが最も簡単だ。

　転換の方法さえ分かれば、P&Fチャートの要点は理解したと言ってよい。ぜひその調子でP&Fの勉強を続けてほしい。そうすれば、きっと投資生活が大きく変わるだろう。

　新しいことに挑戦するとき、だれでも「うまくできないのでは」「失敗するのでは」と思うものだ。必要なのは、地道な努力である。発明王のエジソンでさえ、正しい方法を見つけるまでに何度も失敗を重ねている。

　エジソンの人生は、アメリカンドリームの究極の例と言える。間違いなく、偉大な人物だ。取得した特許は1093件に上り、そのなかには世界に革命をもたらしたものもいくつかあった。しかし、歴史上最も優れた頭脳をもつひとりであるエジソンでさえ、実は多くの失敗をしていた。ただ、偉大な人物の例にもれず、エジソンもこの失敗を受け入れ、それを教訓として成長し、次の開発へとつなげていったのだ。

　息子のチャールズがエジソンについて「父もよく失敗することがあるのか、と聞かれるが、答えはイエスだ」と書いているように、エジソンは多くの失敗を経験している。例えば、最初に特許を取得した電

気投票記録器は、採決を長引かせる戦術の邪魔になるという理由で買ってもらえなかった。また、資産をつぎ込んで開発した磁鉄鉱選鉱工場は、操業してまもなく、良質な鉱石が豊富にあるメサビ鉱山が発見されたため、採算が取れなくなり廃れてしまった。

しかし、エジソンが失敗を恐れて躊躇したことはなかった。実験の失敗が続いて落胆する同僚に対し「ちぇっ、でもまだ失敗したわけではない。うまくいかないことがこれだけ確認できたのだから、その分、成功に近づいたということさ」と語ったという。本書を読むことも、うまくいく方法を学び、一流の投資家に近づいていく過程なのだ。

次は、これまでに覚えた知識を使って、実際にP&Fチャートを書いてみよう。そのとき、チャートを書く作業は、対象銘柄の需給関係を論理的に整理して記録する作業であることを忘れないでほしい。

チャート練習——テクノロジー・ワン

図2.4の株価を使って、更新したのが**図2.5**のチャートである。ここではチャートが4月に○列で16ドルを付けたところから、更新を始めたことにする。

先ほど述べたとおり、P&Fチャートの最も簡単な記入法は、あらかじめアクションポイントを調べておくことである。○列にいるときの第一アクションポイントは、ひとつ下の枠である。そこまで下がっていなければ、次のアクションポイントは、3枠上に転換した価格になる。

テクノロジー・ワンの場合、4月に付けた16ドルのアクションポイントは、1枠下の15 1/2か、3枠転換した17 1/2のどちらかとなる。その他にアクションポイントはない。そして、どちらかに達すれば、必要分だけ記録して次のアクションポイントを割り出していく。すべきことはそれだけだ。常にアクションポイントにだけ気をつけていれ

図2.4　テクノロジーワンの過去の株価

日付	高値		安値		終値	
4/20	16	5-8	16		16	
4/21	16	1-4	16		16	1-8
4/22	16	7-8	16	3-8	16	5-8
4/25	16	3-4	16	1-2	16	5-8
4/26	17	3-8	16	1-2	17	3-8
4/27	17	3-8	17	3-8	17	3-8
4/28	18	1-8	17	1-2	17	3-4
4/29	18	1-8	17	5-8	17	5-8
5/2	18	3-8	17	1-2	18	
5/3	18	1-4	17	7-8	18	
5/4	18	1-4	17	7-8	18	1-8
5/5	18	1-4	17	1-2	17	1-2
5/6	17	3-4	17	1-2	17	5-8
5/9	17	3-4	17	1-8	17	1-8
5/10	17	5-8	17	1-8	17	1-8
5/11	17	5-8	17	1-8	17	3-8
5/12	17	1-2	17	1-8	17	1-4
5/13	17	1-2	17	1-8	17	3-8
5/16	17	3-8	17	1-8	17	1-4
5/17	17	1-2	17	1-8	17	1-4
5/18	17	5-8	17	1-4	17	3-8
5/19	17	5-8	17	3-8	17	1-2
5/20	17	5-8	17	1-4	17	3-8
5/23	18		17	1-2	17	5-8
5/24	18	7-8	17	5-8	18	7-8
5/25	19	5-8	18	5-8	18	7-8
5/26	19	3-4	18	3-8	18	1-2
5/27	19	1-8	18	1-2	18	7-8
5/31	19	3-8	18	7-8	19	
6/1	22	1-4	19	5-8	21	3-4
6/2	20	1-2	19	1-2	19	3-4
6/3	21		19	7-8	20	1-2
6/6	21	3-4	20	7-8	21	
6/7	21	1-2	20	3-4	20	3-4
6/8	21	1-8	20	1-2	20	5-8
6/9	20	3-4	20	1-2	20	1-2
6/10	21	5-8	20	1-2	21	1-2
6/13	23	1-8	21	1-4	22	7-8
6/14	23	1-4	22	1-4	22	5-8
6/15	22	7-8	22	1-2	22	3-4
6/16	24	1-4	22	3-4	23	7-8
6/17	24	5-8	23	3-4	24	
6/20	23	1-4	22	1-4	23	
6/21	23	1-8	21	7-8	21	7-8

第2章●ポイント・アンド・フィギュア分析の基本

日付	高値		安値		終値	
6/22	22	1-4	21	1-8	21	5-8
6/23	21	5-8	20	3-4	20	3-4
6/24	21	3-4	20	1-2	21	3-8
6/27	21	1-2	21		21	1-2
6/28	23	5-8	21	1-4	23	5-8
6/29	24	1-8	23	1-4	23	7-8
6/30	23	7-8	22	1-8	22	3-8
7/1	23	1-4	22	1-2	22	7-8
7/5	23		22	1-2	22	3-4
7/6	22	5-8	22		22	
7/7	24		22		23	5-8
7/8	24	1-4	22	7-8	23	1-2
7/11	23	3-4	23		23	1-8
7/12	23	3-4	23	1-4	23	3-8
7/13	23	5-8	23	1-4	23	1-4
7/14	23	5-8	23	3-8	23	1-2
7/15	23	3-8	22	5-8	22	3-4

図2.5　テクノロジーワン

<-- 4/20からチャートの
　　更新を開始

47

ばよい。

　では、実際にテクノロジー・ワンのチャートを更新してみよう。4月に16ドルまで安値を下げたところからスタートする。先ほど述べたように、チャート上に更新した月を示す数字がある。これがチャートをさらに使いやすくしている。

1．4月20日、現在○列の16ドル。アクションポイントは1枠下の15 1/2と3枠転換した17 1/2である。現在の株価水準は5〜20ドルの範囲内なので、1枠の値幅は1/2ポイントとなり、1枠下は16−1/2＝15 1/2、3枠転換すると16＋1 1/2＝17 1/2となるからだ。この場合、安値は15 1/2に達することなく、4月28日に18ドルを付けた。つまり、17 1/2に達したわけだ。これは転換するのに十分な3枠よりさらに1枠多い。したがって、次の列に×を4つ書き込む。

2．4月28日、アクションポイントは1枠上の18 1/2と3枠転換した16 1/2である。このうち先に達したほうを実際に記録することになる。この場合、5月24日にやっと18 7/8まで高値を更新し、18 1/2の枠を埋めることができた。動きがあってもなくても毎日記録するバーチャートとは異なり、たいした動きのなかった4月28日から5月24日の期間は、何もしていない。これはP&Fの特徴をよく表している。P&Fチャーティストは、ノイズに興味がない。

3．5月24日、アクションポイントは1枠上の19と3枠下の17。どちらかを先につけたら、またそこから次のアクションポイントを決める。翌日5月25日、テクノロジー・ワンは19 5/8まで高値更新したため、19ドルと19 1/2ドルの枠が埋まった。

4．5月26日、アクションポイントは20ドルと18ドル。もし1枠高値更新して20ドルを付ければ×を記入、そうならず、逆に1 1/2ドル安値更新して18ドルを切れば、○列に移る。この場合、6月1日に高値を22 1/4ドルに上げたため、22ドルの枠まで×を記入する。株価が20ドルを超えたため、1枠が1/2ポイントから1ポイント（20〜100ドル）に変わったことに注意する。

5．6月2日、アクションポイントは23と19 1/2（途中で1枠の値幅が変わっているため、21、20、19 1/2で3枠となる）。翌日、1枠以上の高値更新をせずに、すぐに19 1/2に安値を更新したため、○列に転換する。供給が逆転したのだ。新しいアクションポイントは1枠下か、そうでなければ×列に転換しての3枠上になる。

6．6月3日、○列は19 1/2ドルにある。したがって、アクションポイントは19ドルと22ドル（20ドル以上は1枠の値幅が1ポイントになるため20、21、22の3枠となる）。最初にヒットしたのは6月13日の23ドルなので、×の列に移動して23ドルまで×を書き込む。

7．6月14日、×列。アクションポイントは1枠上の24ドルか、3枠下の20ドルになる。6月16日に24 1/4を付けたため、24ドルの枠を埋める。

8．6月17日、アクションポイントは1枠上の25ドルか、3枠下の21ドル。6月23日に安値を20 3/4ドルまで下げたため、次の○列に進み、21ドルの枠まで○を記入する。

図2.6　売買シグナル

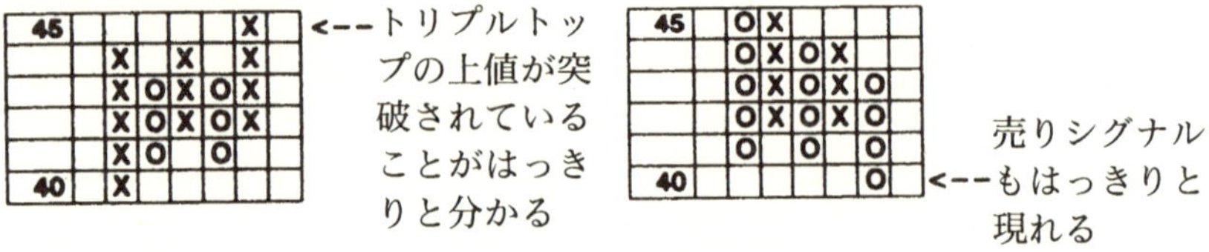

```
45 |   |   |   | X |
   | X | X | X |   |
   | X | O | X | O | X |
   | X | O | X | O | X |
   | X | O |   | O |   |
40 | X |   |   |   |
```
<-- トリプルトップの上値が突破されていることがはっきりと分かる

```
45 | O | X |   |   |
   | O | X | O | X |
   | O | X | O | X | O |
   | O | X | O | X | O |
   | O |   |   | O |
40 |   |   |   | O |
```
売りシグナル
<-- もはっきりと現れる

9．6月24日、アクションポイントは20ドルと24ドル。6月29日に高値を24 1/8ドルに上げたため、×列に移動する。「ダブルトップ」のパターンが形成された。このパターンについては第3章で説明する。

10．6月30日、アクションポイントは25ドルと21ドル。

　この例では、1枠の値幅が1/2ポイントから1ポイントに変わる20ドルを何度かまたいでいたため、3ポイント転換ではない3枠転換の概念がよく理解できたと思う。
　P&Fチャートが実用的である理由のひとつとして、株価の方向が変わるときには列が変わって1枠ずれるため、チャートの形がはっきり表れる点が挙げられる。先ほどの例でも、下落（○列）に転換するとき1枠ずれることで天井や抵抗水準がはっきりと形成され、上昇（×列）に転換するときは底値や支持水準がはっきりと表れていた。**図2.6**にも、このようなパターンの例を挙げておく。

トレンドライン

　トレンドラインは、P&Fを使うときに最も重要な目安のひとつで

ある。このトレンドラインを応用して、私たちは「トレンドラインを超えてトレードされる株の割合」という新しい指標を開発している。この指標については、第6章で解説する。

いかに株価が上昇もしくは下落トレンドに沿って動いているか確認するたびに、いつも驚かされる。また、バーチャートのトレンドラインがかなり主観的に引かれがちなのに対し、P&Fの場合は、ずっと簡単に引くことができる。

P&Fで使用する基本的なトレンドラインは、強気支持線と弱気抵抗線である。それぞれ強気抵抗線、弱気支持線と合わせて説明しよう。

長期投資の場合、保有銘柄が強気支持線よりも上でトレードされているかぎり、主要トレンドは強気とみなす。私はこの線を「インターステート95（I-95）北線」と呼んでいる。州間高速道路I-95は、米国東海岸の南北を結ぶ幹線道路である。一方、ある銘柄が弱気抵抗線よりも下でトレードされていれば、その基本トレンドは弱気だとみなされる。そこでこれを「I-95南線」と呼んでいる。これらの基本的トレンドラインは、主に長期投資に使われる。短期トレーダーの場合、どちらかの基本線とチャートの間にさらに適当なラインを引いて、より柔軟な対応が可能だ。

強気支持線

強気支持線はチャートパターンの重要な要素で、対象銘柄の基本トレンドの目安になっている。多くの銘柄が強気支持線を維持し、下回らずに上昇していく様子は、まるでレンガの壁を見ているかのようで、いつも不思議な感覚を覚える。基本的に「投資家は強気支持線よりも上で取引されていない銘柄を買うべきではない」といわれる。

線の引き方は簡単で、P&Fの誕生当初から何も変わっていない。ある銘柄が、後ほど説明する弱気抵抗線の下で集積（アキュムレーシ

ョン）の基点を形成し、底入れしてから最初の買いシグナルを出したら、最安値のある○列を探し、その○列のひとつ下の枠を始点に、斜め右上（45度上方）の枠をつないでいくのだ。

　株価でつなぐバーチャートとは異なり、P&Fチャートは株価でつなげない。強気支持線の角度は常に右45度、弱気抵抗線はその逆の右135度と決まっている。

　通常、強気支持線には、その付近に下値が近づいてきているとき、売りシグナルの可能性を示唆してくれる利点がある。

　株価がこのトレンドラインのはるか上に上昇し、売りシグナルと買いシグナルが続けて出れば、比較的短期のトレンドラインを引くことができる。この短期トレンドラインは、売りシグナルが出た○列の最安値のひとつ下の枠を始点に、斜め右上の枠をつなぐだけである。これが新しいトレンドラインとなる。ただし、最初に引いた強気支持線も残しておく。長期の目安となるからだ。

　最初の強気支持線は、常に長期トレンドを提供する。何年かたってまた効果を発揮することがよくある。短期のトレンドラインは、視覚的指針となるだけでなく、短期の方向性を見るのにも役に立つ。

　トレーダーは往々にして、株価が強気支持線付近に下落しているとき、買いを仕掛ける。ストップロス（損切り）ポイントに近づいているからだ。P&Fの最も重要な特徴は、売りシグナル、買いシグナル、トレンドなど、トレードの目安がはっきり表れるという点だ。

　ただし、何といってもP&Fは、サイエンスでなく、アートである。投資の世界ではH_2Oが必ずしも水である必要はない。作成する人間が、そのチャートを構成する重要な一部だという点を忘れないでほしい。

　多くの投資家が自分は何もしなくても大金持ちにしてくれるブラックボックスを探し求めている。しかし、そんなものはそもそも存在しない。だが、正しい銘柄を正しいタイミングで買う手助けをしてくれるP&Fは、大きな損を避け、ブラックボックスと同じくらいの効果

図2.7 強気支持線

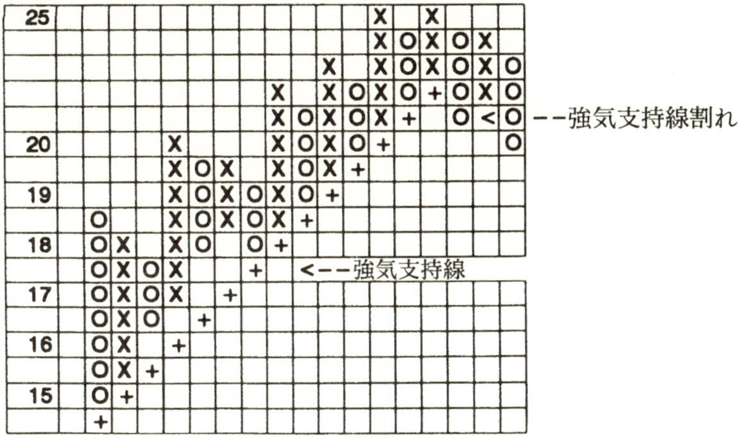

25							X	X			
							X	O	X	O	X
						X	X	O	X	O	X
					X	X	O	X	O	+	O X
					X	O	X	O	X	+	O X
20			X		X	O	X	O	+		O < O ←－強気支持線割れ
		X	O	X	X	O	X	+			
19		X	O	X	O	X	O	+			
	O	X	O	X	O	X	+				
18	O	X	X	O	O	+					
	O	X	O	X	+	←－強気支持線					
17	O	X	O	X	+						
	O	X	O	+							
16	O	X	+								
	O	X	+								
15	O	+									
	+										

をもたらしてくれる。投資の場合、「買わなかった銘柄」が成功のカギを握っているということも珍しくない。

　強気支持線を下回って出るシグナルは、重要かつ強力な売りシグナルで、少なくとも「ファンダメンタルを再確認せよ」という意味がある。何かしら注意すべきことがどこかに潜んでいるわけだ。そして得てしてこの理由が判明するのは、シグナルが出て数日たってからである。

　このような強い売りシグナルが出たとき、私はすべてを売るのではなく、ポジションを減らすようにしている。シグナルが出たあと、揉み合いから再び上昇することがよくあるからだ。残りのポジションは比較的良い値段で手仕舞うことができるというわけだ。ただし、その戻しの天井は前回ほどではないだろう。

　マーケットでは、物ごとに時間がかかる。一夜にして変わることはめったにない。私はじっくり投資機会を待つのが好きだ。得てして、真実は白黒はっきりせず、グレーである。P&Fでトレンドラインを割ったとみなすには、ラインに触れるだけでは不十分だ。突き抜けて

1枠以上埋まらなければならない。線を「少し割る」という考え方はない。あくまでラインを割ったか割らないかのどちらかである。

　図2.7を見てほしい。15ドルから25ドルまではトレンドラインを保っている。しかし、その後、供給過剰になって21ドルまで下げ、ダブルボトム売りシグナル（後ほど説明する）が出ただけでなく、強気支持線も割った。強気支持線を割るのは、トレンドが変わった可能性が高いことを示すカギとなるシグナルで、目覚まし時計のベルと言ってもよい。

　ボタンを押してベルを消すこともできる。しかし、こういうときこそ起き上がって行動してほしい。

強気抵抗線

　この線の説明に入る前に、ひとつ指摘しておきたい点がある。実のところ、強気抵抗線と弱気支持線は、それほど使われていない。あまりたくさんの線を引くとチャートが複雑になり、子供のころよくやったピックアップスティック（一面に棒を散らばせて拾いあうゲーム）のようになってしまう。やはりここはシンプルに徹したほうがよいということを念頭においてほしい。

　強気抵抗線を引くには、まず直近の買いシグナル（×がひとつ前の×の列の上値を抜いた行）の左側に最初にある○の壁を探す。ここで注意してもらいたいのは、始点となるのは最初の○の列ではない。最初の○の「壁」という点である。この○の壁は、底入れ最後の下げであり、需要が増え始めるポイントになっている。このことは**図2.8**を見るとよく分かるだろう。

　次に○の壁のすぐ隣の×の列の最高値のひとつ上の枠から、斜め右上にトレンドラインを引く。これが45度の強気支持線となる。この線は何度も引かなければならないかもしれない。しかし、基本的に株価

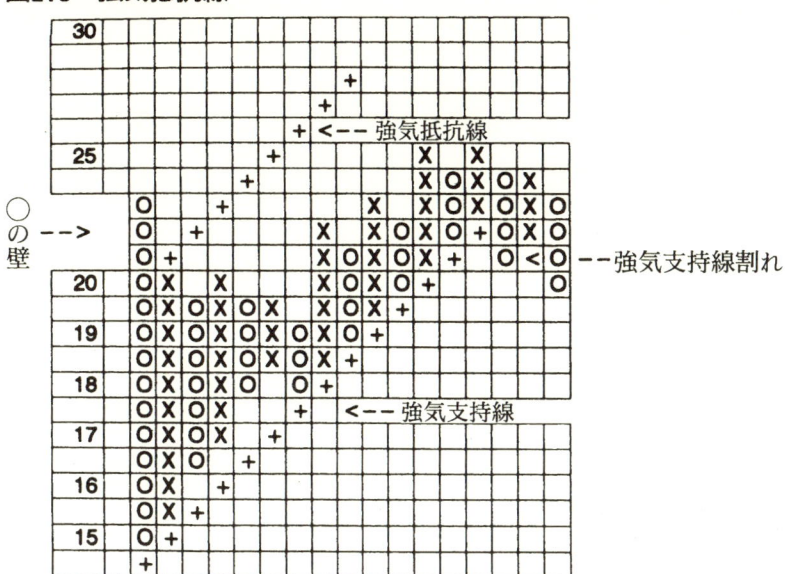

図2.8 強気抵抗線

```
         30
                              +
                             +
                            + <-- 強気抵抗線
         25             +   X X
                       +    X O X O X
○       O    +         X    X O X O X O
の  -->  O   +         X    X O X O + O X O
壁       O +           X    X O X O + O X O --強気支持線割れ
         O +           X    X O X O    O < O
         20 O X   X        X O X O
            O X O X O X O    X O X +
         19 O X O X O X O X O X +
            O X O X O X O X +
         18 O X O X O    O +
            O X O X    +     <-- 強気支持線
         17 O X O X    +
            O X O    +
         16 O X    +
            O X  +
         15 O  +
             +
```

は強気抵抗線に達すると、跳ね返されることが多い。強気支持線と強気抵抗線の間がトレードチャネルとなるわけだ。

図2.8では、強気抵抗線が○の壁の21ドルから引かれている。ただし、DWAではこの線はほとんど使っていない。株価が上昇しているとき、私たちが最も注目しているのは強気支持線である。

弱気抵抗線

先ほど解説した強気支持線のちょうど反対に当たるのが、弱気抵抗線である。**図2.9**を見てほしい。株価が強気支持線の上で揉み合ったあと、売りシグナルが出たら、×の最高値のひとつ上の枠を始点とし、斜め右下の枠をつなぐ。この135度のトレンドラインが、45度の強気支持線の逆にあたる弱気抵抗線となる。

55

図2.9 弱気抵抗線

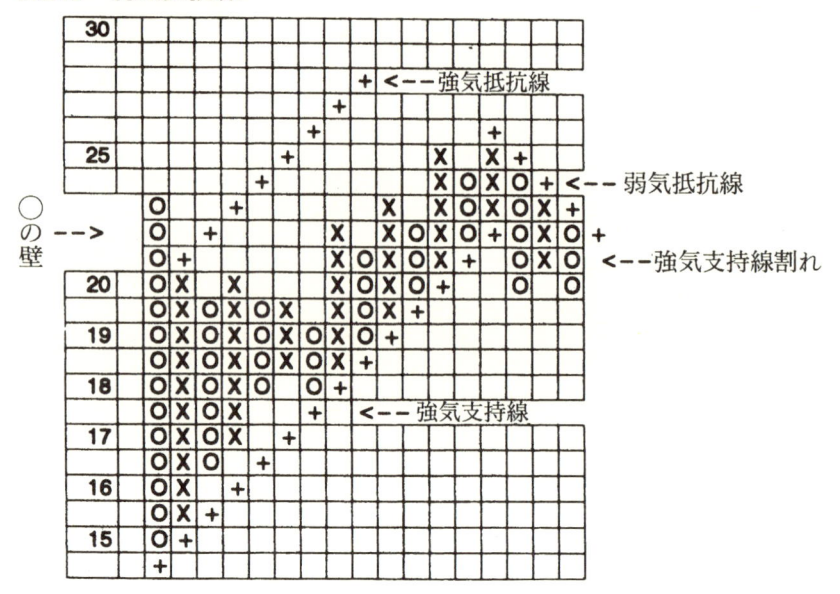

```
     30
                              +  <--強気抵抗線
                           +
                         +        +
     25               +         X  X
                   +            X O X O  +  <--弱気抵抗線
         O      +         X     X O X O X
○ -->    O   +         X  X O X O  + O X O  +
の        O +           X O X O  +     O X O
壁       O X   X         X O X O  +     O   O    <--強気支持線割れ
     20  O X O X O X     X O X  +
     19  O X O X O X O X O  +
         O X O X O X O X  +
     18  O X O X O   O  +
         O X O X     +      <--強気支持線
     17  O X O X   +
         O X O    +
     16  O X    +
         O X  +
     15  O  +
            +
```

　この線に関しても、その原理や戦略はこれまでと同じで、通常は「弱気抵抗線の下では買いを仕掛けたくない」とされている。また、強気支持線と同じく、この線もレンガの壁のように堅く、弱気抵抗線よりも下で売りシグナルが出たとき、その銘柄は弱気だとみなされる。ちなみに私はCNBC（経済専門チャンネル）の番組のなかでは、弱気のことをI-95南線と呼んでいる。

　弱気抵抗線よりも下での買いシグナルは、トレーダーにとっては間違っているときもあれば、最適なときもあるので、慎重に見極めてほしい。株価はこの線まで達すると、大抵は手ごわい抵抗に遭うが、それを突き抜ければ買いシグナルになるからだ。また、弱含みの銘柄が抵抗線を超えないまでも、その近くまで反発したときは、短期売りの最適なポイントと考えられる。

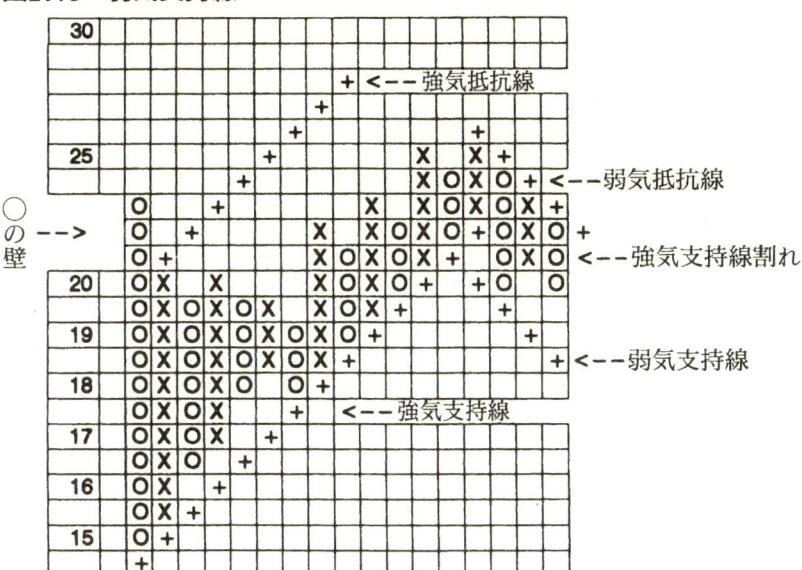

図2.10　弱気支持線

```
      30 |  |  |  |  |  |  |  |  |  |  |  |  |  |
         |  |  |  |  |  |  |  |  |  |  |  |  |  |
         |  |  |  |  |  |  | + | <－－強気抵抗線
         |  |  |  |  |  | + |  |  |  |
         |  |  |  |  | + |  |  | + |
      25 |  |  |  | + |  |  | X | X |
         |  |  |  |  |  |  | X | O | X | O | + | <－－弱気抵抗線
○        | O |  | + |  |  | X | X | O | X | O | X | +
の --->   | O |  | + |  |  | X | X | O | X | O | + | O | X | O | +
壁        | O | + |  |  |  | X | O | X | O |  |  | O | X | O | <－－強気支持線割れ
      20 | O | X |  | X |  |  | X | O | X | O | + |  | + | O |  | O
         | O | X | O | X | O | X |  | X | O | X |  | + |  |  | +
      19 | O | X | O | X | O | X | O |  | X | O | + |  |  |  | + | <－－弱気支持線
         | O | X | O | X | O | X | O | X | + |
      18 | O | X | O | X | O |  | O | + |
         | O | X | O | X |  |  | + | <－－強気支持線
      17 | O | X | O | X |  | + |
         | O | X | O |  | + |
      16 | O | X |  | + |
         | O | X | + |
      15 | O | + |
         | + |
```

弱気支持線

図2.10を見てほしい。弱気支持線は強気抵抗線の逆である。弱気抵抗線よりも左の最初の×の「壁」から引かれる。つまり、×列のひとつ下の枠ではなく、×の最初の壁（○列）からである。この○列の最安値のひとつ下から斜め下に枠を結んでいけば、自然に135度になる。

この線は、下落が抑えられるかどうかの目安になる。弱気抵抗線と弱気支持線を組み合わせてできるチャネルは、トレードが予想される範囲を示している。株価が弱気支持線近くまで下がれば、投資家が需要を見いだして買い支えるため、底値買いが起きる。また、抵抗線近くまで上げれば、値下がり株を抱え込んでいた投資家が反発したすきに売ろうとするだろう。

目標値

　P&F分析では、目標値の計算に水平カウントと垂直カウントの2つの方法がある。DWAのサイトにアクセスすれば、自動的に垂直カウントを計算できる。しかし、やはりその仕組みをしっかりと理解してほしい。

　目標値の計算方法は、弾道学の理論を応用したもので、P&F分析では、この方法が何十年にもわたって使われている。弾道学では、弾丸を押し出す薬きょうの大きさ、銃身の長さ、弾丸が腔内を移動するときの抵抗、気温、ライフルの角度を考慮して、飛距離を計算する。この仕組みについて、1920年版のブリタニカ百科事典が非常に分かりやすい説明を載せている。以下の部分は『ポイント・アンド・フィギュア──アドバンスド・セオリー・アンド・プラクティス（Point and Figure Method──Advanced Theory and Practice）』から引用したものである。

　　腔外弾道学とは、最初の衝撃を受けてからの弾丸の動きを研究する弾道学の一分野である。考慮すべき要素は、弾丸に速度をもたらす腔内の火薬やガスの圧力、弾丸が銃身を出るまでの腔内の抵抗、空気抵抗、重力の影響だ。弾丸が到達しそうな目標を判断するために、そのすべてを算出しなければならない。

　保ち合いを抜けたあとの株や商品の目標値を探るとき、これと同じ原理を応用できる。特に垂直カウントは、最も信頼のおける方法で、できるかぎりこの方法を用いるとよい。

　DWAでは、リスク・リワード比を決めるときの材料として、この目標値を利用している。投資家にもトレーダーにも、ポジションを取るときは1ポイントの下落（リスク）に対し2ポイントの上昇（リワ

ード）という割合で、リスク・リワード比を維持するように勧めている。その比率を決める材料のひとつが目標値なのだ。

　ちなみに、私は目標値以外にトレーディングバンドや抵抗線も利用している。これらの概念については後ほど解説する。ただ、強気の目標値とは言っても、そこに達すれば無条件に売るわけではない点に注意してほしい。レラティブ・ストレングス（RS）やトレンドがまだ勢いを保っていれば、売るのは一部にとどめ、大部分は保有し続けるという選択も考えられる。

垂直カウント

　株価が底入れし、上昇し始めると、いずれ前回の×列の最高値を超えて買いシグナルが出る。そして、供給が支配する水準まで上昇すると、また○列に転換する。この×列が終わった時点で、目標値を計算できる。

　まず×列の枠の数を3倍する（3枠転換の場合）。次に、その数に1枠分の値幅を掛ける。それに×列の最初の値（この場合は最安値）を足した数値が、今回の目標値となる。

　もちろん目標値は目安であって、その値に必ず到達するという保証はない。また、目標値に達してから、さらに上昇するケースも多い。

図2.11　垂直カウント

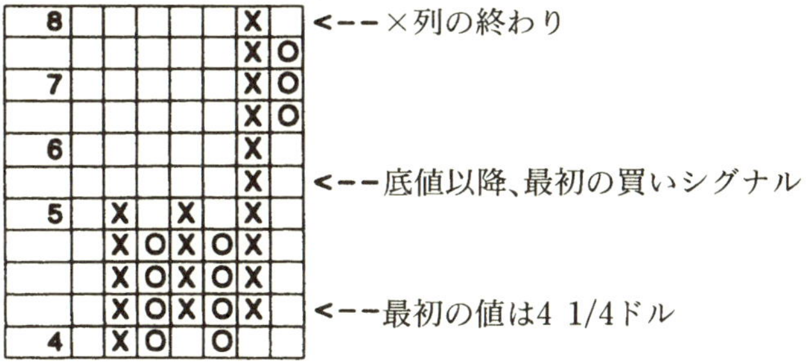

8				X	←－－×列の終わり
				X	O
7				X	O
				X	O
6				X	
				X	←－－底値以降、最初の買いシグナル
5		X	X	X	
		X	O	X	O
		X	O	X	O
		X	O	X	←－－最初の値は4 1/4ドル
4		X	O		O

図2.12 空売りの垂直カウント

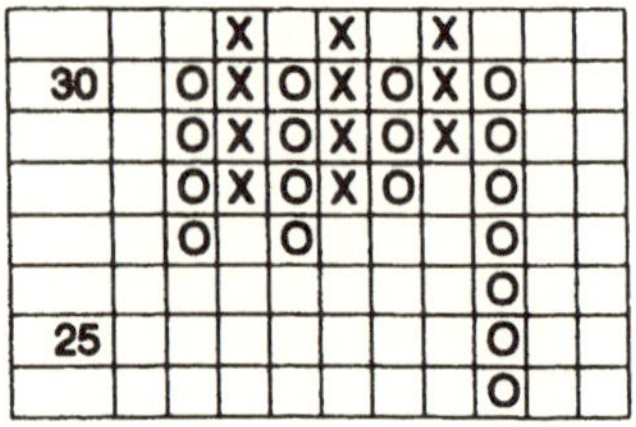

		X		X		X		
30		O	X	O	X	O	X	O
			X	O	X	O	X	O
			X	O	X	O		O
				O		O		
								O
								O
25								O
								O

売るかどうかはチャートパターン、トレンドライン、RSも考慮してから判断してほしい。目標値は、ここに達したら必ず売らなければいけないというものではない。ただし、少なくともその時点で、もう一度その可能性を再評価する必要がある。

図2.11は垂直カウントの例である。1枠分の値幅が途中で変わっている点に注意してほしい。この場合、1枠＝1/4ポイント（0～5ドル）の4枠分である3ポイント（＝4枠×3倍×1/4ポイント）と、1枠＝1/2ポイント（5～20ドル）の6枠分である9ポイント（＝6枠×3倍×1/2ポイント）を足すと12（＝3＋9）ポイントである。そして、この列の最安値である4 1/4を足した16 1/4（＝4 1/4＋12）が目標値となる。

空売りする場合の垂直カウント

空売りする場合の計算は、買いの場合と似ている。ただひとつだけ違うのは、枠の数を3倍ではなく2倍にする点である。**図2.12**では、最初に売りシグナルの出た○列が7枠あるので、7枠×2倍×1ポイント＝14ポイントとなる。それを最初の○である30ドルから引いた16ドルが目標値となるわけだ。

図2.13 水平カウント

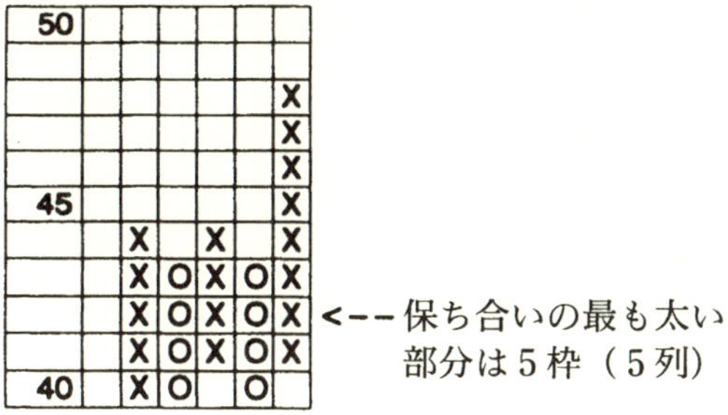

```
50
              X
              X
              X
45            X
        X  X  X
        X O X O X   <-- 保ち合いの最も太い
        X O X O X       部分は5枠（5列）
        X O X O X
40      X O    O
```

水平カウント

　水平カウントは、保ち合い期間の列を数え、それを3倍したものに1枠の値幅を掛けて算出する。これは垂直カウントに似ている。しかし、計算の基になる枠が列の縦の長さではなく、保ち合いの列の数という点で異なる。

　水平カウントは、弾道学でいえば弾丸を動かす薬きょうの大きさを計算するようなものだ。薬きょうの大きさは、弾丸を飛ばすときの火薬の量である。一方、垂直カウントは、発射された弾丸の勢いが引力より勝っている間と考えるとよいだろう。このたとえは昔、私がこれらの計算方法を学んでいたとき、この概念を理解するのに大いに役立った。

　ただし、いずれにしても目標値はあくまで目安であり、買いでも売りでも仕掛けるときには、マーケット、セクター、RS、チャートパターンなどを考慮すべきである。本書も目標値の算出よりも、これらの要素に重点をおいて説明している。

　水平カウントは、まず保ち合いの最も太い部分を水平に数え、それを3倍し、1枠の値幅を掛ける。例えば、**図2.13**では×と○の列を水平に数えると5列ある。したがって、5列×3倍×1ポイント＝15ポ

イントとなる。そして、保ち合い中の最安値である40ドルに足した55ドル（＝15＋40）が目標値となるわけだ。

　先ほど述べたように、水平カウントはリスク・リワード比を決めるときに利用する。仕掛ける前に潜在的な利益が少なくともリスクの2倍はあるトレードを選びたいからだ。マーケットには膨大な数の銘柄があり、ひとつの機会に固執する理由はない。チャンスは次々と巡ってくる。必要なのは、チャンスを見逃さないことなのだ。

第3章
チャートパターン
――需給の攻防の記録
Chart Patterns : Recoding the Battle Between Supply and Demand

経済学101

　P&F分析の根幹は、チャートパターンである。単純なチャートパターンで需給の攻防の記録を表せるところが、この手法の素晴らしさだ。そして、この手法が信頼に値するのは、需給という私たちの日々の生活と密接にかかわる不変の法則に基づいているからである。

　私たちが接するほとんどすべてに需給の摂理がかかわっている。私がこの基本的な法則を初めて認識したのは、大学に入って最初の経済学の必修科目である「経済学101（入門）」を受講したときだった。それまでの22年間、価格がなぜ変動するかについて、深く考えたことはなかった。

　実際のところ、需給の法則を完全に理解している人は多くない。私はぜひとも、すべての高校でハツレット著『エコノミクス・イン・ワン・レッスン（Economics in One Lesson）』を使った授業を必修にすべきだと常々思っている。

　私自身がこの種の講座で招かれることはなさそうだから、本書のなかで強調しておきたい。ぜひ一読して、この基本的な概念を自分の子供たちに教えてあげてほしい。この概念を理解すれば、よりはっきりと物事を見極められるようになり、将来きっと役に立つ。「経済学

101」のクラスで学んだことの多くは、すでに時代遅れになってしまった。しかし、需給の摂理だけは、まったく変わっていない。今でも価格変動の原動力である。

　もし買い手が売り手よりも多ければ、価格は上昇し、売り手が買い手よりも多ければ、価格は下落する。この原理はトマトでもカブでも変わらない。夏にレモネードを売っていた自動販売機が冬には温かいココアを売っているのと同じくらい、簡単な理由である。このように価格の変動は日々の生活に密接なかかわりがある。それにもかかわらず、こうした変化を支配する法則について考える人はほとんどいない。

　株式市場では、日々、価格が変わる。買い手と売り手が死闘を繰り広げ、いずれどちらかの支配がはっきりするとトレンドが始まる。以前、小学校でP&F分析について教えたとき、第1章で紹介したテニスの例を使った。プレーヤーがそれぞれのセットを取り合っていくように、株もランダムな攻防の上に流れがどちらかに決まる。P&F分析では、特定のチャートパターンが需給のどちらが株価を支配しているか知らせるシグナルになる。セットごとの勝敗には興味はない。あくまでも試合結果のみに関心があるのだ。

歴史は繰り返す

　P&Fチャートが有効なのは、パターンが繰り返すため、その先の動きを予想できるからである。

　バージニア州リッチモンドにあるP&Fインスティチュートで、チャートパターンの重要性を説明するとき、常に使う例がある。講義の初めに、参加者のひとりに向かって予告なしにボールを放り投げる。すると、その参加者は反射的に手を伸ばしてボールをつかもうとする。そして、次々にボールを参加者に向かって投げる。すると、参加者は何が来るか分かっていても、皆自然と同じ反応をみせる。手を伸ばし

てボールをつかもうとするのだ。

　P&Fチャートも同じである。パターンを繰り返すのだ。マーケットは何度もトリプルトップ（あるいは弱気転換パターン、私は弱気トライアングル・パターンと呼んでいる）を投げかける。このとき、マーケットの反応が同じであるとすれば、その対処法はすでに分かっている。そして、それで失敗するよりも、成功することのほうが多いのだ。

　頻繁に投資家が明らかに供給過剰の銘柄を買ってしまうのは、単に企業のファンダメンタルしか見ていないからである。一方、私たちは、売買の前にファンダメンタル的にもテクニカル的にも勝率ができるだけ高くなるように、準備万端であることを目標としている。

　チャートパターンは判断プロセスで非常に重要である。ただし、多くの投資家が思い込んでいるように、チャートパターンを見るだけで、ほかの評価方法や経験を無視して簡単に成功できるわけではない。この手法はサイエンスではなく、アートである。つまりチャート作成者が分析過程の一部となるのだ。判断にはチャートパターンだけでなく、マーケット全体、セクター、トレンド、レラティブ・ストレングスなどを考慮しなければならない。

　ただし、それを踏まえたうえで、まず個々の銘柄のチャートパターンを理解しておく必要がある。マーケットが個々の銘柄で構成されているからこそ、これが最も重要なのだ。マーケットは海にいる魚の集合体みたいなものである。この集合体は、群れごと、そして個別の魚に分類できる。

　マーケット指標や、セクター指標、レラティブ・ストレングスに進む前に、まず一銘柄のP&Fチャートの見方をしっかりと理解しておくことは、極めて重要だ。

成功率を上げるために

　親友の故ジム・イェーツは、収益と確率の説明をするとき、いつも次の例を用いていた。
　バスケットボールの試合で、ある選手がドリブルをしていると、相手チームの選手がぶつかってきた。これはパーソナルファウルと判定され、ファウルラインから相手の妨害なしに2回フリースローできることになった。フリースローの1回目と2回目に連続性はない。テレビの解説者によると、この選手のフリースローの成功率は70%という。10回のうち7回決める力があるわけだ。
　そこで、2回の個々のシュートを両方とも決める確率を尋ねると、講義に参加した人のほとんどが「70%」と答える。しかし、実際の確率は$0.70 \times 0.70 = 0.49$で、この選手がフリースローを2本続けて決める確率は49%、つまり半分以下である。
　投資家もこれと同じ問題を抱えている。なぜなら、売りと買いという2つの独立したトレードを両方とも正しく処理しなければならないからだ。これまでに、株を買って上がったものの、売る前に再び下がってしまった、という経験はないだろうか。私にはある。それどころか、買ったあと一度も上がらずに下がってしまった苦い経験だってある。後者のケースは、一度目のフリースローさえ外しているわけだ。本書は、2本のシュートを両方とも成功させる確率を高めるため、どのように試合を進めていけばよいか、ということが順を追って分かるようにしてある。
　まず、チャートパターンから始めよう。これは道路地図と何ら変わりない。休暇でバージニア州リッチモンドからニューヨークに行くとき、どの道路を通ればよいかを調べるだろう。しかし、ここでI-95を選んだとしても、北上しないで南下してしまったら、フロリダ州キーウエストに行ってしまう。同じように、投資家も間違ったところで入

ってしまうことが多い。ニューヨークに行くのにI-95を選んでも、南線に入ってしまうのは、ファンダメンタルはしっかりしていても、供給が十分にあり、この先上げるよりも下げる可能性の高い銘柄を買うようなものなのだ。

　私もブローカー時代、知識がなかったために、何度もこのような間違いを犯した。推奨株をそれ以上検証せずに買ってしまうのは、最初にぶつかった道を行けば目的地に着くと勘違いすることと変わりない。「どの銘柄」を買うかばかりに気をとられ、「いつ」買うかという点には注意を払っていなかったのである。

　多くの株式ブローカーや投資家は、ファンダメンタル情報をもとに株を買う。なぜなら、この情報だけは豊富にあるうえ、これほど投資家が理解しやすいものはないからである。それにパーティーの格好の話題にもなる。

　もちろん、ファンダメンタル分析を軽視しているわけではない。「どの銘柄」を買うかも重要な問題である。さらなる分析の対象となる銘柄を選ぶ第一関門として、ファンダメンタル分析は非常に有効な手段だと言える。ただし、ファンダメンタルで分かる答えはたった半分で、そのあと選んだ銘柄のなかから、上下どちらの方向に動く可能性が高いか判断しなければならない。そして、ここで登場するのがテクニカル分析というわけだ。

　ブローカー時代、周りにテクニカル分析を使う人はいなかった。米国ですでに100年以上も使われてきた手法にもかかわらず、怪しげなマジックくらいにしか思われていなかったからである。今考えると、ブローカーの仕事は、ステーキが焼ける音だけを売っているようなものだった。もっとも、顧客もそれを望んでいた。もし当時勤めていた会社がファンダメンタル分析だけでなくテクニカル分析も教えてくれていたら、ブローカーにとっても顧客にとってもまったく違う結果になっていただろう。ただの平日が、みんなで盛大に祝う独立記念日ぐ

らいになったかもしれない。

　実は、現在でも大半のブローカーは、1970年当時と同じ方法で営業を続けている。しかし一方で、テクニカル分析をリサーチに取り入れる投資家も増えている。この14年間でウォール街でもテクニカル分析が普及したのには、私たちも一役買っていると自負している。

　投資で最高の結果を出すためには、ファンダメンタル分析とテクニカル分析の併用が不可欠である。DWAでは「どの銘柄か」決めるのに、いくつかの会社からファンダメンタル分析の情報を入手している。

　優れたファンダメンタル分析を提供している会社は数多くある。バリューライン社やスタンダード＆プアーズ社は、簡単に利用できる素晴らしいレーティングシステムを提供しているし、『インベスターズ・ビジネス・デイリー』紙なら１日50セントで企業収益に関する情報が手に入る。P&F分析を組み合わせたこれらの情報は、非常に強力だ。

　また、従来のブローカー各社もファンダメンタル面から推奨銘柄に関するレポートを公表している。インターネットを使えば、無料で好きなだけファンダメンタル情報が手に入るといっても過言ではない。DWAでもファンダメンタル的にしっかりした数銘柄を組み入れたポートフォリオの情報を載せている。そこで、これらの銘柄に対してテクニカル分析をするのである。

　テクニカル分析に関する情報は、ファンダメンタル分析ほど多く提供されているわけではない。しかし、これを見つけることが成功のカギを握っている。そして、本書を読めば、テクニカル面は自分で判断できるようになるはずだ。自分の投資に最も真剣に取り組めるのは、やはり自分自身しかいない。

　テクニカル分析が重要なのは、これが「いつか」という質問に答えてくれるからである。「優れた企業だから」というだけの理由で株を買う投資家やブローカーが、あまりにも多すぎる。しかし、優れた企

業が必ずしも優れた株であるとは限らない。

　つい最近、当社の顧客であるブローカーから、インテグレーテッド・デバイシーズという銘柄について意見を求められた。この会社は業績も順調で、収益が50％増加したニュースも流れたというのに、株価は５ドルも下げ、その理由が分からないという。そこでチャートを見ると、あと30ポイントも上がれば「すべて売れ」と訴えていた。需給関係を見ると、すでに供給が支配していたのである。

　このブローカーは、これまでファンダメンタルが向上しているのに、１日で５ドルも下げたという経験がなく、すっかり困惑していた（おそらくこの先、日を追うごとに損失はさらに広がるだろう）。しかし、もしこの銘柄のテクニカル指標をバランスシートにしていたら、負債の側に大きく偏ることになるはずだった。このブローカーは素晴らしい企業が素晴らしい株になる時期が理解できていなかったわけだ。

　ファンダメンタルに優れた銘柄は、まず「いずれ買う」の引き出しにしまっておく。そして、それがテクニカル面でもプラスになったとき、そしてファンダメンタルがまだプラスのままであれば、初めて「ゴー」サインが出るのである。

　この一連の作業は、コンピューターのおかげで、ほんの６年前に比べてもずっと楽になった。かつては、チャート帳のページを繰ってファンダメンタルがしっかりしていることを示すマークとチャートパターンを見比べていた。しかし、今ではDWAのサイト（http://www.dorseywright.com/）にファンダメンタルの優れたポートフォリオを入力しておき、サーチ／ソート（検索／並び替え）機能を使えば、テクニカル的に上昇が期待できる銘柄が絞り込める。

　ファンダメンタル分析とテクニカル分析を組み合わせれば強力だと分かっていても、何百もの銘柄のなかから実際に買うべき株を探し出すのは、非常に時間のかかる作業であった。ところがコンピューターのおかげで、これが数秒でできるようになったのである。コンピュー

ターに特定の銘柄の分析はできない。しかし、テクニカル的に重要ないくつかの要素を条件として評価対象を絞り込む作業は可能だ。そして、その条件のひとつがチャートパターンなのである。

チャートパターン

　もしある銘柄を買う前に、正しいチャートパターンが形成されるのを待てば、成功率は劇的に上昇する。日々のマーケット分析とトレードのなかで、マーケットが高値を支持しているとき（その指標については後ほど詳しく説明する）、強気のチャートパターンに沿って買いを入れると素晴らしい結果につながることが多い。

　また、マーケットが上昇を支持していないとき、弱気のチャートパターンに沿って空売りしても、大抵は素晴らしい結果が得られる。一方、上昇の支持がないのに強気のチャートパターンに沿って買ったときの勝率は、流れに逆らって泳ぐようなものだ。多少は進むかもしれない。しかし、潮の流れが変わるのを待って、その流れに乗るのと比べれば、その差は歴然としている。

　これから説明するチャートパターンは、P&F分析の最初の概念のひとつだ。ただし、実際に買うときには、それ以外の評価も合わせてする必要がある。P&Fを覚えたての投資家は、チャートパターンのみに集中してしまう傾向がある。しかし、これは重要なステップではあっても、分析のすべてではない。その点を念頭に置いて、P&Fのチャートパターンを見ていこう。

　もしブローカー時代にこれを知っていたら、私と私の顧客の悩みも大分減っていたと思う。もちろん、当時から顧客にはファンダメンタルのしっかりした銘柄を勧めていた。だが、それが今、北上するのか南下するのかは分かっていなかった。実際のところ、こんな簡単なことを大部分のブローカーや投資家は、考えたことすらないのである。

私には、銘柄自体にあまり注意せず注文を受けてしまった経験がある。あるとき私が懇意にしていた顧客からトレードの相談を受けた。そこで私は当時覚えたばかりの「カバードコール」、つまり株を買うと同時にそのポジションに対するコールオプションを売る手法を紹介し、顧客もそれを気に入った。対象銘柄に、当時、繊維業界トップだったバーリントン・インダストリーズ社を選び、その素晴らしい業績について詳しく話し合った。顧客はその銘柄を買って、相応分のコールを売る注文を出してくれた。私はこのとき保守的な戦略を紹介できたことと、カバードコールを電話で説明できたことに興奮を隠せなかった。

　その日もいつものように、仕事帰りにブル・アンド・ベア・クラブでビール片手に同僚とその日の取引について話をしていた。私がバーリントン株でカバードコールの取引をしたと話すと、同僚のひとりが「おお、鉄道か」というではないか。冷や汗がどっと吹き出た。違う、買ったのは鉄道会社ではなく、繊維会社だ。

　しかし、買っていたのは、やはり鉄道会社のバーリントン「ノーザン」の株だった。さんざん繊維会社のバーリントン・インダストリーズ社のメリットについて話し合っていたにもかかわらず、鉄道会社を買っていたのである。名前は似ていても両社のビジネスは南極と北極ほどの違いがある。

　実をいうと、このトレードは結局うまくいった。当時、バーリントン・インダストリーズのオプションは上場すらされておらず、そもそも鉄道会社のほうでしか、この取引は成立しなかったのである。とは言っても、これは勝率を高めるどころか、目を閉じて闇夜で発砲するような行為だった。どの道をどの方向に行くか以前に、自分がどの場所にいるのかさえ分かっていなかったのである。そして、こういうことは思いのほかよくある。

　多くの人が、自分には投資プロセスの勘がつかめず、優れた投資家

になれないと短絡的に感じ、ウォール街には歯が立たないと思い込んでいる。しかし、心配ない。P&F分析をほんの少しかじってみるつもりだったブローカーや投資家が、たちまちその虜となって、投資プロセスを理解した職人になっていく姿をこれまで幾度となく見てきた。ちょうどチェスやバックギャモンで初めて自分の作戦がうまくいったときのように、気づいたときには、もうその虜になっているのである。

ダブルトップ

　第2章で、P&Fチャートの更新方法について解説した。そこから形成されるチャートパターンのなかで最も基本的なものが、ダブルトップとダブルボトムである。
　ダブルトップは2列の×と1列の○の合計3列で構成される。このパターンを解釈するカギは、抵抗線や支持線を超えたところを判別することにある。
　チャールズ・ダウのチャートが20世紀初めに抜け目ない投資家の目を引いたのは、株式の分布（ディストリビューション）と集積（アキュムレーション）水準を正確に判別できたからであった。分布は天井（抵抗）、集積は底（支持）に該当する。抵抗とは、株価が近づくと売り圧力が強まる水準である。需給の概念に置き換えれば、供給が需要を上回るポイントを指している。
　例えば、シスコ株が60ドルまで上昇してから何ポイントか後退した場合、それはその時点で売り圧力が需要を上回ったことを意味している。P&Fチャートが転換するためには、少なくとも3枠分の反転がなければならない。つまり、シスコ株が57ドル以下まで落ちるほど売り圧力が強ければ、○列に転換し、テニスでいえば供給が1セットを獲得するわけだ。
　試合はまだ続いている。それから数週間後に需要がじわじわ盛り返

図3.1　ダブルトップ

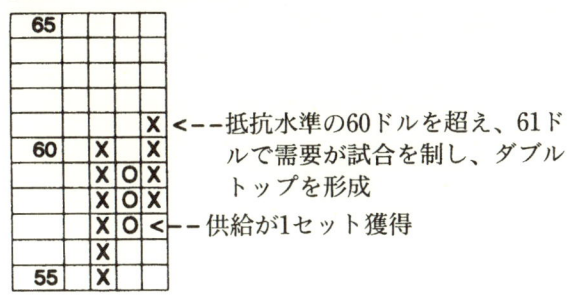

```
65 |   |   |   |
   |   |   |   |
   |   |   | X |  <-- 抵抗水準の60ドルを超え、61
60 |   | X | X |      ドルで需要が試合を制し、ダブル
   |   | X | O | X |  トップを形成
   |   | X | O | X |
   |   | X | O |      <-- 供給が1セット獲得
   |   | X |   |
55 |   | X |   |
```

し、株価が57ドルから60ドルまで戻し、×列に転換したとする。以前に売り圧力を受けた水準まで戻ったことになる。

　問題は、前回の圧力となった売り手が、まだこの水準にいるかどうかである。株価が何カ月にもわたって抵抗線で上げ止まり、それを繰り返すうちに、ついには売り圧力が力尽きるという現象は、これまで何度も起きている。

　売り手がまだ前の水準にいるかどうか見極めるには、株価の動きを見るしかない。もしシスコ株が再び抑えこまれれば、売り手はまだそこにいるし、逆に61ドルに突き抜ければ、以前は供給が支配していた水準を需要が制したことになる。つまり、抵抗水準を超えたわけだ。そしてP&Fチャートの最も基本的な買いシグナルである、ダブルトップが現れるのである（**図3.1**）。

　もちろん実際に株を買う前に、ほかにも確認すべき点はある。しかし、この単純なパターンは、需要が供給を制したことを示している。これ以外に何もシスコ社の情報がなければ、この銘柄は買いである。シスコ株が抵抗水準を超えたのは、テニスでいえば需要が試合を制したと言えるからだ。

　次はダブルボトム、つまり供給が試合を制した場合について見てみよう。シスコ株が抵抗水準を突破できずに反落し、さらには前回の支

図3.2　ダブルボトム

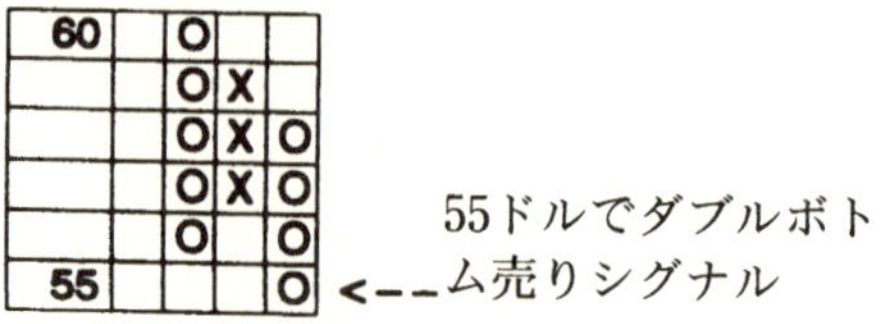

```
60 |   | O |   |   |
   |   | O | X |   |
   |   | O | X | O |
   |   | O | X | O |    55ドルでダブルボト
   |   | O |   | O |  <--- ム売りシグナル
55 |   |   |   | O |
```

持水準を割ったとする（**図3.2**）。

　前回下値を56ドルまで下げたときは、需要が供給を制し、×列に転換した。しかし、59ドルで再び売り圧力に遭い反落し、56ドルまで下げても、以前の買い手は存在せず、今度はそのまま売り圧力が継続して支持水準を割った。供給の勝ちで試合終了だ。株価は今後、下値を切り下げて推移すると考えられる。

　供給が需要を制した理由は重要ではない。大事なことは、需給に対して株価がどのように反応しているかである。結局、株価の方向を決めるのは唯一、需給のバランスなのだ。

　チャートを見れば、なぜこれらのパターンがダブルトップ、ダブルボトムと呼ばれているか、すぐ分かるだろう。株価が同じ水準に二度上昇、または下落しているためである。そして、これが三度になれば何と呼ぶか、もうお分かりだろう。

　図3.3は**図3.1**と異なり、株価が60ドルで二度はね返されている。これは抵抗が強いことを意味している。つまり、さらに重要な売りシグナルを示唆している。このチャートでは、上値の可能性は60ドルだけである。もちろん、需給は常に変化する。しかし、現時点では、この抵抗水準に注目するだけでよい。空売りの場合、抵抗水準を突破すればトレンド反転のシグナルと考えられるからである。

　図3.4では、株価が二度下げ止まった55ドルが支持水準となっている。何らかの理由でこの水準になると買い手がいるわけだ。この集積

図3.3　ダブルトップと抵抗

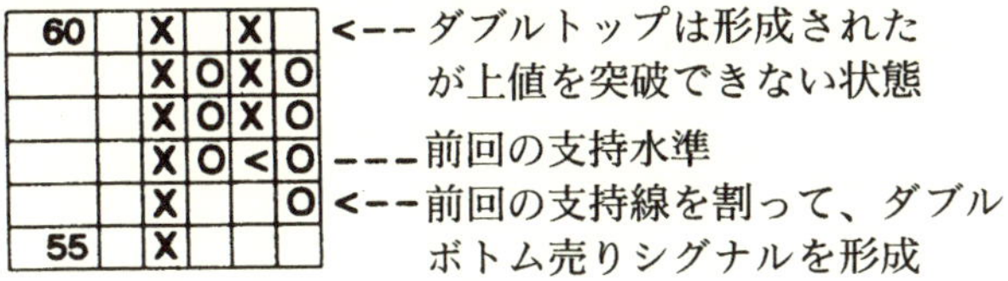

```
60 | X | X |   |
   | X | O | X | O
   | X | O | X | O
   | X | O | < | O
   | X |   |   | O
55 | X |   |   |
```

<-- ダブルトップは形成された
　　が上値を突破できない状態

--- 前回の支持水準

<-- 前回の支持線を割って、ダブル
　　ボトム売りシグナルを形成

図3.4　ダブルトップと支持

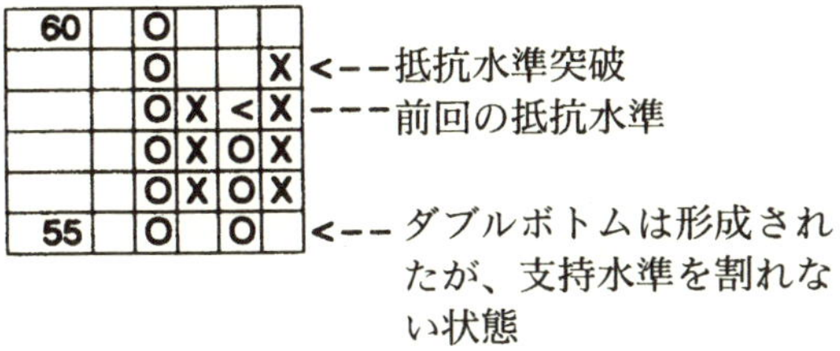

```
60 |   | O |   |   |
   |   | O |   | X |
   |   | O | X | < | X
   |   | O | X | O | X
   |   | O | X | O | X
55 |   | O |   | O |
```

<-- 抵抗水準突破
--- 前回の抵抗水準

<-- ダブルボトムは形成され
　　たが、支持水準を割れな
　　い状態

（支持）水準に注目する。この状況でダブルトップを形成したときの買いシグナルは、判断材料が多い分、先ほどのシグナルよりも重要だとみなすことができる。この銘柄が55ドル水準で二度下げ止まったということは、次の下げのときもこの水準で止まる可能性が高いからだ。これは**図3.1**にはない判断材料であった。

強気シグナル

　パターンをさらに別の角度から見ていこう。**図3.5**では、２つ目の○列が１つ目の○列の最安値まで下げてない。このような状態を「下値切り上げ」と呼ぶ。これは供給が衰えていることを示すシグナルで、逆にいえば需要が力を強めている。それは×列が前回よりも高値を上げていることからも分かる。これまで見てきた３つのダブルトップの例のなかでは、下値を切り上げている最後のケースが、最も強力で信

図3.5　ダブルトップと下値切り上げ

```
60 |   |   |   | X |  <－－上値切り上げ＝需要の強まり
   |   |   | X | X |
   |   | O | X | O | X |
   |   | O | X | O | X |
   |   | O | X | O |
55 |   | O |
```

<－－下値切り上げ＝売り圧力の低下

頼性が高いだろう。

　パターンを理解する最も良い方法は、レポート用紙にチャートがどう見えるか短く書き出してみることである（小学1年生が宿題で自分の部屋の様子を書くのと同じだと思えばよい）。私には、**図3.5**が次のように見えた。

1．この試合は4セット（4列）で決着がついた。
2．マッケンロー（○列）とコナーズ（×列）がそれぞれ2セットを取った。
3．2つ目の×列が1つ目の高値を超え、60ドルで「ダブルトップ買いシグナル」が出た。
4．2つ目の○列は1つ目ほど下げなかった。よって、マッケンローの力が弱まったと分かる。
5．2つ目の×列が1つ目の高値を超えた。よって、コナーズの力が強まったと分かる。

　パターンは、最小公分母になるまで分解することで、簡単に分析できるようになる。

弱気シグナル

　弱気シグナルは強気シグナルの逆である。

図3.6　ダブルボトムと上値切り下げ

```
60 X
   X O X      <-- 上値切り下げ＝買い圧力の低下
   X O X O
   X O X O
     O   O
55       O
```

図3.6では、2つ目の×列が、1つ目の高値に届かなかったことから、需要の力が弱まっていると分かる。そして、○列の安値は2列目のほうが下げているため、供給の圧力が強まっていると分かる。これらのことから需要の力が衰え、供給の力が強まっていると判断できるのである。ところが、これから下げるばかりであろうこの状態で買いに入る投資家が、実際には数多くいるのだ。

ここまでダブルボトムとダブルトップという2つの基本形を紹介した。これから説明するパターンは、すべてこの2つを応用したものと考えてよい。そして、このことからもこの手法の分かりやすさを理解してもらえると思う。次は「トリプルトップ買いシグナル」を紹介する。

トリプルトップ

トリプルトップはその名のとおり、株価がある水準まで3回上昇するパターンである。具体的には、株価がある水準に達しては売り圧力にはね返されるということが二度あったあと、三度目にその水準に達すると、トリプルトップを形成する。これを超えれば買いシグナルとなる（**図3.7**）。

ある水準に達すると供給が強まる理由は、いくつも考えられる。だれにでも底値、あるいは買い時だと信じて買った銘柄が、上昇するど

図3.7　トリプルトップ

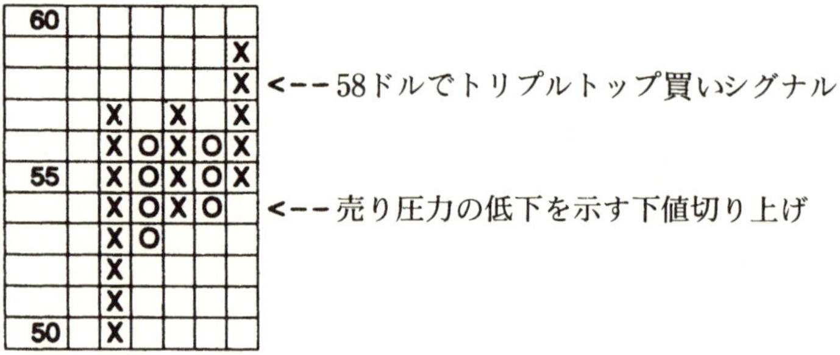

```
60 |   |   |   |   |   |
   |   |   |   | X |   |
   |   |   |   | X |   |  <-- 58ドルでトリプルトップ買いシグナル
   |   | X |   | X |   |
   |   | X | O | X | O | X |
55 |   | X | O | X | O | X |
   |   | X | O | X | O |   |  <-- 売り圧力の低下を示す下値切り上げ
   |   | X | O |   |   |   |
   |   | X |   |   |   |   |
   |   | X |   |   |   |   |
50 |   | X |   |   |   |   |
```

ころか下落した経験はあるだろう。見る見るうちに価値を失っていく株を目前にしてだれもが思うことは「次に買値まで戻したらすぐに売ろう」である。これは非常に人間的な反応だと言える。そして、トントンになる価格で出される売り注文が、その水準での供給の強化に加担しているわけだ。

　もしある水準で売り手が買い手よりも多ければ、株価は下落する。売り圧力が衰えたかどうかを見極める唯一の方法は、株価がその水準を超えるかどうかなのである。

　またはね返されれば、まだその水準に売り手がいる。長いときには、ある抵抗線での攻防が18カ月間続くときもある。過去の例では、1992年から1994年にわたる需給の攻防を経て、1994年9月にようやく需要が制してトレンドが始まったコカ・コーラ（KO）のケース、あるいは11カ月間にわたって23～25ドルの間を推移したあと、2カ月でロケットのごとく90ドルまで反発したイントゥイット（INTU）のケースなどがある。

　株価が何度も抵抗水準ではね返さて最後に突破することを「ビッグベース・ブレイクアウト」と呼んでいる。まるでカントリーソングのような名前だ。1999年、オラクル（ORCL）は39ドルで6回はね返さ

れたあとにブレイクして40ドルを付けると、翌年の高値圏まで一気に駆け上がった。

トリプル（3回）トップよりトップの数が増えるのは時間がかかるため、クワドルプル（4回）、クインタプル（5回）のパターンはめったにない。トップの数が多いほど突破したときは強気である。つまり、抵抗線で押し返される回数が多いほど、その分突破したときの勢いも強いというわけだ。

昔から株価が上昇する度合いは、その前の準備期間の長さに正比例すると言われている。言い換えれば、ブレイクアウトの基点となる期間が長い分だけ、株価も高く上昇するというのだ。

また過去12年の経験によると、トリプル以上のトップからのブレイクアウトで部分的な買いを入れ、戻したところで買い増すのは、優れた戦略であるということを発見している。トリプルトップを突破してから半分の確率で、もう一度下げているからである。

トリプルボトム売りシグナル

トリプルトップ同様、トリプルボトムも信頼度の高いパターンである。

図3.8　トリプルボトム

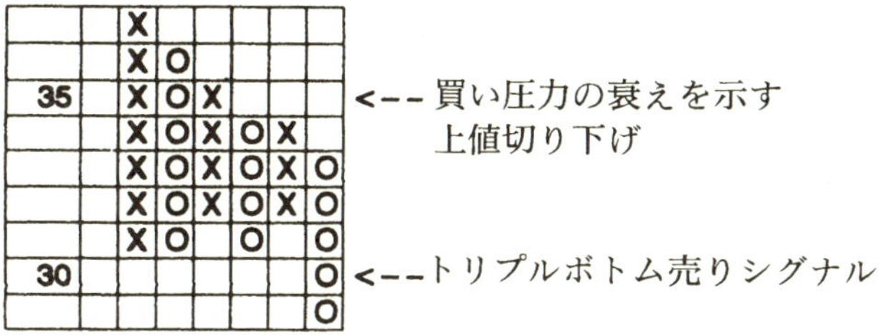

```
      X
      X O
  35  X O X           <-- 買い圧力の衰えを示す
      X O X O X            上値切り下げ
      X O X O X O
      X O X O X O
      X O   O
  30          O       <-- トリプルボトム売りシグナル
              O
```

講習会などで、テクニカル分析なしに株を買うことの危険性を説明するとき、常に**図3.8**のチャートを使っている。
　ある投資家がこのチャートの銘柄を31ドルで買って、1カ月の休暇に出かけたとする。休みの間もインターネットで頻繁に株価をチェックするものの、1ポイントの下げは、この銘柄が前の月にかなり変動していたことを考えれば、そう悪くないと安心している。ファンダメンタルもしっかりしている。しかし、問題があった。実は、この銘柄の需給の試合で「供給の勝ち」という結果がすでに出ていることを、この投資家は見逃していたのである。
　供給が勝ったということは、今後下値を切り下げる可能性が高いことを意味している。トリプルボトム売りシグナルは、すぐに株価が崩壊するという意味ではない。しかし、下落リスクが非常に高いことを示している。この投資家は、それに対応するかは別問題として、リスクがあることだけは認識しておくべきなのだ。
　仮に何もしなかったとしても、下落の可能性を認識している投資家は、何の警告もなしに同じポジションを保有している投資家よりも、ずっと優位に立っている。もちろん実際にトレードする前に、後ほど説明するレラティブ・ストレングス、セクター・ブリッシュ・パーセント、マーケット全体の状態、トレンドラインなど考慮すべき要素がある。
　トリプルボトムを分析するとき、上値の切り下げに注意してほしい。ダブルトップで解説したとおり、株価が下げていても前の〇列の安値ほど下げていなければ、それは売り圧力が衰えていることを示している。逆にトップ、つまり×列が高値を下げていれば、需要が衰えてきていることになる。このような観察によって、前者は強気、後者は弱気のチャートだと判断できるわけだ。また、このような判断はどのチャートパターンにも適用できる。
　チャートを評価するときに考慮すべき要素は、ほかにもたくさんあ

図3.9 強気カタパルト

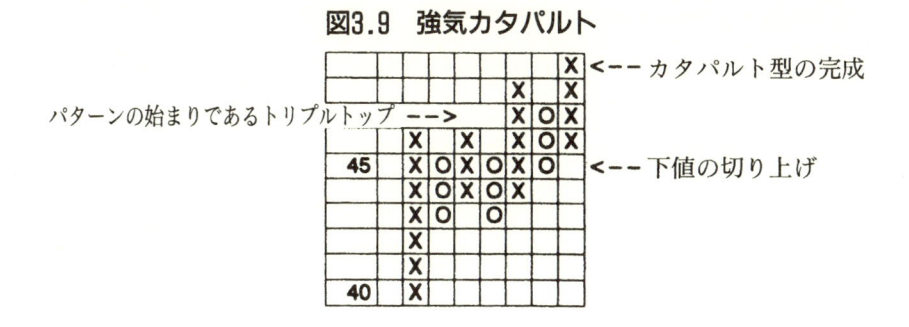

```
                               | | | | | |X|   <-- カタパルト型の完成
                               | | | | |X|X|
パターンの始まりであるトリプルトップ -->  | | | |X|O|X|
                               | | |X| |X|O|X|
                            45 | |X|O|X|O|X|   <-- 下値の切り上げ
                               | |X|O|X|O|X|
                               | |X|O| |O|
                               | |X|
                               | |X|
                               | |X|
                            40 | |X|
```

る。総合的な判断については、もう少し先の章で説明する。

強気カタパルトと弱気カタパルト

　カタパルト（**図3.9**）は、単にトリプルトップとダブルトップの組み合わせにすぎない。カタパルトによって、現在出ているシグナルの信頼性は高くなる。

　カタパルトは、トリプルトップで買いシグナルが出たあと、下値を切り上げトレンドが継続しながら、さらにダブルトップ買いシグナルが出る、という一連の動きで構成されている。**図3.9**を見ると、トリプルトップ買いシグナルのあと、○列に変わっても下値を切り上げているのが分かる。そしてトレンドは継続したまま、ダブルトップ買いシグナルが出て、カタパルトが完成している。

　カタパルトが何を表しているのか知るために、これを分解してみよう。まず、マーケットが強気のとき、トリプルトップは株価が今後上昇する可能性が非常に高いことを示し、その確率は87.5％にもなる。次に、転換した○列の安値が、直前の安値よりも上にあるということは、供給が減り始めたか、その影響が弱まったことを表している。そして、トレンドを継続したままダブルトップ買いシグナルが出ること

で、先のトリプルトップの信頼性が高くなる。

　もしマーケットやセクターが強気の状態で、ファンダメンタルの素晴らしい銘柄に信頼性の高いカタパルトができれば、これはもう、トレードに最も積極的になるべきである。

　銘柄を選択するときのステップは、バージニア州からニューヨークに行くのに似ている。旅行ではまず出発前にガソリンを入れ、オイルやラジエーターの水を確認してから最短ルート（I-95を北上）を探す。ガソリンやオイルの点検は、株を買う前にファンダメンタルを確認するのと似ている。どのルートを行くか選ぶのは、銘柄のテクニカル面（需給関係）を見ることに当たる。

　多くの投資家がファンダメンタルは調べても、その銘柄が今後上げる確率が高いかどうかは無視している。いくらファンダメンタルがしっかりしていても、完成したチャートパターンが今後上昇するどころか、下げる可能性が高いと示している銘柄を買うのは、ニューヨーク行きの準備をすべて整えておきながら、最後にI-95を北上する代わりに南下してフロリダに向かうようなものだ。出発前に、できるかぎり勝算を高めておくのは基本である。

　もちろん、それで完全だという保証はない。投資をサイエンスとして処理しようと多くの人が試みているが、これはやはり人間の手を必要とするアートなのだ。

　小学校に教えに行くと、子供たちはわずか30分の説明で弱気や強気のチャートを見分けられるようになる。子供たちに教える素晴らしさは、最初に間違った知識を取り除く必要がないことであろう。大人はテレビの経済番組などで覚えた「マーケットはこうあるべき」という先入観にとらわれて、チャートパターンから需給のどちらが制したかを見るだけの作業をもっと複雑なものにしてしまう。余計なことはせずに、シンプルにしてほしい。スーパーでも株式でも、マーケットの価格は需給関係によって変動するのである。

カタパルトを使った戦略

　カタパルトは確認のパターンと言える。つまり、前半は単純なトリプルトップが現時点で需要が供給を制していることを示し、それを後半のダブルトップが確認しているのだ。

　この10年間、私たちはブレイクアウト後の戻しで買うという戦略を取っている。この戦略の成功率は非常に高い。3つ目のトップが直前の×列を突破してから一度押しが入るのは、その先、カタパルトができる可能性を含んでいる。トリプルトップから3枠転換したら予定しているポジションの半分を買う方法は、最初の半分を安値で建玉できるだけでなく、ストップポイントからそう遠くない位置で仕掛けることができる利点がある。

　ここで少しストップポイントについて説明しよう。もし上がると思って買った銘柄が上がらなかったとき、どの時点でそのポジションを損切りすべきか。このケースでは、チャートパターン以外の判断材料がないため、理論的なストップポイントは、供給が需要を制した水準であるトリプルボトムになる。

　この銘柄のファンダメンタルもレラティブ・ストレングスも強力で、強気支持線よりも上でトレードされていれば、このパターンが失敗する可能性は低い。しかし、それでも投資家は常にうまくいかなかった場合の対処法を考えておく必要がある。投資はサイエンスではなく、アートだからだ。

　3枠転換して予定ポジションの半分を買い、ストップポイントを決めたら、次はカタパルトが完成したときに残り半分のポジションを買う準備に入る。このとき、トレーダーであれば、株が反発してカタパルトを完成するときにできるダブルボトム売りシグナルのところまで、ストップポイントを引き上げる。一方、長期投資家は、強気支持線（別名トレンドライン）が割れる地点にストップポイントを置いたま

図3.10　ストップポイントの設定

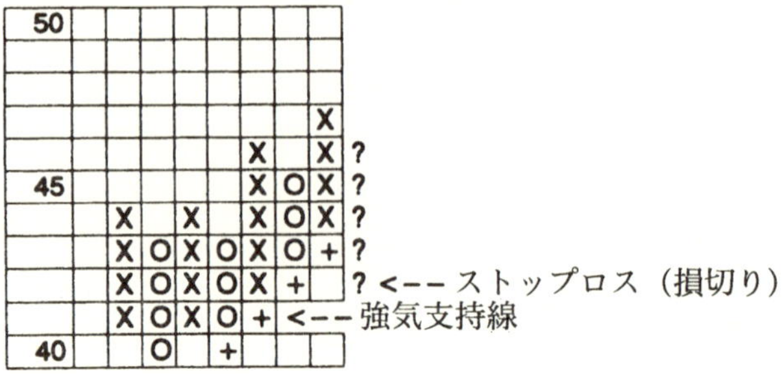

```
50 |   |   |   |   |   |   |
   |   |   |   |   |   |   |
   |   |   |   |   | X |   |
   |   |   |   | X | X | ?
45 |   |   |   | X | O | X | ?
   |   | X | X | X | O | X | ?
   | X | O | X | O | X | O | +
   | X | O | X | O | X | + | ? <-- ストップロス（損切り）
   | X | O | X | O | + | <-- 強気支持線
40 |   | O |   | + |
```

まにする。

　図3.10を見てほしい。株価がトレンドラインを割ってダブルボトム売りシグナルとなれば、供給が需要を制したとみなすべきである。一方、カタパルトが完成すれば、ストップポイントは42ドルになるだろう。強気支持線よりも上でトレードされているかぎり、強気であると考えられる。長期投資家にとってのストップポイントは、トレンドラインを割ったときだけだ。一方トレーダーの場合は、それよりずっと上の水準を売りシグナルにする傾向がある。

　カタパルトを使った建玉方法についてまとめてみよう。予定しているポジションの半分を一旦押した43ドルで買い、心理的ストップロス（損切り）ポイントを40ドルとする。そして、残り半分の注文をGTCで出す。GTCとは「取り消すまで有効な注文」という意味で、こうしておけば株価が指値に達するまで注文が有効になる。この場合は強気カタパルトが完成する47ドルでGTCの買い注文を出しておく。

　次に、残り半分を買ったあとについて考えてみよう。ストップポイントはダブルボトム売りシグナルとなる42ドルに上げている。ストップポイントを上げることで、供給が急に強まったとしても利益は確保される。長期投資ならば、ストップポイントはトレンドラインの利用

図3.11 強気カタパルトを使ったトレード

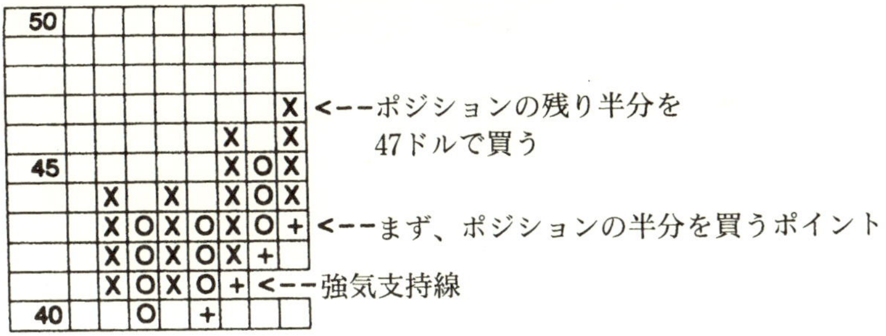

```
50
                    X    <--ポジションの残り半分を
                X   X         47ドルで買う
45              X O X
          X   X X O X
          X O X O X O +  <--まず、ポジションの半分を買うポイント
          X O X O X +
          X O X O +      <--強気支持線
40        O     +
```

に限るべきである。しかし、トレーダーは本質的にずっと短期の売買である。買値のある割合をストップポイントに設定する方法も考えられるだろう。

　P&F手法のパイオニアのひとりであるA・W・コーエンは、常々株で10％以上のリスクはとるなと言っていた。しかし、変動の激しい今日のマーケットでは、10％の下落などすぐにも起こり得る。慎重に仕掛けのポイントを選定し、株価が多少動いてもいいように余裕を持たせることは非常に効果的である。

　カタパルト型には、ほかにもさまざまな仕掛けのポイントが考えられる（**図3.11**参照）。ここでカギとなるのは、仕掛けのポイントや手仕舞いのポイントを探す系統だった方法があるという点である。私が知るかぎり、P&Fチャート以外にこれができるものはない。だからこそP&Fチャートは、投資家にとって最も正確で、最も優れたガイドであると確信しているわけだ。

弱気カタパルトの形成

　弱気カタパルトは強気カタパルトのちょうど逆の形で、特に空売り

のタイミングをみるときに役立つ。仕掛けのポイントと手仕舞いのポイントは、強気カタパルトの場合と同じ方法で選ぶ。

　空売りする場合に特に重要なのは、ストップポイントである。空売りには理論的に無限のリスクがある。実際には極端なケースばかり起こるわけではない。しかし、買収のオファーによって株価が急騰するケースがある。こういう特殊な状態で空売りをしていると、ごくまれに取引停止後に再開したときには、株価が高騰しており、だれも買い戻せないということもあり得る。

　そこで重要になるのが、仕掛けのポイントを計画的に選ぶことである。そうすれば無理のないストップ価格を設定できる。空売りのタイミングとしては、トリプルボトム売りシグナルのあとに最初に反発したところで、予定ポジションの半分を売る方法がある。これならストップポイントに比較的近い価格で空売りが可能だ。そして、さらに重要なのがトレンドラインである。残り半分のポジションを売るのは、株価が再び下落に転じて弱気カタパルトが完成したときが考えられる。**図3.12**を見てほしい。

　弱気カタパルトは、強気カタパルトのちょうど正反対のパターンになっている。今後、株価が下がる可能性を示唆している。同じ業種で、ファンダメンタルがしっかりした2つの企業のうち、一方が弱気カタパルト、他方が強気カタパルトを形成していたら、P&Fの知識がなかったとしても、どちらの銘柄を買うべきか明らかであろう。

　これらのパターンは、オプション取引をする場合の目安としても利用できる。私はプットやコールが、その対象となる現株の代わりになるかどうか、常にチェックしている。私たちが使用するのはデルタ（対象銘柄の株価1ポイントに対するプレミアムの変化）が1に近いイン・ザ・マネーのコールかプットのみである。株の代わりにコールを購入するとき、株を買うときと同じ仕掛けのポイントや手仕舞いのポイントを利用できる。空売りの代わりにプットを購入するときでも

図3.12 弱気カタパルト

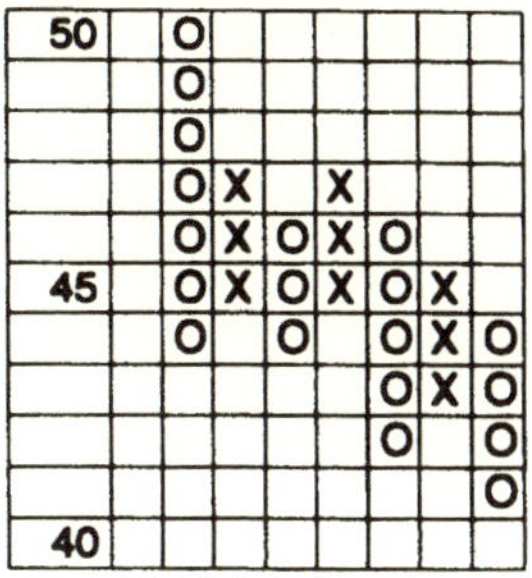

50	O						
	O						
	O						
	O	X		X			
	O	X	O	X	O		
45	O	X	O	X	O	X	
	O		O		O	X	O
					O	X	O
						O	O
							O
40							

同様だ。

　オプションを購入する場合、プレミアムをストップポイントとする考え方もある。ただし、この戦略では、買いにしても売りにしても必要量をけっして超えてはならない。もし通常300株を買っているのであれば、オプションは3枚だけ購入する。そしてプレミアムをストップポイントにすれば、満期までそのポジションを持ち続けるスタミナがある。

　オプションのトレード直後、株価が大きく下落しても、数カ月後には力強く回復するのをこれまで何度も見てきた。オプションの利用については別の本が書けるほど研究している。ただし、ここではP&Fチャートのパターンが株式だけでなく、オプション取引の仕掛けのポイントや手仕舞いのポイントの目安としても非常に有効であるという点だけ指摘しておこう（オプションについては第8章で論じている）。

トライアングル・フォーメーション（三角保ち合い）

　トライアングルもこれまで見てきたパターンの組み合わせである。ここでもパターンを理解するカギとなるのは、見たとおりを書き出し

てみることだ。パターン全体を解読しようとせず、部分ごとに確認する。すると、自然に全体の意味が分かるはずだ。

図3.13でまず目につくのは下値を切り上げ、上値を切り下げている点だろう。トライアングルのパターンが形成されるには、最低5列が必要である。下値を切り上げているのは供給が衰えていく様子を、上値を切り下げていくのは需要の影響がなくなり始めている様子を表している。テニスの例でいえば、セットごとに双方の選手に同程度の疲れが見え始めた状態だ。しかし、どこかの時点で、どちらかの選手が気力を取り戻して優位に立つと、そこがトレードのポイントとなる。それまでの間は何もせず、試合を見守るしかない。そして、もし上昇で終われば、需要が制して今後株価を上げる可能性を示唆するダブルトップ買いシグナルが表れる。

次は図3.13の弱気トライアングルを見てみよう。こちらは供給が需要を制しており、ダブルボトム売りシグナルは今後株価を下げる可能性が高いことを意味している。ただし、これらのパターンは、あくまで道路地図である。将来を映し出す水晶玉ではない。

トライアングルのパターンについては、いくつか覚えておいてほしい点がある。まず、株価が上昇トレンドにあるとき、トライアングル

図3.13　トライアングルの形成

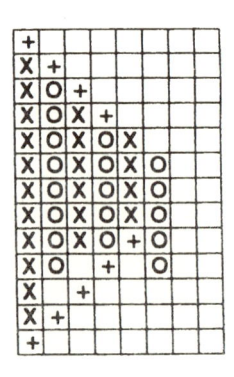

第3章●チャートパターン——需給の攻防の記録

図3.14 トライアングルにおけるトレード計画

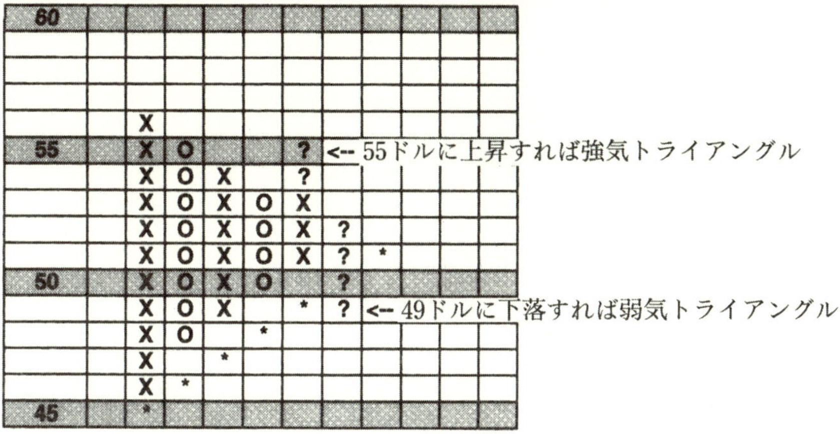

```
60 |   |   |   |   |   |   |   |   |
   |   |   |   |   |   |   |   |   |
   |   |   |   |   |   |   |   |   |
   |   | X |   |   |   |   |   |   |
55 |   | X | O |   |   | <-- 55ドルに上昇すれば強気トライアングル
   |   | X | O | X |   | ? |   |
   |   | X | O | X | O | X |   |
   |   | X | O | X | O | X | ? |
   |   | X | O | X | O | X | ? | * |
50 |   | X | O | X | O |   | ? |   |
   |   | X | O | X |   | * | ? | <-- 49ドルに下落すれば弱気トライアングル
   |   | X | O |   | * |   |
   |   | X |   | * |   |
   |   | X | * |   |
45 |   | * |   |
```

は上放れ（強気のトライアングル）、下落トレンドにあるとき、パターンは下放れ（弱気のトライアングル）の場合が多い。

次に、このパターンは、ほとんど形成されないか、逆にたくさん表れるかのどちらかである場合が多い。トライアングルが多く形成されるときは、大抵マーケットがチョッピー（値動きに方向性のない状態）か横ばいで、需給の攻防が膠着状態に陥っているときだと言える。

最後に、トライアングルがブレイクアウトしてからの動きは、非常に速く勢いがある。そのため、シグナルが出たらすぐに行動に移れるよう準備しておくとよい。**図3.14**では、トライアングルが強気支持線のすぐ上で形成されている。

この後、株価が55ドルに上昇すれば、ダブルトップの突破で強気トライアングルが完成するため、買いを仕掛ける良いタイミングと言える。しかし、逆に49ドルに下落すれば、弱気トライアングルが完成するだけでなく、強気支持線も割り込む。したがって、49ドルで空売りができる。DWAのサイトでは、強気トライアングル、弱気トライア

図3.15 ダイアゴナル・トリプルトップ

```
        X
       XX
     X XOX
   X XOXOX
   XOXOX
   XOXO
   XO
   X
   X
```

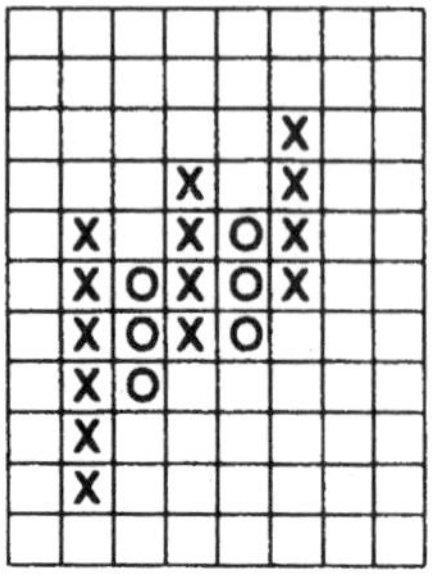

ングルをはじめ、さまざまなパターンでブレイクアウトした銘柄のチャートを、レポートにまとめて表示している。

トリプルトップの変形

図3.15のようなパターンを通常、「ダイアゴナル（斜め）トリプルトップ」と呼んでいる。難しく聞こえるのであれば、単に「強気シグナル」でよい。これまで何度も述べてきたように、中学1年生に理解できない投資システムは、必要以上に複雑化していると言える。シンプルに徹することが大事である。テクニカル分析では特にそうだ。

図3.15のパターンは、ほかの本ではトリプルトップの変形として紹介されている。だが、私たちは通常、これをトリプルトップの一部とみなしていない。この形は、むしろ2つのダブルトップが連続してできたもので、強い上昇トレンドを示唆している。上値も下値も切り上げている強い上昇トレンドは、図3.15のような形になる。

トリプルボトムの変形

図3.16は、ダイアゴナル・トリプルトップの正反対である。強気シ

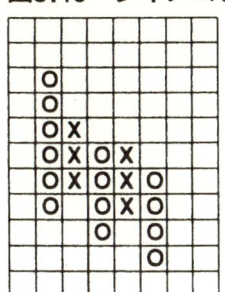

図3.16　ダイアゴナル・トリプルボトム

```
・・O・・・・・・
・・O・・・・・・
・・OX・・・・・
・・OXOX・・・
・・OXOXO・
・・・OXO・
・・・・O・O・
・・・・・O・・
```

グナルの逆なので、私たちは単に「弱気シグナル」と呼んでいる。上値も下値も切り下げていくこのパターンは、供給が需要を制したことを示している。ここからはそのことだけを読み取ればよい。このパターンも、見方を変えれば単にダブルボトム型売りシグナルが2つ連続したもので、DWAでもそう扱っている。ただし、A・W・コーエンの著書では、トリプルボトムの変形として分類されている。

スプレッド・トリプルトップ

　スプレッド（幅広い）トリプルトップは、もう少し大きな形で成立したトリプルトップにすぎない。図3.17からも分かるように、上値の間にギャップが入って全体の幅が広がっている。通常のトリプルトップは、上値と上値の間に〇が1列あるだけだ。
　ただし、基本的な概念はトリプルトップと同じで、株価が上昇してある水準ではね返される動きを二度繰り返してから三度目にその水準、つまり抵抗水準を突破したという状態に変わりはない。株価がある水準で二度押し戻されているのは、そこに売り手がいるからだ。理由はどうであれ、そこに売り手がいること自体が重要である。そして、需要が売り圧力を制することができるか、次にその水準に達したときに

図3.17　スプレッド・トリプルトップとトリプルボトム

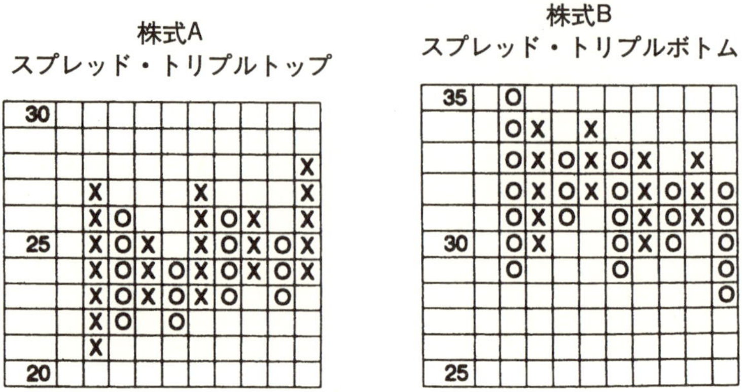

株式A
スプレッド・トリプルトップ

株式B
スプレッド・トリプルボトム

見極めるほかない。

　再びその水準まで行って押し戻されれば、まだ売り手が残っているだけのことだ。それ以上知る必要はない。一方、この水準を突破すれば、前回の転換の原因であった供給を今回は需要が制したことになる。だからこそ、売るか買うかを判断する前に、注目すべき水準が出てくるのを待たなければならないのだ。

　1980年代は、単にブレイクアウトでの売買が主流だった。しかし1990年代から2000年初頭にかけて、一旦押してから買ったほうがよいというのが分かってきた。

　1980年代のマーケットは、ほぼ全面的に右肩上がりで、それは1990年代に入っても変わらなかった。変化が起こったのは2000年3月である。ナスダック市場のテクニカル分析のバランスシートがはっきりとマイナスに転じた一方で、ニューヨーク証券取引所（NYSE）のそれはプラスに転じたのだ。ひとつのチャンスのドアが閉まる一方で、もうひとつのドアは開いている状態だったわけだ。

　それから2001年第1四半期にかけて、テクノロジー株は、ほとんど

壊滅状態に陥った。そして、いわゆるストックピッカー（個別銘柄選択）相場に突入した。この状況は当分続きそうだ。

図3.17はスプレッド・トリプルトップとスプレッド・トリプルボトムのパターン例である。AとBの株価が現在、同じである点に注目してほしい。両者のファンダメンタルがともにしっかりしており、ウォール街の大手投資会社の推奨銘柄で、しかも同業種で配当金もほとんど同じだったとする。さあ正念場、どちらを選ぶべきか。

チャートパターンがなければ、この判断はかなり難しく、ファンダメンタルだけを比べれば、将来性はまったく互角と言える。しかし、**図3.17**を見ればP&Fチャートをそれほど理解していなくても、Aは上昇トレンドで今後高値が期待され、Bはその逆だと判断がつくだろう。

図3.17の例は、チャートの重要性に加え、ファンダメンタルとテクニカル分析の組み合わせが成功率を最も高めることを示している。ファンダメンタル分析は「どの銘柄」、テクニカル分析は「いつ」買えばよいか答えてくれる。両方とも同じくらい重要なのだ。

「どの銘柄」という質問に対しては、簡単に答えが出る。ファンダメンタル関連のリサーチは、ウォール街やインターネット上にあふれているし、大手ブローカーや投資会社で取引していれば、担当者やオンラインシステムを通して、その会社が持つファンダメンタル情報を入手できるからである。一方、テクニカル分析の情報は、それほど多くない。しかし、本書を読めば、この分析を自分自身でするために十分な力を習得できるのである。

どの銘柄であれ、リスクの75％は、マーケットやセクターのリスクである。それにもかかわらず、多くの投資家は銘柄を調べるとき、労力の75％をファンダメンタル分析に費やしている。ボールがこちらの手にある間（つまりマーケットが強気のとき）に買うことが重要だ。マーケット指標については、後ほど説明する。本書で最初にさまざ

なパターンを紹介しているのは、マーケット指標を補足するからである。

繰り返す。実際にトレードする前に、できるかぎり勝算を高めておく必要がある。「ある銘柄について、友人から非常に信頼できる情報を聞いたのだが、どう思うか？」とよく聞かれる。しかし、それに対し、いつもこう答えることにしている。「インサイダー情報ならば、君には分からないだろう。だから耳にしたということは、すでにそれは周知の事実だと考えるべきだ。本当に内情に通じている人は、すでに行動している」

P&Fチャートの動きをたどってみると、大部分のケースでインサイダーの動いた時期がはっきり分かる。つまり、100年の歴史を誇るこの手法を使いこなせるようになれば、インサイダー情報と同じくらい役に立つというわけだ。

株を買うまでのプロセスは、４つのステップに分けることができる。ステップ１はマーケット全体の評価、ステップ２はセクターの評価、ステップ３は「どの銘柄」を買うか（ファンダメンタル）、そしてステップ４はそれまでに選んだ銘柄を「いつ」買うかという最終選定だ。

強気シェイクアウト

これは私のお気に入りのパターンのひとつである。非常に信頼がおけるため、特に注意して観察している。このパターンは比較的新しく、使い始めたのは20年ほど前からだ。しかし、非常に実用性がある。ちなみに「シェイクアウト（淘汰）」という名前は、このパターンで売りシグナルが出たとき、投資家が騙されて売りやすいところからきている。

チャーティストとテクニシャンには大きな違いがある。チャーティストはチャートパターンだけを使い、それ以外の情報は考慮しない。

一方、テクニシャンはチャート以外の情報も評価に取り入れる。

　私は銘柄の選択はさまざまな要素を考慮したうえで、需給関係を見極めるべきだと考えている。それぞれの銘柄のリスクと深いかかわりのあるマーケットやセクターのリスクを十分に調べたうえで、対象銘柄を選ぶべきなのだ。もし相場全体が下げているときに株を買ったら損をしやすいし、全体が上げているときに空売りしても損が出やすい。

　シェイクアウトに話を戻すと、このパターンには「マーケットがかなり強気のとき非常に有効だが、反対に弱気のときはそれほどではない」という特徴がある。それを念頭にシェイクアウトの6つの条件を見ていこう。

1．その銘柄自体もマーケットも強い上昇トレンドにある。
2．強気支持線より上方でトレードされている。
3．高値が同じ水準のダブルトップを形成している。ただし、上値を突破していない。
4．このダブルトップ直後の反落が、ダブルボトム売りシグナルを出している。
5．この売りシグナルは上昇トレンドの起点となる。
6．レラティブ・ストレングス（RS）チャートが買いシグナルを出しているか、少なくとも×列にある。

　複雑に見えるかもしれない。が、実際はそれほどでもない。私たちは毎日の作業で、ある程度柔軟にチェックしている。ただし、チャートはあくまで需給関係を知るためのものであり、それ以上深読みしようとすると、ポジションを取りすぎて失敗しかねない点を忘れないでほしい。優れた機械ほど押すボタンの数は少ないのだ。

　図3.18のシェイクアウト・パターンもまた、トレードに非常に向いている。シェイクアウトは強い上昇トレンドにあることが条件のひとつであるため、すでに何らかのポジションを持っている場合も考えら

図3.18 シェイクアウトの形成

```
19 |   |   |   |   |
   |   | X |   | X |     <-- 上値が同じダブルト
18 |   | X | O | X | O      ップの形成
   |   | X | O | X | O
17 |   | X | O |   | O
   |   | X |   |   | O   <-- シェイクアウトの始まり
16 |   | X |   |   | O
   |   | X |   |   |
15 |   | X |   |   |
```

　れる。その場合には、さらにそのポジションを買い増すチャンスと言える。また、買いを入れていないときは、押し目買いのチャンスと考えてよい。

　シェイクアウトは、ダブルボトム売りシグナルが出たときから始まる。この売りシグナルの○列はどこまで下げるか分からない。したがって、仕掛けるポイントは最初に3枠転換したところとする（**図 3.19**）。ここが唯一、需要が盛り返したと分かるポイントだ。×列に回復すれば、仕掛けることができる。

　次に、うまくいかなかった場合を考えてみよう。損切りポイントは、反転上昇する前の底値、通常は4ポイントのリスクとなる。このパターンも、ほかの強気パターンと同様、マーケットが弱気では損切りポイントに達しやすくなるため、信頼度が低下する。仕掛けのポイント

図3.19 シェイクアウトのアクションポイント

```
19 |   |   |   |   |   |
   |   | X |   | X |   |
18 |   | X | O | X | O |
   |   | X | O | X | O | X    <-- 買いポイント
17 |   | X | O |   | O | X
   |   | X |   |   | O | X
16 |   | X |   |   | O |
   |   | X |   |   |   |
15 |   | X |   |   |   |
```

図3.20　シェイクアウトの損切り

```
19 |   | X | X |   |   |   |   |
18 |   | X | O | X | O |   |   |
   |   | X | O | X | O | X |   | <--- 買いポイント
17 |   | X | O |   | O | X | O |
   |   | X |   |   | O | X | O |
16 |   | X |   |   | O |   | O |
   |   | X |   |   |   |   | O | <-- 損切りポイント
15 |   | X |   |   |   |   |   |
```

と手仕舞いのポイントの決め方は、**図3.20**を参考にしてほしい。もし仕掛けのポイントで買ってすぐに反落してしまったら、ストップポイントがその株の最初の売りシグナルとなるだろう。この場合、ストップポイントは15 1/2ドルである。

ロングテール・ダウン

　ロングテール・ダウンは、私たちが得意とする押し目買いのパターンである。このパターンになるには、途中で転換せずに、20枠以上も下げている必要がある。これだけ下げてからの最初の反転は、通常は絶好のトレード機会だ。

　かつて20枠も下落するのは、強い下落トレンドのなかで力尽きた株だけだった。しかし、ボラティリティの高い今日のマーケット、特にテクノロジー部門では、上昇トレンドでも強気支持線のすぐ上まで20枠の押しが入る銘柄がある。もちろん、この場合、「1日に20枠も動くというリスクを許容するのか？」という考え方もある。それでも、このパターンがトレードの役に立つことには変わりない。

　私はかつてこのパターンを、絶対的に信頼していた。これを使ったトレードが次々とうまくいき、次にこのパターンが表れるのを心待ちにしていたくらいだった。しかし、その顕著な収益性を吹聴すると、

得てしてマーフィーの影が忍び寄ってくるようだ(マーフィーの法則に「失敗の可能性があれば、そうなる」がある)。

ある日、アップル・コンピュータ株でロングテール・ダウンが形成された。だれもが一度は買っていそうなこの銘柄は、もともとボラティリティが高い。20枠下げたところで勝利を確信した私たちは、最初に3枠転換したところで猛烈な買い推奨を出した。これを受けて顧客の大手企業の多くは、転換したときに買いに入ったと思う。

ところがアップル株は、ほんのわずか揉み合ってから、さらに急落してしまった。ロングテール・ダウンがうまくいかなかったのは、本当に久しぶりだった。こうしたダマシは、なぜか他人まで巻き込んだときが多い。

アップル株には2000年にもダマされた。このときは、予想収益を下回って同社株が50%下落し、P&Fチャートで20枠以上も下げた。しかし、何日か転換しただけで、その後、再び大きく下げていった。実をいうと、アップル株にはさらに2回引っかかっている。

それでも、すべてのケースを考えると、やはりこれはトレードに利用できるパターンだと言える。仕組みは簡単で、株価が20枠以上も下げた直後の3枠転換したところが買いポイントである。そして、ダブルボトム型売りシグナルになるところが、ストップポイントとなる。

20枠の下げに時間がかかればかかるほど、パターンの信頼度は低下する。ただし、これはトレーダーに関してのみ言えることで、長期投資家はあまり気にしなくてもよい。また、20枠以上も下落する銘柄には、ファンダメンタル面で問題がある場合も多い。したがって、株ではなく、コールを購入する方法も考えられる。オプションであればストップポイントを気にせずに満期まで持ちこたえられる。

もし仕掛けのポイントよりも株価が上昇すれば、売りシグナルができるたびにストップポイントを上げて行けばよいし、売りシグナルが出なければ、そのままにしておけばよい。そうすれば、あわてて利食

図3.21 ロングテール・ダウン

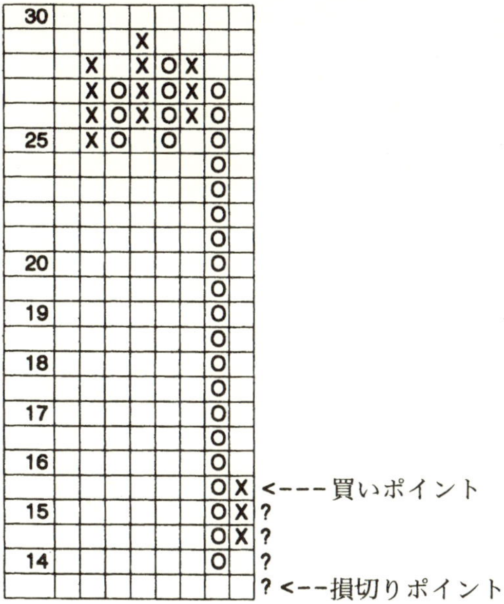

```
30 |   |   |   | X |   |   |
   |   | X |   | X | O | X |
   |   | X | O | X | O | X |
   |   | X | O | X | O | X | O
25 |   | X | O |   | O |   | O
   |   |   |   |   |   |   | O
   |   |   |   |   |   |   | O
   |   |   |   |   |   |   | O
20 |   |   |   |   |   |   | O
19 |   |   |   |   |   |   | O
18 |   |   |   |   |   |   | O
17 |   |   |   |   |   |   | O
16 |   |   |   |   |   |   | O
                            O  X   <--- 買いポイント
15                          O  X   ?
                            O  X   ?
14                          O     ?
                                   ? <-- 損切りポイント
```

いに走るのも防いでくれる。利益を最大限に膨らませるためには、その過程で、できるだけ主観を排除すべきである。**図3.21**にロングテール・ダウンの例を挙げておく。

　○列の場合と同じ理屈は、×列が長く上昇するときにも言える。しかし、こちらの成功率は低い。株価が上昇するのは、しっかりしたファンダメンタルが実を結んだということであり、それに不満を持つ投資家はいない。そのため、途中で転換することなく一気に20枠上昇した銘柄には、売りを強く勧めるほどの売り圧力はないと考えられるからだ。

　むしろ、このような強烈な上昇後の押しは、売りではなく買いのチャンスで、需要拡大のきっかけになることも十分あり得る。ここでは天井に不満を抱く投資家がいない点に注意してほしい。

この優位性を利用する非常に抜け目のない投資家もいるだろう。しかし、私は通常そこまでしない。20枠下げたところでのトレードに大きく偏っている。

ただし、20枠以上も上げてからの3枠転換は、トレーダーにとっては利食いのポイントとして、また投資家にとってはポジションの一部を手仕舞うポイントとして非常に有効である。

ハイポールの警告

このパターンは、故アール・ブルメンタルが考案した。実際に、これに基づいて売買することはめったにない。しかし、警告として常に利用している。マーケットが弱気であれば、信頼度はさらに高くなる。

ハイポールは、まず×列が直前の×列より3枠以上、上げなければならない。そして、株価がその急騰に対して50％超の下げをみせれば完成する。

このパターンは「直近の上昇分に対して50％超も下落するのは、需給関係に何かしらの問題があるからだ」と伝えている。つまり、「供給が主導権を握っているかもしれない」という警告だ。この場合、トレードに余裕を持たせ、トレンドラインをストップポイントの目安として、さらに重視している。ただし、ハイポールは、特に弱気相場で需給関係の変化の可能性をさらに認識させてくれるだけだ。**図3.22**はハイポールの警告の例である。

ローポールの形成

ハイポールよりもローポールのほうが、投資家にとって利用価値が高い。投資家は、すでに値上がりした株を売るよりも、安いと思った株を買うのを好むからだ。

図3.22　ハイポールの警告

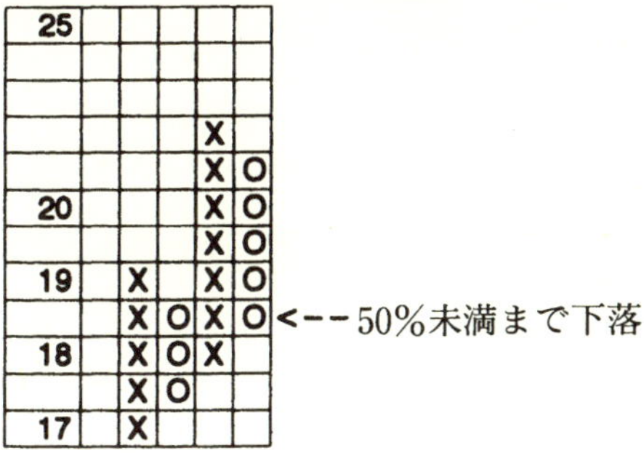

```
25
            X
            X O
20          X O
            X O
19    X     X O
      X O X O  <-- 50％未満まで下落
18    X O X
      X O
17    X
```

このパターンは「株を押し下げてきた売り圧力が収まった」ことを強く示唆している。ただし、この企業が依然として何らかの問題を抱えている可能性は高く、何が何でもすぐ飛びついて買えというわけではない。銘柄を選ぶときには、ファンダメンタルの安定が大前提であることを忘れないでほしい。これは最初の防御策である。

ただ、トレーダーならば短期の押し目買いを狙える。ローポールからの押しを待って買うのが最善策だろう（**図3.23**参照）。そうすれば仕掛けのポイントとストップポイントの水準が近くなるし、再び転換したときにダブルトップ買いシグナルが出る可能性も高くなるからだ。できるかぎり自分に優位な株を選ぶのは定石である。

私たちは、ハイポールとローポールの警告をダウ・ジョーンズ債券20種平均と騰落指数と一緒に利用している。これらの指標については本書の後半で説明するので、まずはこれらのチャートパターンを理解しておいてほしい。ただし、私たちは毎日の作業で、これらのパターンを個別銘柄に当てはめることがめったにない。

図3.23　ローポールの警告

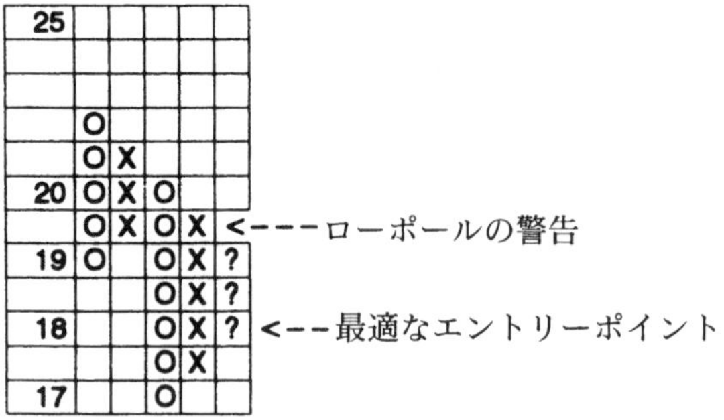

```
25 |   |   |   |   |
   |   |   |   |   |
   |   |   |   |   |
   | O |   |   |   |
   | O | X |   |   |
20 | O | X | O |   |
   | O | X | O | X | <---ローポールの警告
19 | O |   | O | X | ?
   |   |   | O | X | ?
18 |   |   | O | X | ? <--最適なエントリーポイント
   |   |   | O | X |
17 |   |   | O |   |
```

末広がり型トップの形成

　末広がり型（ブローデニング）は、シェイクアウトの変形である。ただし、末広がり型トップでは、売りシグナルが出る前に買いシグナルが出る点で異なる。

　ここでシェイクアウトを振り返ってみよう。よく思い出せないようであれば、もう一度読み返して、**図3.18～図3.20**にあるパターンを確認してほしい。ある水準に二度上昇してダブルトップを形成しているが、二度目の上値は一度目を超えていない。それから列が転換し、上昇トレンドでの売りシグナルを出す。

　ところが、末広がり型では二度目の高値が一度目を超え、ダブルトップ買いシグナルを出し、その後、転換して売りシグナルを出している。この高い上値と安い下値の組み合わせが末広がり型の特徴だ。そして株価は再び上昇に転じて、新しいダブルトップ買いシグナルを出すと末広がり型が完成する（**図3.24**）。

　2つの連続したダブルトップのパターンとして、トリプルトップの変形とも言われるダイアグナル・トリプルトップがある。しかし、末広がり型は売りシグナルが出る点で異なる。

図3.24　末広がり型トップの形成

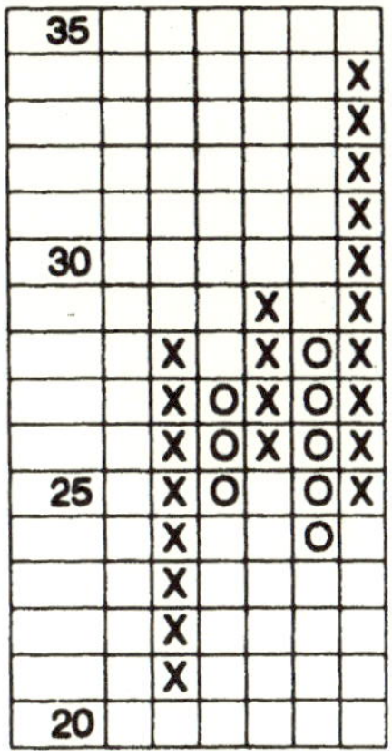

```
35 |   |   |   |   |   | X |
   |   |   |   |   |   | X |
   |   |   |   |   |   | X |
   |   |   |   |   |   | X |
30 |   |   |   |   |   | X |
   |   |   |   |   | X | X |
   |   |   |   | X |   | X |
   |   |   | X | X | O | X |
   |   |   | X | O | X | X |
   |   |   | X | O | X | X |
25 |   |   | X | O |   | X |
   |   |   | X |   | O |   |
   |   |   | X |   |   |   |
   |   |   | X |   |   |   |
   |   |   | X |   |   |   |
20 |   |   |   |   |   |   |
```

　P&Fのチャートを評価するとき、私は常に経済学的な意味に置き換えて考えることにしている。そうすると、価格はすべて需要と供給に基づいて変動し、それを論理的に整理したものがパターンだといえる。結局のところ、答えは常に経済原則のなかにあるのだ。

　末広がり型トップは、株価が大きく上昇したあとに形成されることが多い。基本的に、パターンが広がっている時点では需給が均衡していることを表している。ダブルトップ買いシグナルは、需要が支配していることを示している。ダブルボトムは供給が実権を握っていると示し、上昇トレンドに疑問を呈している。ところが、その後に買いシグナルが発生し、さらなる上昇に十分なスポンサーがいるとはっきりする。

　ダブルボトム売りシグナルが出たとき、トレードの前に、レラティブ・ストレングス（RS）やマーケット指数、セクター指数を確認すべきだ。そして、これらがすべてプラスであれば、多少の余裕を持ったほうがよいだろう。

弱気シグナル転換

　このパターンが出たら、ほとんど常にトレードしている。弱気シグナル転換はめったに現れない。しかし、現れたときは要注意である。このパターンは形成される途中で予想がつくため、トレードに備える余裕がある。私たちもパターンと銘柄の情報をレポートにして、パターンが完成する何日も前から用意している。トレードを計画的に勧められるのは、とてもありがたい。

　弱気シグナル転換には7つの列を必要とする。×列の上値も〇列の下値も、その前の列より下げている。**図3.25**を見てほしい。テニスの例でいえば、〇の選手が×の選手の力を上回っているわけだ。

　ここでもシンプルに徹しよう。**図3.25**をテニスに見立て、各列を各セットとすると、〇がセットを取るたびに列が前回より下げており、供給が強まっていると分かる。×がセットを取っても前回ほど高くは反発できていないため、全体としては供給が需要よりも強く、今後、株価は下げる可能性が高いということになる。これが「弱気シグナル」の部分である。

　次に「転換」の部分を見ていこう。×の列に転換し、ダブルトップ買いシグナルが出たとき、需給関係に変化が起きたことを示している。何かが起こって、需要はセットを取るだけでなく、前回の×列の上値を超え、買いシグナルを出して試合に逆転勝ちしたのだ。この買いシグナルが重要なのは、続けて切り下げてきた上値を超え、魔法が解けたからである。

　このような転換が起こるのは、ウォール街にあまり広まっていないか、理解されていないニュースが原因になっているケースが多い。つまり、インサイダーが動いたのだ。なぜこのように供給に支配された下落パターンが突如変化するのかを考えてみるとよい。例えば次の決算報告がウォール街の予想を上回っているなど、大抵の場合、あまり

図3.25 弱気シグナルの転換

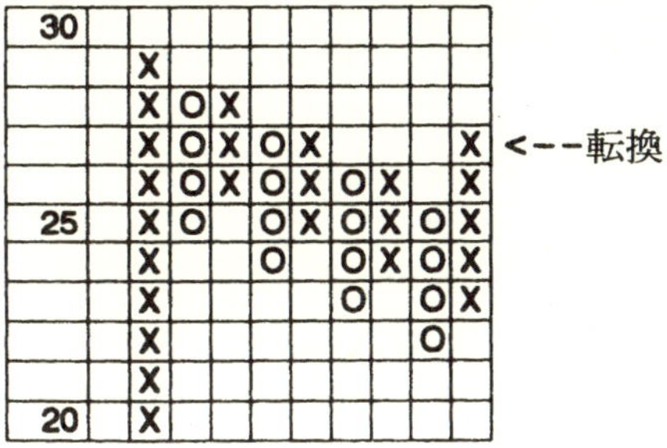

```
30
      X
      X O X
      X O X O X              X  <-- 転換
      X O X O X O X          X
   25 X O   O X O X O X
      X     O   O X O X
      X         O   O X
      X             O
      X
   20 X
```

知られていないファンダメンタル面に変化が起きているわけだ。また、トライアングルの場合と同様、このパターンのあとの動きは、得てして非常に速くて勢いがある。

強気シグナル転換

　強気シグナル転換は、弱気シグナル転換のちょうど逆に当たる。パターンは、下値と上値の切り上げを合わせて7列続けてから、○に転換してダブルボトム売りシグナルを出したとき（連続して切り上げてきた下値をブレイクアウトしたとき）完成する（**図3.26**）。

　このパターンは、製薬会社にFDA（米国食品医薬局）の認可が下りないと分かったときなどに現れる。ウォール街に広まる前に、このような情報をつかんでいる人たちは大抵いる。素早い転換が起こる理由はほかにもある。なかでも多いのはインサイダーの売りによるものだ。これは該当企業の経営陣ということではない。ウォール街に広まっていない情報を持っている人間という意味である。

　私はこれまで一度たりとも、いわゆるインサイダー情報で儲けたことはない。だれかが耳打ちしてくる情報やインターネットの掲示板や

図3.26　強気シグナルの転換

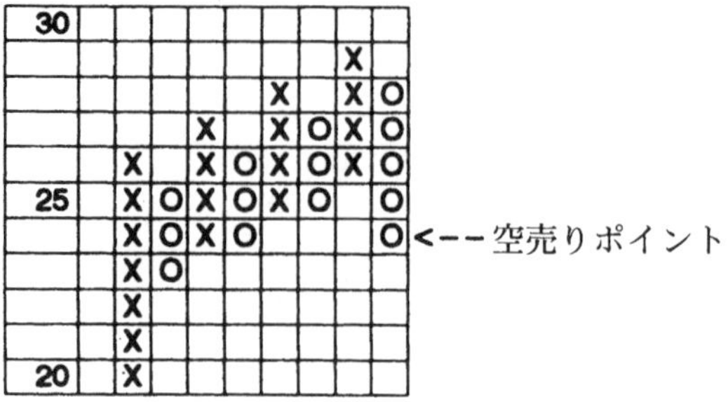

```
30 │ │ │ │ │ │ │ │ │ │
   │X│ │ │ │ │ │X│ │ │
   │X│ │ │ │ │X│X│O│ │
   │X│ │ │ │X│O│X│O│ │
   │X│ │ │X│O│X│O│X│ │
25 │X│O│X│O│X│O│ │O│ │
   │X│O│X│O│ │ │ │O│ ←――空売りポイント
   │X│O│ │ │ │ │ │ │
   │X│ │ │ │ │ │ │ │
   │X│ │ │ │ │ │ │ │
20 │X│ │ │ │ │ │ │ │
```

　チャットに載るような情報は、すでにウォール街中に広まっていると考えたほうがよい。だれかが耳打ちしてきたら、それを自分に教えて得になることがあるか自問する。その人が自分に吹き込んでくるのは、売りたい株を抱えていたから、というケースは非常に多い。これについては最後の分析の項で詳しく説明する。

　ちなみに、この手の情報は、インターネットに載った途端に尾ひれがつくこともあるので、アクセスするサイトは厳選したほうがよい。無料の情報を提供している投資家の多くは、それを見る人のためではなく、自分の投資目的のためにやっている。人のためではないのだ。こと投資に関しては、無私無欲な人々などない。だれもが何らかの思惑を持っている。

　私は、ひっきりなしにプロ・個人の顧客から、ある特定銘柄のファンダメンタルやテクニカルの見通しが明るくなったという電子メールをもらう。これは親切なのだろうか。いや、大抵はDWAがその銘柄を推奨すれば値上がりすると期待しているからである！　なかには特定の銘柄を今度CNBCの番組に出演したときに紹介してほしいと頼んでくる輩までいる。もちろん、それに応じることはけっしてない。このように、利害関係のない人々はウォール街には存在しない。

最近、『バロンズ』誌に載っていたインタビュー記事のなかで、ある有名なファンドマネジャーが現在お買い得の銘柄をいくつか気前よく挙げていた。ところが、同誌の後ろに掲載されているミューチュアルファンドの売り、買い、「安く買って保持している」銘柄のリストをチェックすると、彼のファンドはインタビューで推奨したばかりの銘柄を売っていた。

アナリストが自分の買った銘柄を公表するのはなぜか。人々が一緒に買いに回って値上がりするのを期待しているからだろうか。そうではなさそうだ。むしろ、すでにもっと安く買っていた株を売り抜けようとしているのだろう。特にカクテルパーティーやインターネットのチャットの「ここだけの情報」には、十二分に気をつけてほしい。情報を出す側には、常に既得利益がある。

最後に、強気シグナル転換にもテニスの例を当てはめてみよう。**図3.26**で上値を切り上げているのは、需要が試合を支配しているからだ。×が常に前回の上値を超えていることから、×がセットを取るたびに安定していくのが分かる。一方、〇がセットを取ったときには下げても前回の下値を超えていないことから、力強さがないと分かる。

ところが、上値が上下しないまま（分散しないまま）上昇してから下落に転じ、切り上げてきた下値線も割って、売りシグナルが出る。経済学的にいえば、24ドルで供給が需要を制したわけだ。このとき強気支持線も割っていれば、空売りのポジションを取る好機だと言える。また、すでに買っていれば、防衛策を講じるため、それ以降の株価を注意深く見極める必要がある。

ここでさまざまなストップポイントについて書き連ねることもできる。しかし、実際の投資には投資家自身の性格をはじめとするさまざまな要素が絡んでくるため、なかなかマニュアルどおりにはいかない。長期投資の場合は、トレンドラインのみをストップとすることが実際には多いのに対し、トレーダーはトレード資金の状況など、ストップ

ポイントとは別の問題を考慮するだろう。いずれにせよ、強気シグナル転換には気をつけておいてほしい。それほど頻繁に現れるわけではない。しかし、現れたときには、すぐ行動に移すべきだ。

「P&F分析の結果を追跡調査したことがあるか？」という質問をよく受ける。答えは「イエス」だ。本書の初版には、パデュー大学が実施した私たちのチャートパターンの勝率についての研究が載せてある。ただ、この研究は、投資がサイエンスではなくアートだという私の主張とは馴染まないように思えたため、第2版ではこれをあえて外している。

P&F分析で最も重要なのは分析者、つまり「あなた自身」だ！「あなた」という知識と経験の豊富な船長がいなければ、目的なく漂流するほかない。生活すべてにおいて言えることだが、何ごとも練習と実践を重ねて上達する。次の記事を読めば、分野を問わず一流になるためには何が必要か分かるだろう。

天才のひらめき（『フォーブス』1998/11/16号より）

職人への道

年始に机の整理をしているとき、私のメモが書き加えられた『フォーブス』誌の切り抜き記事が出てきた。私の目に留まったのは「パターン認識を教える方法について、われわれはもっと考えるべきである」というハーバート・サイモン教授の言葉があったからだ。記事には続けてこう書かれていた。

「サイモン教授は、人間の知識に基づく意思決定の過程に関する理論で1978年にノーベル経済学賞を受賞した。パターン認識は不可欠と

いうのが、氏の根本的持論だ。処理できるパターンが多くあるほど優れた決定が下せると言う」

　特に興味を引かれたのは、サイモン教授がチェスの上達について述べている部分であった。チェスの上達には分析力がかかわると多くの人が思っている。しかし「チェスで勝つために必要なのは、実はパターン認識なのだ」と教授は主張する。

　私には、チェスの天才であるボビー・フィッシャーがロシアのカスパロフと対戦する様子が目に浮かんだ。私たちが株価チャートやブリッシュ・パーセントのチャートからパターンを探すように、両者は盤上のパターンを追っているのだ。

　インテルのチャートも、熟練した目で見れば、長期的に概して下値を切り上げているのに、1998年になると下値レベルを下げていると分かる。このパターンは、慣れていなければ気づかないほど微妙な流れであった。しかし、その後のインテルの動きについて多くを語っていた。ある意味、色覚検査みたいなものだ。健常者には、色弱の人に見えない水玉模様のなかに書かれた数字が分かる。同様にP&Fの職人には、この手法を知らない人に見えないパターンが見える。その能力のおかげで、ほかの投資家よりも先を行くことができるのだ。パターンを理解し、訓練すれば、チェス盤の上でも株価表示盤の上でも、周りの動きに反応するのではなく、自分から自信を持って動けるようになる。

　「名医、敏腕弁護士、そして銘柄選びの達人に共通するものは」という問いに対し、サイモン教授は「パターン認識だ」と答えている。どの職業も、認識と経験を必要とするのだ。「モーツァルトが世界的名曲を輩出するまで、14年間の作曲経験があった。(才能が開花した)18歳のときの曲と幼少期の曲では、違いがはっきりしている」

　これは、どの分野でも変わらないと博士は指摘する。「ボビー・フィッシャーは、グランドマスターのタイトルを取るのに10年弱かかっ

ている。天才少女とうたわれた（ジュディ・）ポルガーもそうだ。もちろん才能は重要だ。しかし、（そうした天才にさえ）経験は同じくらい重要なのだ」。そしてさらに、こう補足する。「かかりつけの医者は、あなたがすべての症状を話し終わる前に診断ができているだろう」

DWAでも、ポートフォリオに関して質問してきた顧客のブローカーが、その問題を明確にする前に、答えが出ていることが多い。

一流の仕事をするために

どの分野でも、一流の人と、そうでない人がいる。サイモン教授は、次のように言う。「毎週40時間、1年50週のペースで最低10年間、一生懸命働いて、やっと一流の仕事をする準備が整う。私たちは8秒もあればひとつのパターンを覚えられる。しかし、それをずっと忘れないようにするためには、もっと長い時間がかかる。時間をかけて、ひとつひとつ覚えていく。たとえそれが最も効率的な覚え方でなくても、途中で忘れたりすることがあったとしても、いずれは何百万ものパターンを評価できるようになる」

投資の世界で一流といわれるプロの数がそれほど多くないのは、これがだれにでもできるわけではないからだ。こうした一流の人々を私たちは「職人」と呼んでいる。

17世紀、一人前の靴職人や桶職人になるために10年かかった。一流といわれるレベルに達するには、約100万のパターンを認識できなければならなかった。投資の世界で一流になるためにも、同じことが求められている。

あれもこれも手を出し、ひとつのことに腰を落ち着けられない人が多い。しかし、何かひとつの分野で職人の域に達することができなければ、一流にはなれない。

DWAのアナリストであるスーザン・モリソンは、過去10年間、1年50週、毎日毎日400銘柄のチャートを書いてきた。そして100万枚ものチャートを見るうちに、マーケット、セクター、そして各銘柄のP&Fチャートパターンに関して、深い洞察力を身につけていった。DWAのほかのアナリストも同じような経験を積んでいる。
　よく「だれもがP&Fで分析するようになったらどうなるのか？」と聞かれる。私の答えはいつも同じだ。本当に何かを極めるためには、何年もの勉強が必要であり、それだけの時間や熱意がある人はそう多くない。その長い道のりを進んで行けるのは、ほんの一握りの選ばれた者たちだけなのだ。
　カリスマ相場師（例えばかつてのジョー・グランビル）の言うとおりに投資して、いずれ避けられない結末を迎えるのでは、予言に従っているにすぎない。このような人たちは、投資の過程を深く理解しようとせず、だれかに指示してもらいたいだけなのである。
　事実、以下のようなことがよく起きている。あるブローカーがDWAのレポートを読み、ブレイクアウトのページに興味を持った。そこで、それ以上調べずにダブルトップ買いシグナルに従って買う。ところが、株価は下げてしまう。ブローカーは、この方法ではダメだと思い、次の手法を探す。そうこうしているうちに本書と出合い、この戦略を試してみる。いくつかチャートを自分自身でつけてみると、チャートの感覚がつかめる。そのことで自信がつき、それが心地良くなってくる。数年間、さらに学び、さらに応用していくうちに、最初のころに比べて、はるかに実力がついたと自覚する。それと正比例して固定客も増えていく。一流になるのはまだまだ先の話だが、その途中であるのは間違いない。
　現在、このブローカーは毎日200銘柄分のチャートを更新し、それ以外にもDWAのサイトで毎日多数のチャートをチェックしている。
　学び始めて10年たてば、100万近いチャートを見ていることになる。

このブローカーは着実に一流に近づいている。こうなると金融誌を読んだり、金融番組を見たりする必要はない。ウォール街の専門家たちの発言に惑わされることもない。九九を覚えた子供が考えなくても9×9が81だと分かるように、このブローカーもさまざまなマーケットの局面で、どうすればよいか直感的に分かる。

すでにこの手法を5年以上学び、この投資プロセスに満足しているのであれば、それは一流への道を歩んでいることになる。一流になるということは、ほかにはない特別な感覚だ。そのためには決意と忍耐と勤勉が必要となる。

分析方法は、占星術からギャンアングルまで多種多様だ。どれを選んだとしても、その道を極めていってほしい。人生は一度しかない。

第4章
レラティブ・ストレングスの重要性
The Importance of Relative Strength

　レラティブ・ストレングス（RS）は、株やセクターを評価するとき、最初に使う手法のひとつである。DWAではこの10年間、RSの利用法をさらに発展させ、銘柄選択に有効なRSツールを多く開発している。

　RSは「相対力」という名のとおり、ある銘柄がほかと比べてどうかを測る。マーケットやセクター指数に対する銘柄の強さをみれば、その銘柄のパフォーマンスを比較判断できるというわけだ。

　投資家の多くは、市場平均を上回るパフォーマンスを目指している。RSは、その目的が達成されたかどうかを知るに最適な方法だと言える。そして、実際の運用にRSを用いれば、利益の乗ったポジションを維持し、少額の損切りが可能になるだろう。

　その成果は、私たちのブローカー専門学校でもはっきり現れている。学校では受講者の理解度を調べるため、毎年あるケーススタディーを用いて、チーム別に架空の顧客の儲けを競い合わせている。そしてRSに注目し、RSの強い銘柄を買うか、RSの弱い銘柄を避けるか、またはRSの弱い銘柄を売っているチームが毎年優勝しているのだ。投資のとき、ぜひこのRSを重視してほしい。

RSの種類

　RSのチャートは3種類。2つは個別銘柄を評価するため、ひとつは市場全体に対するセクターの動きを評価するために用いられる。それぞれのRSを紹介しよう。

1．RS対ダウ平均（マーケットRS）

　これは最も幅広く使われているRSの計算方法である。市場全体に対する対象銘柄のパフォーマンスが分かるため、通常、株の「マーケットRS」と呼んでいる。

　私たちが比較の対象に用いているマーケットは、ダウ工業株30種平均（ダウ平均）である。計算方法は株価をダウ平均で割り、扱いやすいように1000倍するだけだ。その数字を株価と同じ方法で、P&Fチャートにする。

　ここでは分母をダウ平均にしているが、S&P500やバリューラインなどの指数を使用してもよい。ただし、必ず同じ指数を継続して使わなければならない。DWAでは、S&P500などの時価総額加重型指数よりも、投資家の保有するポジションの加重方法に近い株価平均型のダウ平均のほうが適当だと考えている。そのほうがすべての銘柄の動きを平等にとらえるP&Fの考えに合っていると思うからだ。

2．RS対DWAセクター指数（ピアRS）

　ピア（同業者）RSは、DWAセクター指数を用いて、対象銘柄と同じセクター内の別銘柄を比較するのに使われる。例えば、マイクロソフト（MSFT）とほかのソフトウエア銘柄のパフォーマンスを比べるのに利用するわけだ。

　このRSチャートからは、セクター内で最強の銘柄、いわゆる「クラスで1番」が分かる。こちらの計算方法も簡単で、株価を該当する

DWAセクター指数で割って、扱いやすいように100倍するだけである。

DWAセクター指数は、私たちが監視しているさまざまな業種の、さまざまな時価総額の銘柄を単純平均で算出している。これは少数銘柄を時価総額で加重平均して算出している取引所のセクター指数と大きく異なる。

3．マーケット対セクター指数（セクターRS）

セクターRSは、市場全体における対象セクターのパフォーマンスを見るために使っている。例えば、小売業セクターのパフォーマンスを市場全体から見るのに利用する。セクターRSは、どのセクターが市場平均を上回るパフォーマンスを上げているか教えてくれるわけだ。

セクターのリスクは、個別銘柄の価格を左右する最大の要素である。したがって、セクターRSは非常に重要だ。計算方法は前の2つと同様、毎週、各DWAセクター指数や各取引所指数（例えば小売業指数＝RLX）をS&P500（SPX）で割って100倍した数字をそれぞれのチャートに記入する。

RSの計算

RSチャートの意味が分かったところで、次は実際に計算してみよう。

マーケットRS

（株価÷ダウ平均）×1000＝マーケットRS

● XYZ株が85ドル、ダウ平均が1万1500ドルだった場合
● (85÷11500)×1000＝7.39

- XYZのRSチャートに7.39を記入
- 翌週XYZ株は80ドルに、ダウ平均は1万ドルに下げた（RSは毎週火曜日の終値を使って算出する）
- $(80 \div 10000) \times 1000 = 8$

このケースでは、株価とダウ平均の両方が下げたにもかかわらず、RS値が増加している。つまりXYZ株のパフォーマンスが、ダウ平均のパフォーマンスを上回っているわけだ。したがって、XYZ株の値下がりは、市場全体の下げに引きずられただけだと考えられる。

ポジティブRS（RSが増加中）の銘柄は、マーケットが回復したときにその銘柄が最初に上昇する可能性が高いことを示唆している。基本的に、マーケットに対してポジティブなRSの銘柄は、マーケットが強気であればパフォーマンスがマーケットを上回り、弱気相場でも、逆境を持ちこたえて乗り切れる可能性が高いと考えられるのだ。

ピアRS

（株価÷DWAセクター指数）×100＝ピアRS

- マイクロソフト（MSFT）は87.31ドル、DWAソフトウエア指数は190.50だった
- $(87.31 \div 190.50) \times 100 = 45.83$
- マイクロソフトのピアRSチャートに45.83を記入
- 翌週、マイクロソフトは89.62ドルに、DWAソフトウエア指数は200.55に、それぞれ上昇した（毎週火曜日の終値を使って算出）
- $(89.62 \div 200.55) \times 100 = 44.68$

このケースでは、マイクロソフトもDWAも上げたのに、マイクロ

ソフトのピアRSの数値は減少している。

　今度はオラクル（ORCL）を見てみよう。
- オラクルは16.06、DWAソフトウエア指数は190.50だった
- (16.06÷190.50)×100＝8.43
- 翌週、オラクルは18.38に、DWAソフトウエア指数は200.55に、それぞれ上昇した（毎週火曜日の終値を使って算出）
- (18.38÷200.55)×100＝9.16

　このケースでは、オラクルとDWAソフトウエア指数が上昇しただけでなく、オラクルのピアRSも増加した。

　この２つの例を比べると、オラクルのピアRSは8.43から9.16に増加し、マイクロソフトのピアRSは45.83から44.68に減少していることが分かる。つまり、オラクルのパフォーマンスがソフトウエアセクターのピア（同業他者）を上回り、一方、マイクロソフトのパフォーマンスはセクターを下回っているわけだ。このように、ピアRSは数値の変化によってセクター内で最強の銘柄、つまり最もパフォーマンスの良いと思われる銘柄を教えてくれるのだ。

セクターRS
　（セクター指数÷SPX）×100＝セクターRS

　ここではマーケットに対するDWA小売指数、S&P小売指数（RLX）、DWA医薬品指数の３種類のセクターのRSを算出してみよう。

- DWA小売指数は218、RLXは774、DWA医薬品指数は276、そしてS&P500（SPX）は1340だった
- セクターRSは以下のとおり

DWA小売指数＝16.27
　　　S&P小売指数（RLX）＝57.76
　　　DWA医薬品指数＝20.60
●それぞれのRSチャートに上の数字を記入
●翌週火曜日、DWA小売指数が231、RLXが801、DWA医薬品指数が278、SPXが1355にそれぞれ上昇した
●セクターRSは以下のように変化した
　　　DWA小売指数＝17.05
　　　S&P小売指数（RLX）＝59.11
　　　DWA医薬品指数＝20.52

　この例では、セクター指数はすべて上昇している。ところが、市場全体に対するセクターRSの数値は、2つの小売指数でしか増加していない。DWA小売指数とS&P小売指数（RLX）のパフォーマンスはマーケット全体のパフォーマンスを上回っているのに対して、DWA医薬品指数のパフォーマンスは若干下回っている。
　買いのセクターを判断するときは、マーケットに対してセクターRSがポジティブになっているグループに関心を向けるべきだろう。

RSチャートの解釈方法

　RSチャートでも、RSがポジティブで、×列が直前の×列の上値を超えると買いシグナルになる。またRSがネガティブ（減少中）で、〇が直前の下値を割ると売りシグナルになる。ただし、RSチャートの場合、ダブルトップやトリプルトップなどのパターンは重要ではない。直前のシグナルが買いだったか、それとも売りだったかに注目するだけだ。
　RSの「数値」そのものも重要ではない。数値はチャートを書くだ

けのためにある。知るべきは「チャートが○と×のどちらの列にあるか」「直近のシグナルは売りと買いのどちらか」という2点だけなのだ。後ほど紹介するほかのRS手法とは異なり、数値は重要ではない。

RSがポジティブであれば株価のパフォーマンスはマーケットを上回っている、あるいはネガティブなら下回っていることを示している。ただしRSがポジティブだからといって、株価がけっして下げないというわけではない。「市場平均ほど下げない」と単純に考えてほしい。

RSの転換（列の変化）は、短期の目安にもなる。例えば、RSチャートが×列にあれば、その銘柄（またはセクター）は、短期的にはパフォーマンスが良い状態にあると考えられる。また○列であれば、短期的に下回っていることになる。

RSチャートで最良の買いの組み合わせは、買いシグナルで×列にあるときだ。そして、買いの最悪の組み合わせとは、売りシグナルで○列にあるときである。

RSの魅力は、長期にわたって強い銘柄に投資し続け、利益を積み重ねられる可能性にある。例えば、ある銘柄が何年にもわたってポジティブRSを維持し、その間、市場平均もかなり上げていたらどうだろうか。市場平均に対してポジティブのRSを維持している銘柄は、市場平均よりもさらに上昇している。つまり、株価をさらに上げているわけだ。RSは利益を伸ばしてくれるのだ。

概して、個別銘柄のRSシグナル（対マーケット）は2年ほど続き、その銘柄の大きなトレンドを示唆してくれる。例えば、ゼネラルエレクトリック（GE）とシスコ（CSSO）のRSを見てほしい。GEのRSチャートは1993年4月にポジティブに転換し、シスコのRSチャートは1992年10月に買いシグナルを出した。そしてGEは580％上昇し、シスコに至っては、なんと6500％も高騰したのである！

RSのもうひとつのメリットは、これを使えば走れない馬からレースに参加している馬に乗り換えられる点だ。だからこそ毎週RSの変

化を監視すべきだと言える。

　RSは毎週変化している。売りシグナルから買いシグナルに転じる銘柄もあれば、その逆もある。RSチャートの列が変化する銘柄もある。常にRSチャートを観察し、変化を見逃さないようにしてほしい。

　例えば、保有している銘柄がRS売りシグナルを出したら、売るべきか真剣に検討すべきである。また、RSチャートが新たに買いシグナルを出した、あるいは×列で回復傾向にあると分かれば、「状況が変わる可能性が高い」という警告になるだろう。次のウォルマート（WMT）のケースは、その好例と言える。

　1980年代の終わりから1990年初めにかけて、ウォルマートは非常に高い人気を誇り、特に機関投資家が好んで保有していた。何年にもわたってその人気に恥じない利益を投資家にもたらしてきた事実は、RSチャートが10年以上買いシグナルを出してきたことにも表れている。

　しかし、その流れは1993年8月に変わった。ウォルマートのRSチャートが売りシグナルを出し「しばらくウォルマートのパフォーマンスがマーケットを下回るだろう」と告げたのである。そして実際、そのとおりになった。

　図4.1が示すように、RSの変化は的中し、それからの数年間、ウォルマートが一息つく間に、市場平均は目を見張るほどの上昇を遂げたのだ。1993年8月〜1997年初めの期間、WMTに投資するよりも銀行預金のほうが良い結果を出していた。1993年にウォルマートからGEに乗り換えていたらどうなっていたか、想像してほしい。

　1993年から停滞していたウォルマート株は、1997年に復活する。1997年3月、ウォルマートのトレンドチャートが底値圏からブレイクアウトしたのと時を同じくして、同株のRSチャートが×列に転換したのだ。しかも、この転換と同時期に、小売業セクターのRS値も増加し始めた。

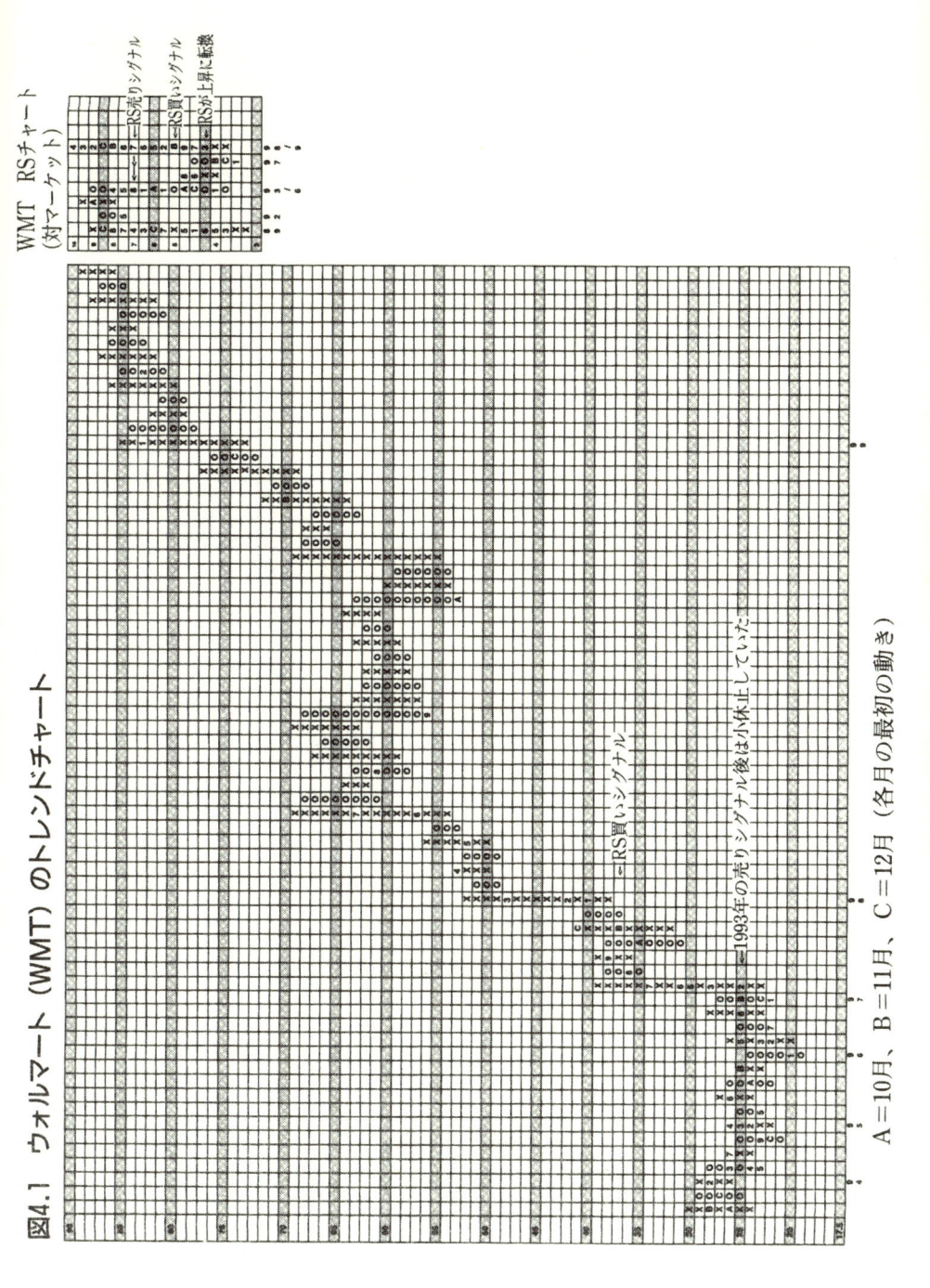

第4章●レラティブ・ストレングスの重要性

図4.1 ウォルマート（WMT）のトレンドチャート

A＝10月、B＝11月、C＝12月（各月の最初の動き）

←1993年の売りシグナル後は小休止していた

←RS買いシグナル

WMT RSチャート（対マーケット）

↑＝RS売りシグナル
↓＝RS買いシグナル
→＝RSが上昇に転換

私たちはRSの変化を発見し、再びこの銘柄に注目し始めた。RSは年規模で増加を続け、1997年11月には前回の天井を抜き、RS買いシグナルを出した。この買いシグナルは、ウォルマートのパフォーマンスがマーケットを上回っていて、今後かなりの可能性でその状態が続きそうだと示していた。

　実はこのとき、いわゆるアジア通貨危機が始まったばかりで、マーケットには動揺が広がっていた。ところが、ウォルマートは揺らぐことなく、シェイクアウトパターンを経て強気カタパルトを完成させた。これは「買ってくれ！」という株の叫び声であった。その年、WMTは100%の急騰をみせた。

　ここで、マーケットと銘柄のダイバージェンスについて言及しておきたい。マーケットとのダイバージェンスが生じたときこそ、RSの変化に注目すべきである。特に市場全体が下落傾向のとき、RSに注目してマーケットとのダイバージェンスを発見することが、とても重要になる。

　後ほど詳しく説明するが、市場指標は積極的に攻めるべきときか、それとも守りに入るべきときかを判断する目安を提供してくれる。守りに入るのであれば、ポートフォリオの現在のポジションを注意深く見直す必要がある。これはパフォーマンスの悪い銘柄を外す良い機会となる。マーケットの上昇についていけない銘柄であれば、マーケットが下げたときに株価を維持することはおそらく難しいだろう。どの銘柄を売り、どれを残すかを判断するのにRSは非常に有効なツールなのだ。

　全期間の3分の2で上昇し、3分の1で下落しているという、これまでマーケットの実績を考えると、すべての株を売って100%現金運用に切り替えるのは、大きな賭けだと言える。そこでポジティブRSで強含みの銘柄を残しておく。マーケットの下落に強いだけでなく、回復期に入ればいち早く急騰する可能性も高いというわけだ。

1998年に急速に立ち直ったウォルマートは、その典型である。97年後半に本格的なアジア通貨危機が、そして98年後半にロシアの債務不履行による通貨崩壊が勃発し、株式市場はその荒波に巻き込まれた。ウォルマートは98年7月に69ドルで天井を打ち、10月に強気支持線のすぐ上、53ドルまでだらだらと下落した。ところがRSチャートは高水準を維持していた。つまり、マーケットが調整期に入ってもウォルマートのパフォーマンスは市場平均よりも上を維持していたわけだ。

　図4.1のRSチャートを見れば分かるように、マーケットとダイバージェンスが生じているかどうかは、マーケットが下落期に入ると分かる。1998年10月にマーケットが底入れしたとき、ウォルマートは6カ月で53ドルから106ドルへとさらに100％も急騰した。しかし、私たちは別に驚かなかった。

　マーケットとのダイバージェンスとRSに関して、別の見方もある。マーケットが調整期の間、マーケット平均が下値を下げていくのに対し、個別銘柄（あるいは同セクター内の複数の銘柄）のトレンドチャートが底値を切り上げているかどうかに注目する。調整期を過ぎるとマーケットの先導役が変わることは多々あり、しかもマーケット全体が底入れする前に、すでにかすかな兆候を出していることが多いからだ。

　1998年のインテル（INTC）が格好の例である。ほかのテクノロジーセクターに比べ、半導体セクターは、年初に天井に達し、いわば支持を失った状態にあった。インテルは、マーケットが天井を打つよりもずっと早い1998年2月にピークを打ち、マーケットが高値圏に入った6月にはほかの半導体銘柄と同様、急激に下げていた。ところがインテルのチャートに突如、ほんのわずかな変化が生じた。

　図4.2が、そのすべてを物語っている。マーケットが底値を更新している間、INTCは底値を上げていたのだ。市場平均に対してポジティブなダイバージェンスが生じていたわけだ。またトレンドチャート

図4.2 インテル（INTC）のトレンドチャート

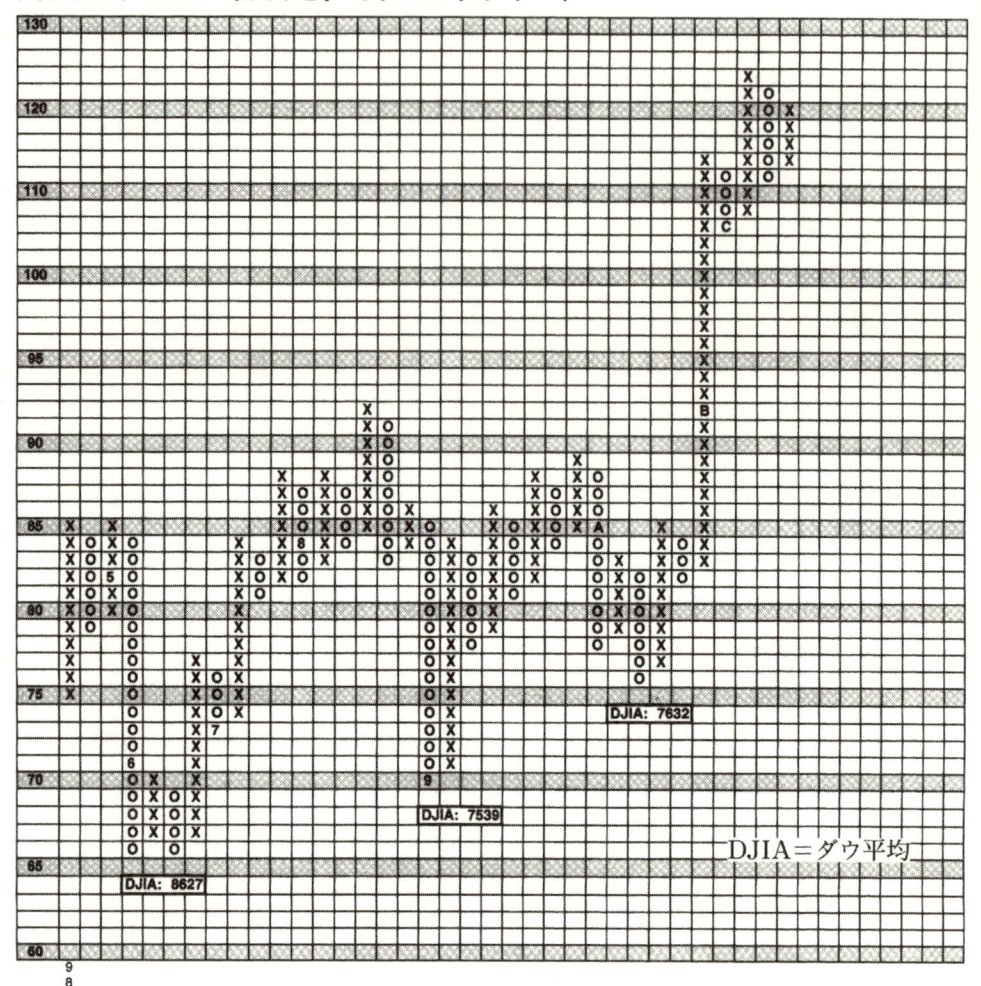

はインテル株の有望性をはっきりと語っていた。RSは改善していた。
　しかも、この現象はインテルだけでなく、ほかの半導体銘柄にも類似のパターンが現れていた。このセクターに買い手が増えつつあることを示していたのだ。結局、半導体セクターのベンチマークとされる

インテルは、その後２～３カ月で86％上昇し、その勢いはセクター全体に波及したのである。

　ヨギ・ベラ（往年の大リーグ選手）は「見ているだけでも、さまざまなことが分かる」とよく言っていた。インテルのケースがまさにそのとおりだった。セクターの勢いの変化はRSの変化に現れたり、インテルのケースのようにトレンドチャートに現れたりする。また、同じグループの銘柄が同時期にRS買いシグナルを出して分かるときもある。

　1990年10月、ドミニオン・リソース、ヒューストン・インダストリーズ、スキャナ・コーポレーション、テキサス・ユーティリティーズなど、各電力会社株の４年以上もネガティブだったRSがポジティブに転じた。このポジティブへの変化は、公共セクターだけでなく、マーケット、ひいては経済全般の先行きを予告していた。１カ月後、DWAの市場指標は、はっきりと買いシグナルを出した。

　似たようなケースは1991年11月にもあった。１週間で、ヘラクレス、ブリッグス＆ストラットン、カミンズ・エンジンのRSが、何年も続いたネガティブからポジティブに転じ、景気循環株が先導役になる準備ができていると明示した。

　RSの列の変化にも同様に注目する必要がある。RSチャートが反発して×列に戻るのは、短期的なパフォーマンスがポジティブであることを示している。そして、これには２つの利用方法がある。

　例えば、EMCコーポレーション株（EMC）を保有しているとしよう。この銘柄には長期RS買いシグナルが出ている。

　1999年４月にRSチャートが○列に転換、一服を示唆した。事実、数カ月間、足踏みしていた。しかし、９月になるとEMCのRSチャートは反転上昇して×列に変わった（**図4.3**）。RSチャートはもともと買いシグナルで、×列に戻った。そう、最高のRSの組み合わせだ。これは再び、バトンを受け取って走り出す準備が整ったことになる。

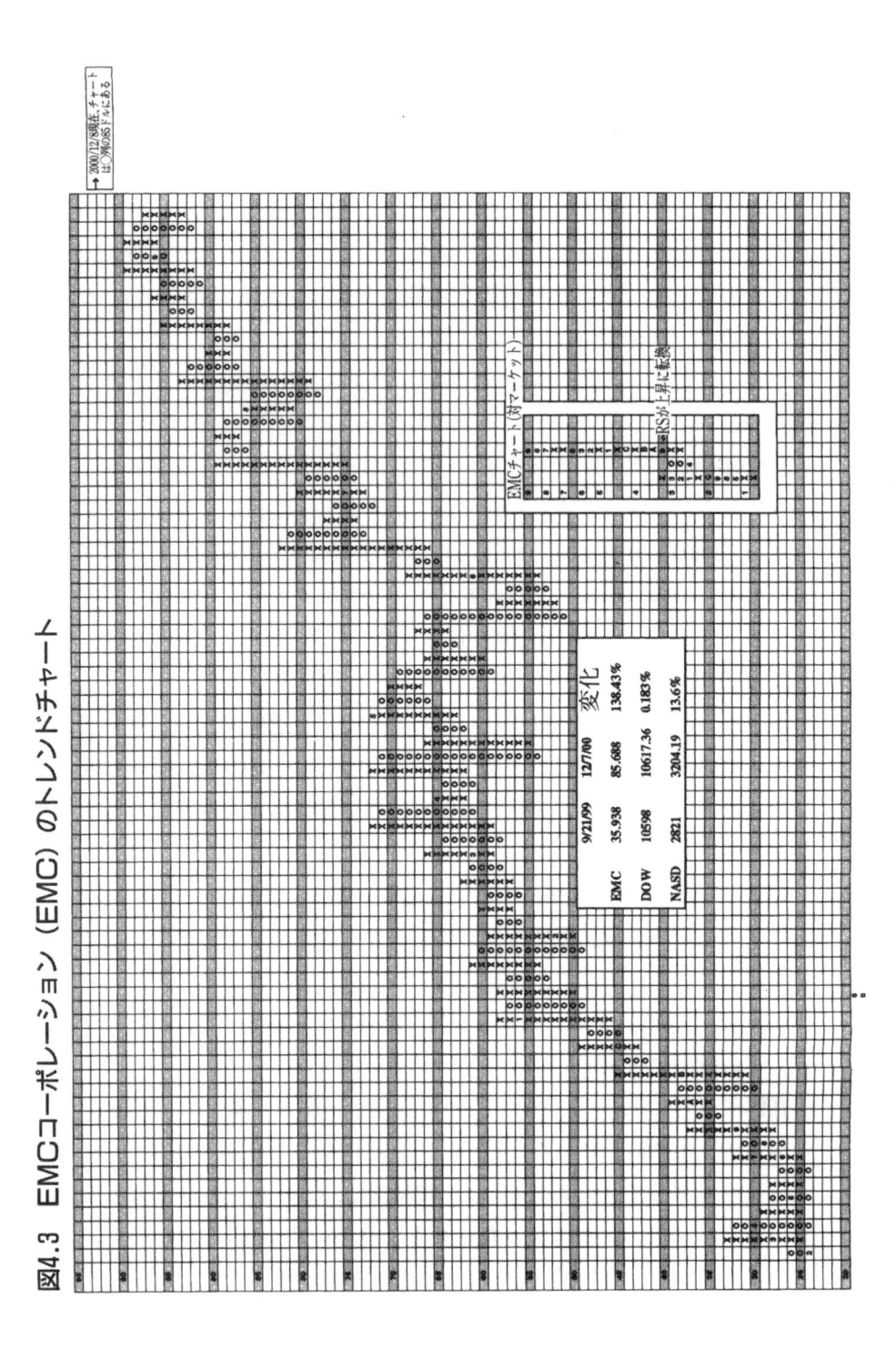

図4.3 EMCコーポレーション（EMC）のトレンドチャート

そして実際にそうなった。それからの11カ月、ダウ平均が5.5％、ナスダックが36.5％上昇した間に、EMCは149％も駆け上がったのだ。

またRSが×列に変わるときは、値動きの流れが変わる目安となる。その銘柄、あるいは属するセクターの不人気で、直前に○列が長く続いたあとであれば、なおさらその可能性は高まる。このような状況では、RSチャートは長めの○列（ロングテール）を描くため、次の×列も長く続かなければ、直前の×列を超えて買いシグナルには転換しない。つまり、その時点で株価は大幅に上昇しているわけだ。したがって、ロングテール・ダウンのあと、×列に転換すれば、それは買いシグナルとみなせるだろう。

事実、このとおりの展開が、アセンド・コミュニケーションズ（ASND）であった。かつて、私たちは、その堕落した天使のような状態から、社名（アセンド＝上昇）をもじって「ディセンド（落ちぶれた）コミュニケーションズ」とからかっていた。しかし、1997年末に20ドル台で底を入れると、1998年1月末までジリジリと上昇し始めた。トレンドチャートは上向き、RSチャートはロングテール・ダウンから×列に転じた。これは風向きが変化したことを明示していた。

20ドル台前半だったASNDは、振り返ることなく上伸し、1999年6月にルーセント（LU）に買収されたときには、ついに100ドルを超えたのである。

FMCコーポレーション（FMC）、エマソン・エレクトリック（EMR）、デューク・エネルギー（DUK）でも、1999年末もしくは2000年初めに、RSチャートで同様の変化があった。これはテクノロジー株の影で忘れられていたニューヨーク証券取引所（NYSE）の上場銘柄が動き始めたと示唆していた。これらの銘柄は、2000年末までにそれぞれ40～50％上昇した。株が全般的に低迷した2000年に、この数字はけっして悪くない。

一方、RSチャートが○列に変わった場合、これまで述べてきたこ

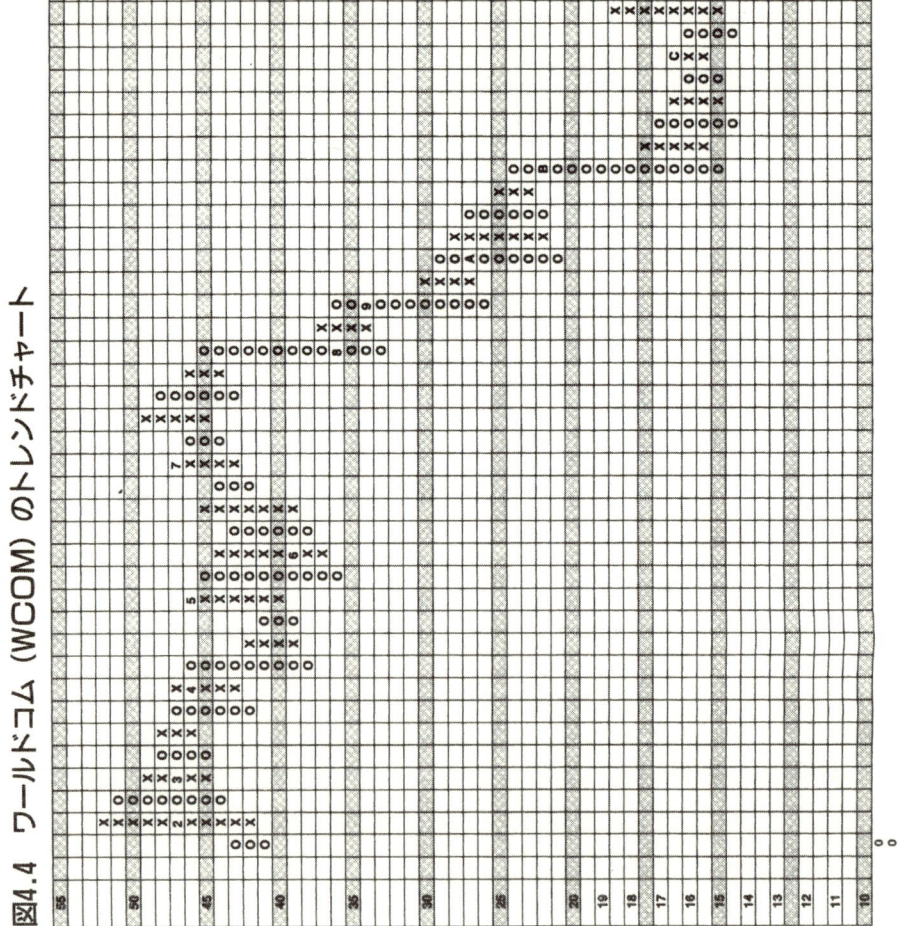

図4.4 ワールドコム（WCOM）のトレンドチャート

WCOM RSチャート
（対マーケット）

との逆だと考えてほしい。RS水準の高かった銘柄が○列に転換すれば、株価の低迷や小休止的な揉み合いが考えられる。このようなときには、ポジションを軽くするか、コールを売ってヘッジする方法が考えられる。

　○列に戻っている全般的に弱含みの銘柄は危険だ。買いは避けるべきであり、あるいは空売りを検討してほしい。

　この例に当てはまるのがワールドコム（WCOM）だ。このテレコム会社の株は、2000年5月にRS売りシグナルを出した（**図4.4**）。6～7月にナスダックの上げとともに反発し、7月には×列に戻った（ただし長期的には依然として売りシグナルであった）。しかし、このRSの上方転換は長く続かず、8月には再び○列に戻ってしまう。そして急激に値を下げ、8月の36ドルから11月には14 1/2ドルへと半値以下になってしまった。

ピアRSの解釈

　ピアRSチャートの評価と解釈は、個別銘柄の対マーケットRSチャートと同様である。ピアRSチャートの直近のシグナル、そして現在○と×のどちらの列にいるかに注目する。ピアRSの場合も、最良の組み合わせは、買いシグナルが出ていて、×列にあるときだ。

　ピアRSは、ある銘柄が同業セクター内の銘柄と比較してどうなっているかを計測している。したがって、ピアRSがポジティブ（つまり買いシグナル）であれば、その銘柄はピア（同じ業種）の指数を上回っていることを意味している。つまり、ピアRSは、あるセクター内で最もパフォーマンスが良くなりそうな銘柄を見つけるのに役立つわけだ。

　適当な例がソフトウエアのセクターにある。2000年4月初めにアドビ・システム（ADBE）がピアRS買いシグナルを出したとき、マイ

クロソフト（MSFT）ではピアRS売りシグナルが出ていた。そこで2000年12月のパフォーマンスを見てみると、ADBEは4月以降45％上昇したのに対し、MSFTは同時期に34％下げていた。この単純な例のように、正しいセクターを選んだとしても、必ずしも正しい銘柄を選んだことにはならないと分かるだろう。

　ピアRSを使えば、だれが「クラスで一番か」分かる。この例でいえば、それはマイクロソフトではなく、アドビであった。マーケットや同セクターに対してRSがポジティブの銘柄を選んで買うことを原則としておけば、買いを検討している銘柄のリストを実用的な長さに絞り込めるのだ。

　ピアRSは、セクターが好転しているとき、非常に有効である。スーパーで野菜や果物の値段が季節によって変わるように、セクターにも季節的な循環がある。つまり、そこで長期的に安定したリターンを上げるためには、指標に従ってセクターを乗り換える作戦が重要になるわけだ（DWAでは、正しいセクターを正しいタイミングで選ぶとき、目安になるツールをいくつか提供している。それについては後ほど紹介する）。ピアRSチャートは、この作戦に有益なだけでなく、実際にそのセクターから買うべき銘柄を選ぶときにも効果を発揮する。

　普通、売られ過ぎでボロボロの状態から好転したセクターに、市場平均を上回っていた（マーケットRSがポジティブであった）銘柄はあまり含まれていない。そこでピアRSを使って、セクター内で最もパフォーマンスが良さそうな銘柄を選ぶ。同業他社をパフォーマンスで上回っている銘柄を見つければ、セクター内で最強の銘柄、つまりセクター自体が回復したときに、最高のパフォーマンスを上げる可能性が高い銘柄を選べるのだ。

　この選定作業は、DWAのサイトが提供しているオンラインデータベースでサーチ／ソート（検索／並べ替え）機能をかけると、非常に効果的にできる。このサイトには、好転したセクターから最高の銘柄

を選ぶ検索機能があり、かなり人気がある。

例えば、テレコムセクターが売られ過ぎから好転したばかりとする。このときの検索条件は以下のとおりになる。

- マーケットに対してRS買いシグナルが出ているすべての銘柄。ただし、直近の列は×でも○でも構わない
- ピアRSチャートで買いシグナルが出ていて、また×列にあるすべての銘柄
- テレコムセクターに属し、買いシグナルが出ているすべての銘柄

検索結果は「テレコム銘柄でマーケットを長期にわたって上回るパフォーマンスを上げてきた銘柄」である（マーケットに対するRS買いシグナルを検索しているため）。最初の条件のなかで、列は×でも○でも構わないとしているのは、一時的にパフォーマンスを下げている場合も考えられるからだ。また、セクター内の検索でRS買いシグナルで×列としているのは、長期でも短期でもセクターの平均を上回っている銘柄を探すためである（私たちは「×列のピアRS買いシグナル」と呼んでいる）。

この検索で得たリストをファンダメンタル分析にかければ、さらに絞り込むことができるだろう。結局、パソコンのマウスを数回クリックするだけで、この検索機能から多くの買い候補銘柄を非常に適当な数に絞り込めるのだ。そしてテクニカル分析を個別に再評価すれば、買うべき銘柄をさらに厳選できるはずである。このプロセスで、セクター内で最高のRSの銘柄を突き止められる。そして、これらの銘柄が、そのセクターが強まるときの先導役になりそうだと分かる。

こうしたプロセスは大変な作業だろう。しかし、トーマス最高裁判事が父親からの教えとして高校生に語った「勤勉が必ずしも成功につながるわけではないが、勤勉なしに成功はない」を励みにしてほしい。投資も同じだ。苦労して稼いだお金で賭けていることを忘れないでほ

しい。

　ピアRSのもうひとつの応用に、セクターとのダイバージェンスがある。先ほど述べたように、ピアRSでも、RSの列の変化に注意を払うことは重要だ。特定のセクターを専門に投資している場合、ピアRSの列の変化に従って銘柄を変えるべき時期があるかもしれない。

　例えば、小売セクターで投資を続けている投資家が現在、婦人服のタルボット（TLB）を保有していたとする。しかし、タルボットのピアRSが売りシグナルに転じ、テクニカル分析で全般的に悪化した場合、タルボットから大手スーパーのセーフウェイ（SWY）など同セクターでピアRSがポジティブの銘柄に乗り換えるのもひとつの戦略と言える。こうすれば小売セクターへの投資を続けながら、既存のポジションからより良いピアRSの銘柄に再調整できる。売却したタルボット株よりも乗り換えたセーフウェイのほうが良いパフォーマンスを上げる可能性は高い。

セクターRSの解釈

　セクターRSのチャートの解釈方法は、基本的にほかのマーケットRSやピアRSと変わらない。同様に、注目すべきはRSチャートの最新のシグナルであり、RSチャートの最近の列である。

　セクターRSはマーケット全体に対する「あるセクター」のパフォーマンスを測る。「セクター」は個別銘柄の株価を左右する最大の要因であることを考えると、セクターRSの継続的な観察が不可欠である点は、いくら強調しても足りないほどだ。

　マーケットに対してRSがポジティブのセクターは、新規買いのセクターとして注目する。そして、セクターRS買いシグナルは、×列が前回の上値を超えたときに出る。ただし、それと同じくらいRSチャートの最近の列を重要視すべきである。ここがマーケットRSやピ

アRSと少し異なる点だ。

　セクター指数がRSチャートで×列に転換したとき、買いシグナルとみなす。最大限の注意をセクターRSの列の変化に払う。そのような転換は、得てして特定のセクターが買いに著しくシフトした兆候となるからだ。ただし、買いシグナルが出ていて、×列にいることが最高の組み合わせであることは、セクターRSの場合も変わらない。

　おそらく、セクターRSの最大の利点は、好転しているセクターに導いてくれるだけでなく、たとえほかの指標では買われ過ぎのセクターだと考えられても、市場全体をリードするセクターに投資を続けられる点にある。実は、私たちがセクターRSを記録し始めた理由もそこにある。

　1996～1997年にかけて、パフォーマンスが最も良かったのは、銀行・金融セクターだった。実は、このセクターは1995年にかなりの売られ過ぎから好転しており、同年10月には、同セクターのブリッシュ・パーセント（後ほど説明する）が一気に買われ過ぎの状態に突入していた。

　シティグループ（C）やチェース・マンハッタン（CMB）といった同セクターの銘柄は、この時期に驚異的な上昇をみせた。シティグループは70％、チェース・マンハッタンに至っては100％という記録的な上昇である。ところが、上昇はそこで終わらず、1996～1997年にかけて、チェースもシティグループも株価はさらに2倍になったのだ。ここでセクターRSを見てみよう（**図4.5**）。

　先ほど述べたように、1995年末に銀行セクターは買われ過ぎの状態に陥っていたため、私たちは深入りする気にはなれなかった。だが、そのセクターの推奨に関する私たちの慎重なアプローチは、結果的に間違っていた。

　それでも、私たちは常にそう努力しているように、このミスを糧にし、セクターRSチャートの開発に成功した。セクターRSを銀行セク

図4.5　銀行指数（BKX）対S&P500のRSチャート

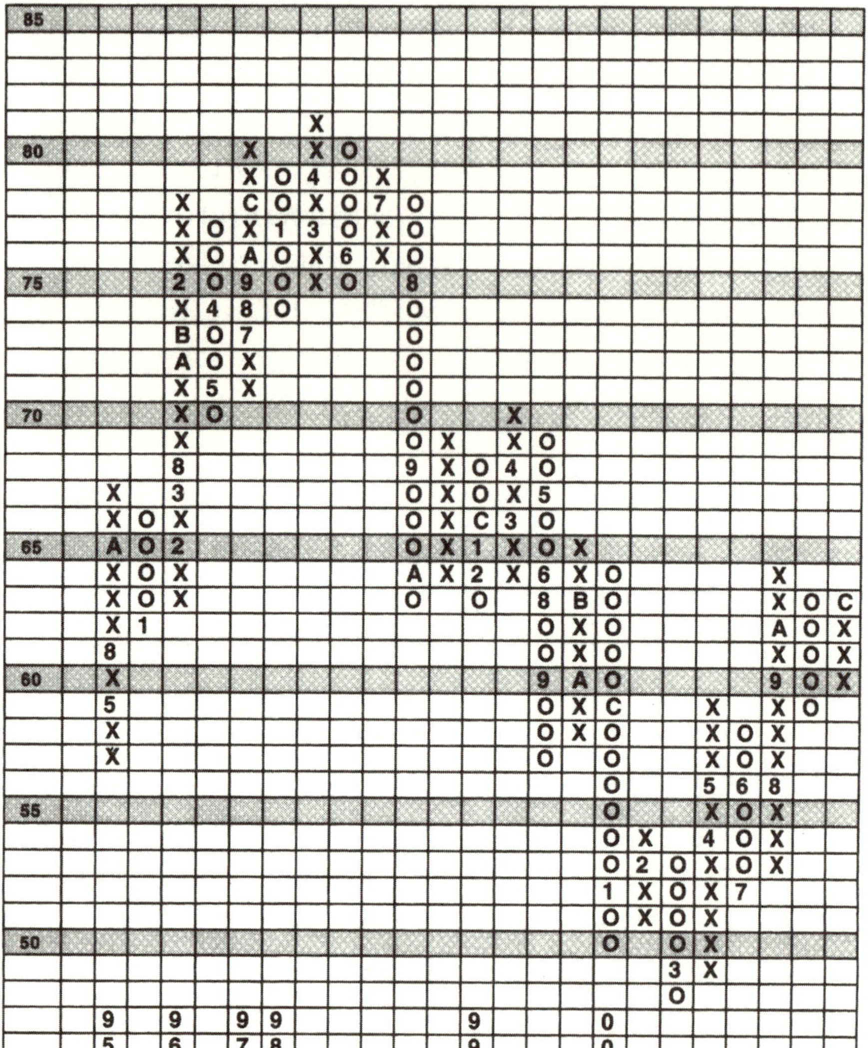

ターに当てはめてみると、このセクターは文句なくマーケットを上回るパフォーマンスを上げていた。テクノロジーセクターの後塵を拝していると思いきや、銀行セクターは密かにトップの座を目指していたのだ。

　ここでの教訓は「外面だけでセクターを評価してはならない」ということである。進んでその中身を徹底的に調べ、そのセクターのRSチャートを評価する。具体的に言えば、好転しているセクターに移り、セクターRSがポジティブを示し続けるセクターに留まり、そしてセクターRSチャートでネガティブになった（○の列に転換した、あるいは前回の下値を割った）グループは避けるのだ。結局、マーケットを上回るパフォーマンスを上げるためには、RSが最も高いセクターに投資したほうが良いというわけだ。

　これまで述べてきたように、セクターRSを使うと資金を投入すべきグループが判明する。そして、もちろん、その強力なセクターのなかからマーケットや同業他社に対してポジティブRSとなる銘柄を選ぶのである。

　セクターRSの応用として、オプションや株価指数連動型上場投資信託（ETF）の売買に優位性を得る方法がある（この２つの金融商品については、第８章で詳しく説明する）。

　DWA半導体指数とPHLX（フィラデルフィア証券取引所）半導体指数（SOX）が両方ともRS買いシグナルを出した場合、そのセクターから個別銘柄を１つ２つ買うよりも、SOXのコールやSMH（セミコンダクター・ホルダーズ＝半導体指数に連動するETF）を買うという別の選択肢がある。こうすれば、レバレッジや分散の利いた投資が可能になる。

　ただし、この戦略では「加重」の問題に注意してほしい。前にも述べたように、DWAのセクター指数は「単純平均」である。しかし、SOXなど上場されている指数の大半は、時価総額で加重されている。

これは指数の動きが、ほんの２～３銘柄の動きに左右されるという意味だ。

　SMHの場合、インテル（INTC）、アプライド・マテリアルズ（AMAT）、テキサス・インスツルメンツ（TXN）の３銘柄が全体の50％を動かしている。またS&P小売指数（RLX）では、ウォルマート（WMT）とホームデポ（HD）の影響が大きい。

　要するに、指数やホルダーズ（ETFの一種）がどのようにして動くのかを知っておくべきなのだ。例えば、半導体指数RSが買いシグナルのときにSMHを買えば、INTC、AMAT、TXNの３銘柄に命運をかけているのだと理解しておこう。

　したがって、例えばRLXがRS買いシグナルを出しているのに、DWA小売指数が同調しない場合がある。それでもRSの変化を利用してトレードしたければ、小型小売業の株ではなく、ウォルマートやホームデポなどの時価総額の大きい銘柄を買うという戦略が考えられる。

　DWAセクター指数は、おおむね取引所のセクター指数と同じように動く。しかし、まれに違う動きを見せるときがあるので、状況に合わせて行動してほしい。一般的に、より真実性のあるセクターRSの数値を知るために、等加重型で小型、中型、大型株をほどよく組み合わせたDWAセクター指数のRSチャートに注目してほしい。

指数の組み合わせ

　この章を通してRSの重要性を強調し、DWAの調査でも実際に使用している３種類のRSの定義、算出方法、そして解釈の仕方を解説してきた。もちろん、各RSにも重要な意味があるが、本当の威力は、この三者が合わさって発揮される。何枚かの写真や画面でも話を伝えられるが、続けて使えば映画になるのと同じだ。そこで今度は、３つ

のRSを合わせて利用した例を紹介しよう。

RSが株式市場という不確実な世界を進んでいくための指針になってくれることは、すでに説明した。RSは新しいチャンスを見つけ、危険を避ける手助けもしてくれる。そして2000年4月、その効果は遺憾なく発揮された。

2000年、4月の到来とともに大きな変化が訪れた。それまでテクノロジー株の加熱ぶりは凄まじく、これに比べればシカゴの大火（1871年にシカゴ市内を焼き尽くした大火事）もテーブルで灯すローソクにしか見えないほどだった。市場関係者の間ではNYSE（ニューヨーク証券取引所）とOTC（店頭株市場）の分離を意味する「分岐」という言葉が大流行していた。NYSE市場が株式市場のなかで見捨てられた継子扱いをされてきたのに対し、テクノロジー銘柄を多く積み込んだOTC市場は、わがままな一人っ子とでもいった存在だった。

今ではだれもが知っているように、この分岐は長続きしなかった。それどころか、立場が逆転してしまった。金融関連株が大きな割合を占めるNYSEがOTCの人気を奪ったのだ。いや、奪っただけではない、蹴落としたのだ。

本来なら、テレコムなどテクノロジー関連セクターを処分して、銀行、保険、公共事業、金融などのセクターを見直すべきであった。しかし、RSチャートを調べるだけでよかったのに、残念ながら多くの投資家は、すべき切り換えをしなかった。マスコミにテクノロジー銘柄こそ最も重要な投資先で、大半の資金をつぎ込むべき分野なのだと聞かされ続けた投資家は、その考えからなかなか抜け出せられなかったのだ。そして、すべては独立記念日に鳴らす黒猫印の爆竹のごとく、弾けてしまった。

図4.6はバンク・オブ・ニューヨーク（BK）のトレンドチャートと関連するRSチャートである。BKのマーケットRSと銀行セクターRSがポジティブに転じたことが見て取れるだろう。BKは4月にマー

図4.6　バンク・オブ・ニューヨーク（BK）のトレンドチャート

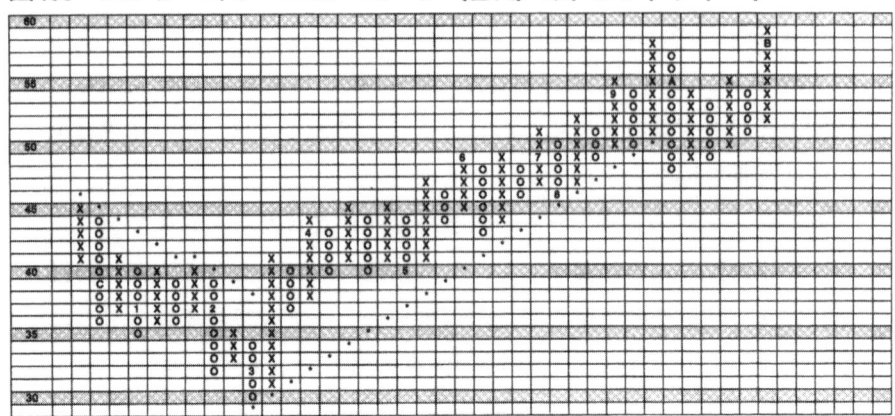

BK対ダウRS
(株価÷ダウ平均)×1000

BK対DWA RS
(株価÷DWA銀行指数)×100

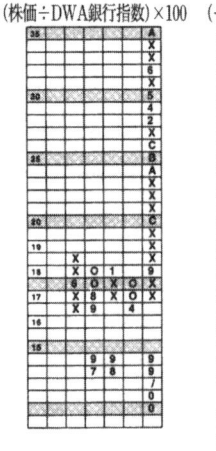

BKX対SPX RS
(セクター指数÷SPX)×100

ケットRSチャートで×列に転じ、銀行指数（BKX）のセクターRSも反転上昇して、セクターRS買いシグナルを出している。このときピアRSは、すでに×列にあり、その勢いを強めていた。これは変化が目前だということを意味している。

さらに証拠があった。４月に保険セクターのRSチャート（IUX及びDWA保険指数）も上昇に転じていたのだ。2000年４月から年末までに、保険業界大手のアメリカン・インターナショナル・グループ（AIG）は45％上昇し、バンク・オブ・ニューヨークも負けずに23％の上昇を記録した。

しかし、2000年の真のダークホースは、電気セクターだった。このセクターが（ブリッシュ・パーセントのチャート上で）非常に売られ過ぎの水準から買い支持に好転したのだ。そして、ここでもセクターRSのチャートから、多くのことが分かった。

図4.7を見てほしい。PHLX公共セクター指数（UTY）のセクターRSが４月に反転上昇して×列に変わり、マーケットのパフォーマンスを超えたことを示している。RSはその後も上昇を続け、×を積み上げていった。同じ時期に、同セクターのデューク・エネルギー（DUK）やドミニオン・リソース（D）の対マーケットRSチャートが上昇に転じていた。

見ているだけでも多くのことが分かるはずだ。そして、そのとおり行動したのがDWAのマネーマネジャー、マイク・ムーディーとハロルド・パーカーであった。電力セクターに大きな変化が起きていることに気づいた２人は、すぐさまエネルギー会社で後にエクセロン（EXC）と社名を改めたPECO（PE）を買った。

エクセロンもまたポジティブRSで、チャート上で2000年２月に×列に転換していた。エクセロンがその年に最高のパフォーマンスを上げた銘柄のひとつになると、だれが予想しただろうか。エクセロンはこの年60％も上昇し、電力公共セクターはこの年最高のパフォーマン

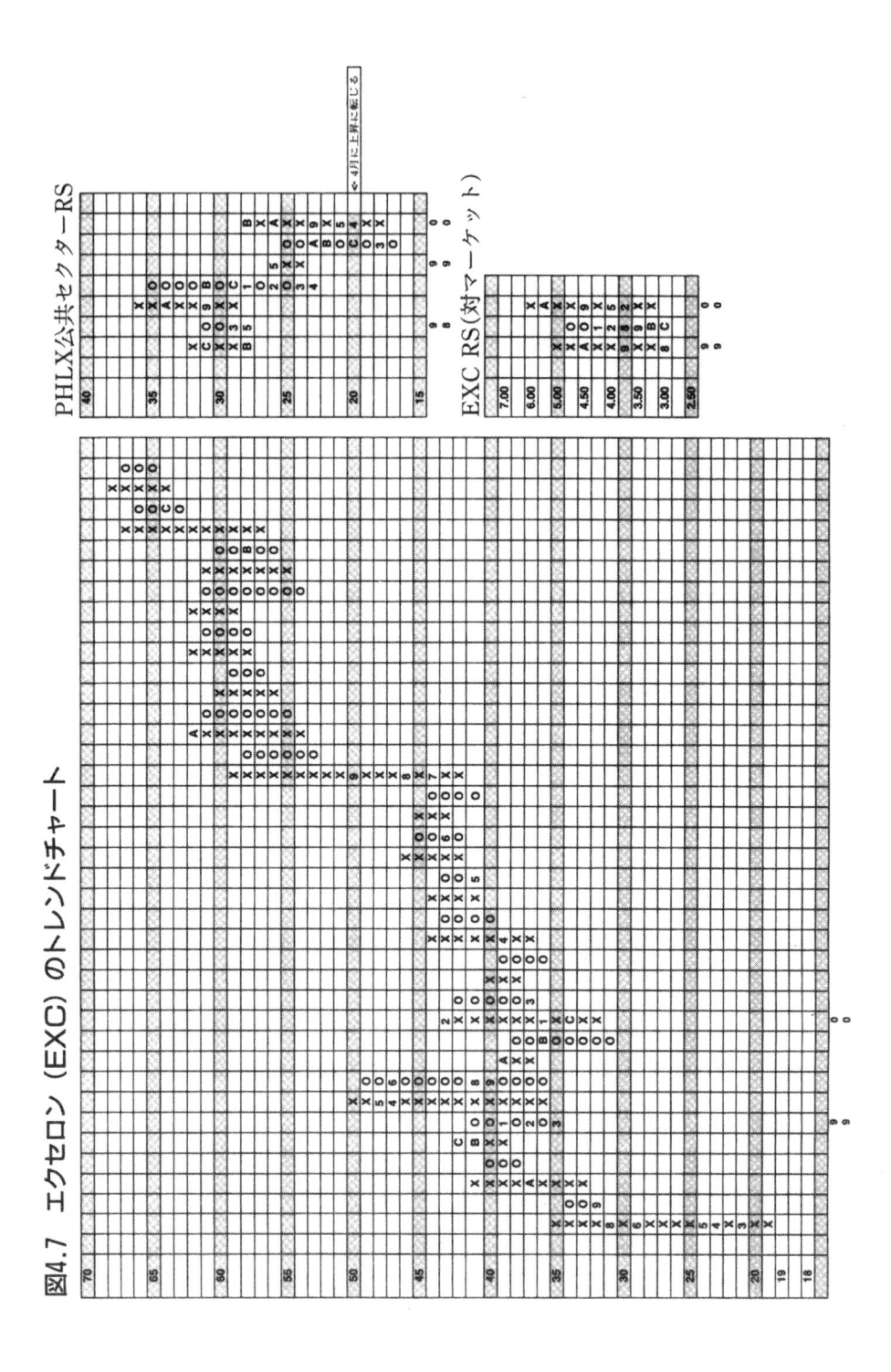

図4.7 エクセロン（EXC）のトレンドチャート

スを上げたセクターとなったのだ。

　インターネットやテクノロジー銘柄ばかりを買い込んでいた投資家は、公共株の買いなど考えも及ばなかっただろう。公共株が１週間で50％上げることなどめったにないからだ。公共株は儲けよりも配当金を望む老人が買う株だとみなされていた。ところが、テクノロジーが富を破壊するセクターへと変貌し、公共関連銘柄が利益を生むセクターに変わったのだ。何度も述べているように、株式市場に関するマスコミの記事のほとんどは、投資家を惑わすためのものだと考えたほうがよい。

　このように銀行、保険、公共の各セクターRSが「買い」を叫んでいたころ、テレコムセクターRSは、まったく逆に「売り」を叫んでいた。

　2000年４月、DWA電話指数とAMEXテレコム指数（XTC）のRSチャート（対マーケット）は○列に反転した。これは非常に強烈だった。このネガティブへの転換は、セクターで何カ月もの間、素晴らしいパフォーマンスを上げたあとに生じていた。何か悪いことが起こると正確に予測したのだ。また同時期に、セクターのブリッシュ・パーセント指数は買われ過ぎの域に達し、売りシグナルを出していた。**図4.8**は、２つのセクターRSのネガティブ転換を示していた。

　このセクターRSの低迷は、同セクターに属するクアルコム（QCOM）には裏づけどころの話ではなかった。この銘柄だけ見ていても、この先の衝突事故の可能性を告げていた。

　かつては「ハイテクランドのミス・テクノロジー」として君臨したクアルコムも、2000年初めころからその威光に陰りが差し始めた。それでも１月に200ドルの天井を付け、高額にもかかわらずウォール街のアナリストが推奨するトップ1000銘柄に入っていた。

　しかし、**図4.9**を見れば分かるように、クアルコムのトレンドチャートでは上値の切り下げが続き、売りシグナルを何度も出していた。

図4.8 RS対S&P500

アメックス・テレコム指数（XTC）RS

120	X		
118		X	O
116		X	O
114		3	O	←RSが下落に転じる
112		X	4
110	X	2	O
108	X	O	X
106	C	O	X
104	X	1	5	6	O
102	B		O	X	O
100	X		O	X	8
98	X			O
96	A			O
94	X			O
92	9			O
90	7			9	O
88	X			O
86	6			
84	5			
82	X			
80	4			

0
0

DWA電話指数RS

30	X	
	3	O
	X	O
	2	4	←4月に下落に転じる
25	X	O
	1	5
	C	8
	X	O
	B	
20	X	
	A	
19	X	
	9	
18	8	
	7	
17	6	
	5	
16	X	
	4	
15	X	
	X	
14	1	
	7	
13	3	
12	A	
11		
10		

図4.9 クアルコム（QCOM）のトレンドチャート

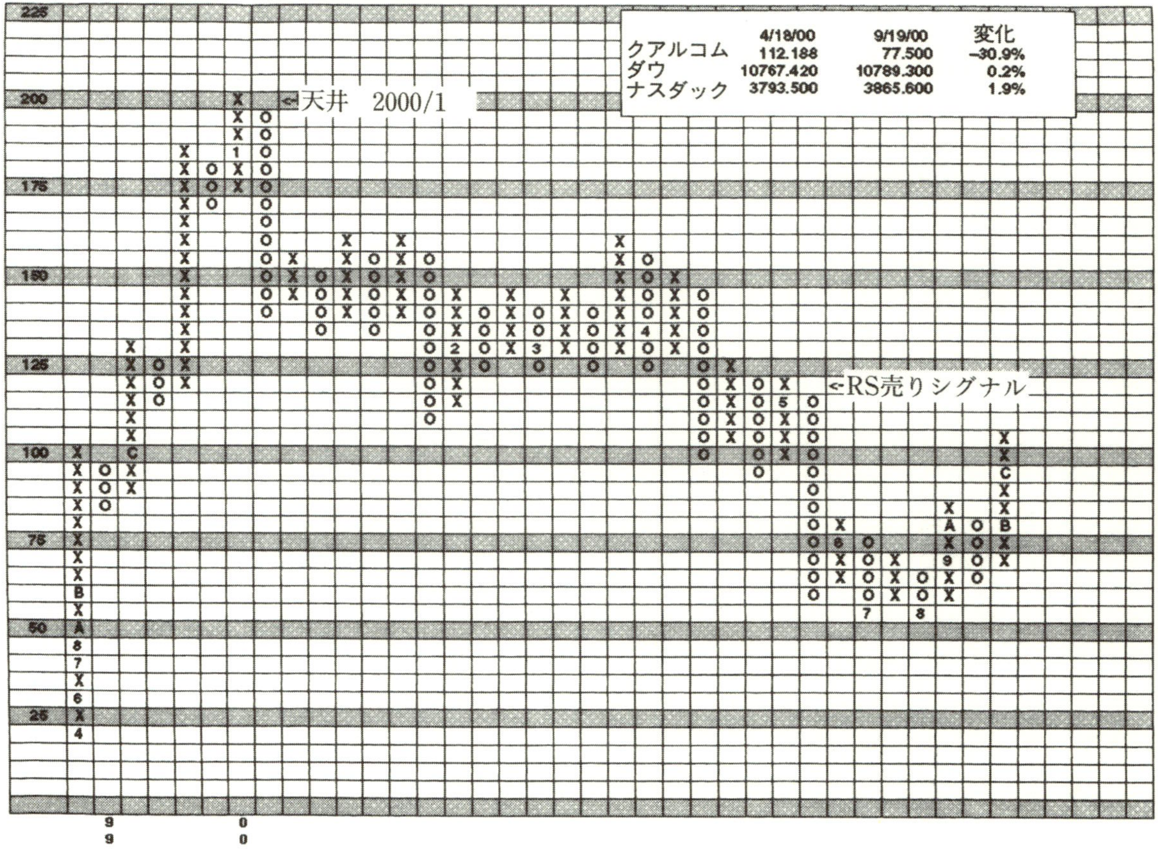

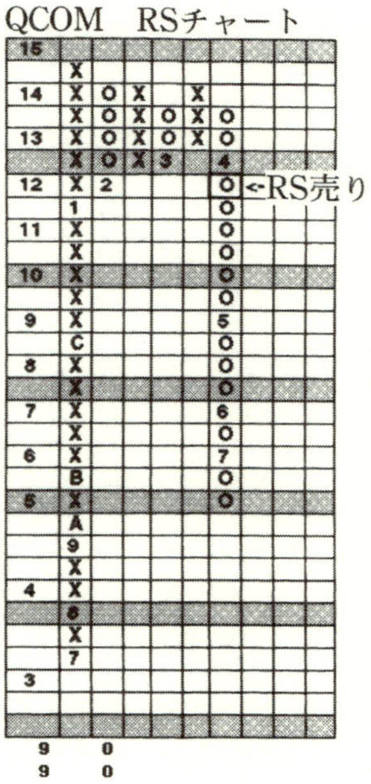

そしてマーケットRSで売りシグナルが生じた4月、クアルコムの王位は剥奪されたのである。しかも先ほど述べたように、4月にはテレコムセクターRSも売りシグナルを出した。それから数カ月で、クアルコムは51 1/2ドルまで下げた。もちろん、トップ1000どころの話ではない。

　ここでの教訓は何か。「美は見る人の目のなかにある」だ。もし派手なクアルコムを売って、家庭的なエクセロンを買っていれば、多くの投資家が苦しみから逃れることができただろう。RSは偏見を交えず、ありのままを教えてくれる。セクターや銘柄を選ぶとき、RSを重視するだけでも成功率が高められることを覚えておいてほしい。

第5章

NYSEと店頭市場のブリッシュ・パーセントの概念——最も重要なマーケット指標

The New York Stock Exchange and OTC Bullish Percent Concept—The most Important Market Indicators

NYSEブリッシュ・パーセント指数

　ニューヨーク証券取引所（NYSE）ブリッシュ・パーセント指数（BPI）は、投資戦略のなかでも最も重要な指数である（図5.1A参照）。この概念を完全に理解してほしい。この指標はDWAのメインコーチで、日々の運用に使っている。本書の初版でBPIの概念を紹介したあとも、さらに経験を重ね、これが最高のマーケット指標であるという自信は、ますます深まっている。NYSE BPIとナスダックBPIの組み合わせが、1999～2000年の不透明なマーケットのなかで成功に導いてくれた。

　BPIを本当に理解し始めたのは、DWAを設立した1987年1月になってからだった。それまで、私は地元の大手ブローカー会社でオプション戦略部門の責任者をしていた。この部門は、いわゆる自己完結型で、リサーチは独自に進め、会社の推奨株リストにそのまま便乗することはけっしてなかった。ただし、BPIが掲載されている中期的マーケット展望だけは、外部機関のサービスのものを利用していた。

　投資に関しても企業経営に関しても、私は確固たるKISS（keep it simple stupid——ひたすらシンプルに徹しろ）主義者である。DWAを立ち上げたときも、基本に忠実にシンプルなゲームプランを

図5.1A NYSEブリッシュ・パーセント (1974〜1985年)

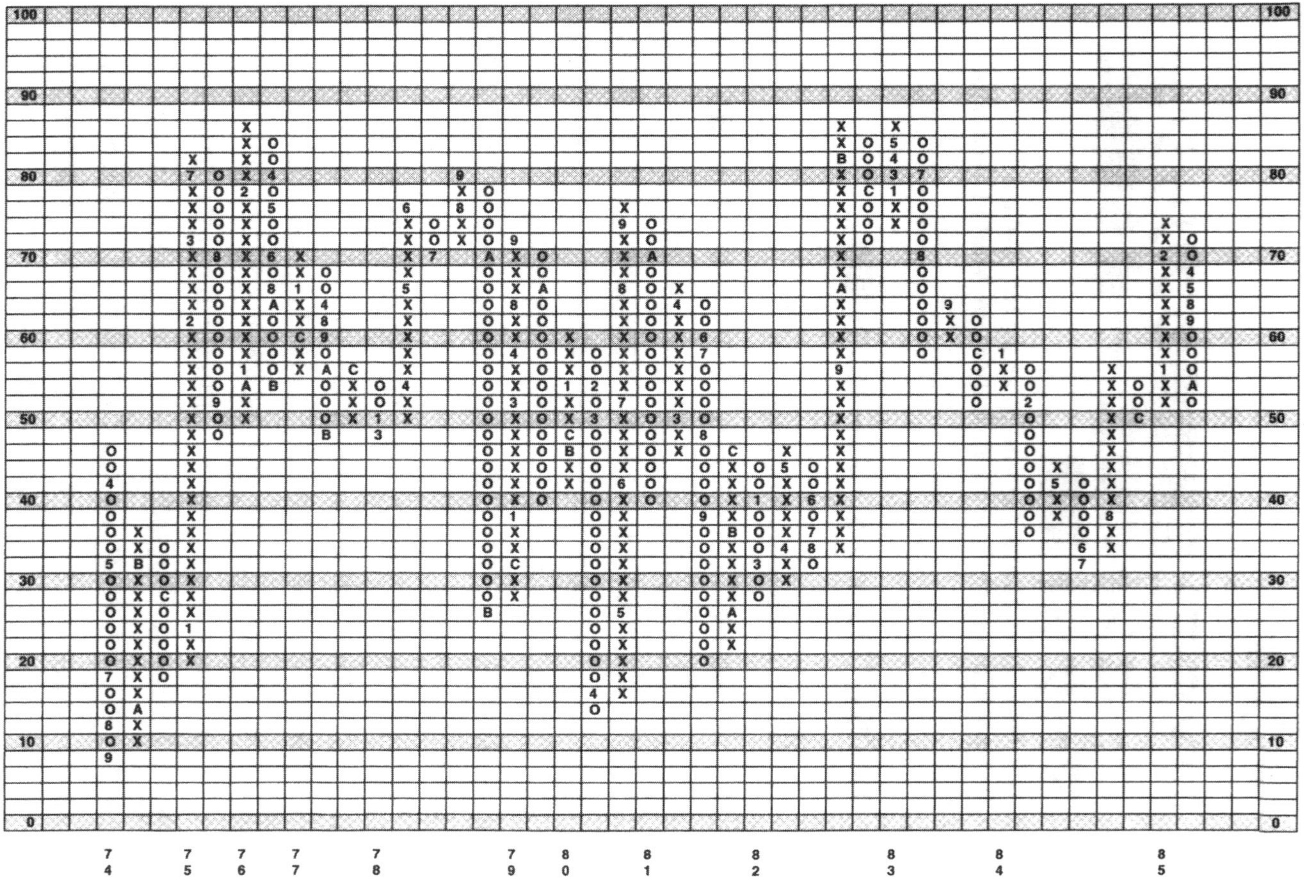

図5.1B　NYSEブリッシュ・パーセント（1986～2000年）

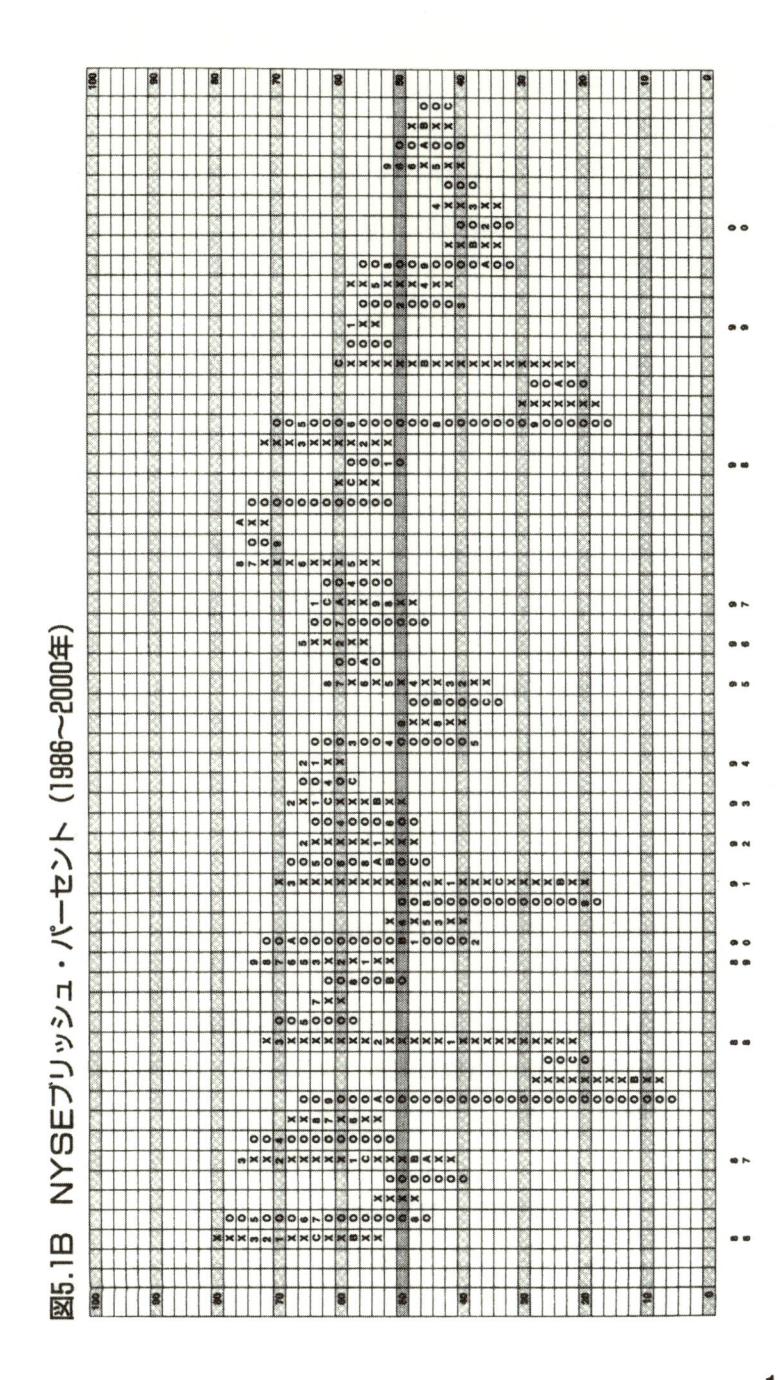

遂行したいと考えた。KISS主義のおかげで、初心を忘れずに、オプション戦略部門の責任者時代から利用してきたブリッシュ・パーセントの概念を利用し続けることができた。

オプション戦略部門の責任者時代の経験から、通常マーケットが上昇傾向にあるときにコールを推奨するとうまくいき、一方で下落傾向ではコールはそれほどうまくいかず、プットが非常によく機能することに気づいていた。つまり、投資計画の第一歩は、マーケットの大きな方向性を判断し、マーケットが銘柄の高値を支持しているか見極めることにあると発見したわけだ。

事実、シカゴ大学、あるいはベンジャミン・F・キング著『ザ・ラテント・スタティスティカル・ストラクチャー・オブ・プライス・チェンジズ（The Latent Statistical Structure of Securities Price Changes＝証券価格の変動に関する潜在的統計学的構造）』など、いくつかの研究から、株のリスクの75〜80％は、セクターやマーケットのリスクであり、銘柄自体にかかわるリスクはわずか20％にしかすぎないと数値的にも確認されている。

そこでビジネスを始めるにあたって、BPIに基づいてマーケットの方向性を見極めることにし、それが私たちの提唱する戦略へと発展していった。BPIの概念は、先ほど述べた1999〜2000年の時期を含め、さまざまな相場環境、例えば1987年の暴落と回復、1990〜1991年の不況と湾岸戦争、1994年のステルス・ベアマーケット（見えない弱気相場）とその後数年間の強気相場、1998年の弱気相場とアジア危機、1998〜2000年の強気な株価指数と弱気な個別銘柄、2000年の店頭銘柄の崩壊などで機能してきた。さまざまなタイプのマーケットと遭遇するたびに、ブリッシュ・パーセントがそれを分かりやすい形で答えてくれたことに、いつも感銘を受けている。

マーケットには、無風のときもあれば、大きく変動してより用心すべきときがある。それはアメリカンフットボールの試合と大差ない。

攻守が激しく入れ替わる試合もあれば、1チームのボール支配が長い試合もある。また守備力で勝つ試合もあるだろう。株式市場も同じだ。すべての試合が異なる。しかし、機能する投資プロセスやルールはけっして変わらない。だからこそ、この概念をしっかり学び、常に判断の中心としてもらいたいのである。

P&F分析は、多くの投資家が求めているようなサイエンスではない。アートだ。株式市場のH_2Oは必ずしも水ではない。ブリッシュ・パーセントの概念は使えば使うほど理解が深まり、投資過程においてうまく応用できるようになる。このプロセスは、それを使う人が重要な要素であり、その人なしにはうまく機能しないのだ。

自分に合ったオペレーティングシステムを持っているか

1980年代、マーケットは大きく上昇し、投資顧問として名を売る人々が多く登場した（しかし90年代には無名に戻ってしまう）。DWAは当初、株式オプションに力を入れており、一般的なオプションのない株の市場については、それほど重視していなかった。この時期の株は全般的に右肩上がりで、次の注目銘柄の発掘に集中していた。

1980年代のマーケットは本当に激しかった。そのため1973年4月に誕生してからまだ7年しか経っていない上場デリバティブ市場の人気も急上昇した。この時代を一言でいえば「レバレッジ過多」である。だれもがオプションに関心を持った。右肩上がりのマーケットは投資家にとって、オプションは簡単に儲けられる方法だったからだ。だが、それも1987年10月までのことだった。

プットの乱用がオプション市場に悪影響をもたらしていた。そもそも、プットは保険的な商品である。プットの購入は、基本的に許容できない市場リスクを抱えてしまったときのヘッジを目的とする。

一方のプットの売りは、購入者の求める保険の提供が本来の目的である。売り手は、契約期間中であれば、株価がどこまで下落しても約束した価格で買い取らなければならない。これは、自動車保険会社が契約期間内であれば車を保証してくれるのと似ている。事故があれば、保険会社は面倒をみなければならない。

　しかし、事故がまったく起きなければ、リスクなしに高い保険料が手に入る。これほどうまいビジネスはない。右肩上がりの80年代、株式市場にはほとんど「事故」がなかった。そのため、投資家はこぞってプットの引受業務に参入したわけだ。

　しかし、うますぎる話ほどあとにどうなるかは目に見えている。1987年10月、米国中の自動車（つまり、すべての上場株）が同じ日に事故を起こしたのだ。株式市場の保険会社（プットの売り手）はすべて破産した。それまではプットを売っても、満期には価値を失い、行使されることはなかった。ところが今回は違った。そしてこの日以降、オプション市場は変わった。

　ただ、これは何も新しい出来事ではない。1600年代のチューリップバブル以来、何度も繰り返されている。最近では、1990年代末から2000年初めにかけてインターネットバブルがあった。投資家は過去の間違いや歴史から学んでいるようにみえる。しかし、結局は「今回は違う」という世間の言葉に流され、毎回同じ間違いを繰り返しているわけだ。

　このような投資家の最大の間違いは、論理的に整理された分析方法を持っていない点である。資金運用に悩む投資家にとって、今日のような情報の氾濫は、むしろ混乱の原因となっている。投資家やブローカーの多くは、信頼できるオペレーティングシステムを持たないため、投資プロセスを定義しないで投資をしているのだ。

　それに比べ、洗練されたブローカーたちは、非常に高いプロ意識に加えて、この方法論をうまく身につけている。バージニア州リッチモ

図5.2　右ブーツレッグ・オプション（ブーツレッグとは、アメリカンフットボールでクォーターバックがボールを渡したふりをして空いたサイドに抜け出すこと）

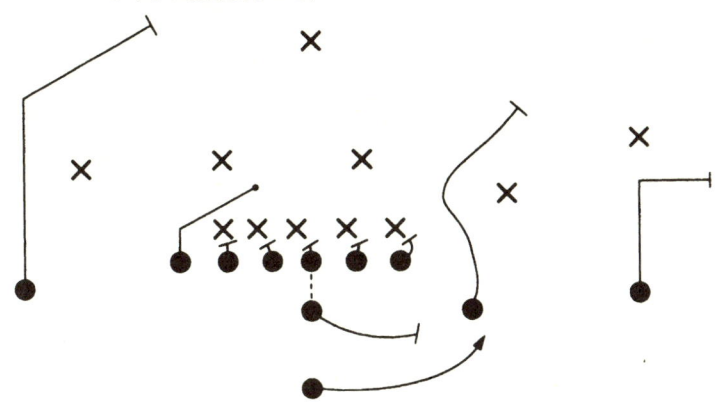

　ンドの「ポイント・アンド・フィギュア・ストックブローカー・インスティチュート」に参加した職人肌のブローカーたちは、ブリッシュ・パーセントの概念と関連するP&Fの法則に基づき、資産保護と利殖の戦略が組み込まれた完璧な運用計画を顧客に提示している。

　株のリスクの少なくとも75％がマーケットやセクターによる、というのは驚くべき事実である。市場全体が価格上昇を維持できなければ、自分の保有株が値上がりする可能性はほとんど、あるいはまったくないのだ。

　あるとき、エールクラブが毎年主催するウォール街関係者を集めた会合で、スピーチの機会があった。集まったのはメリルリンチやペイン・ウェバーの投資戦略部門のディレクター、ジム・ロジャーズ、アビー・コーエンをはじめとする著名エコノミストなど、ウォール街で最も優れた頭脳の持ち主ばかりだった。その翌年、再びスピーチすることになった私は、ブリッシュ・パーセントの概念を説明するときいつも使うチャートを持参した。

　これはマーケットをアメリカンフットボールの試合の攻防に例えて

観察する話をするときに使うもので、アメリカンフットボールのテレビ中継で出てくる図とよく似ている。ほかのパネリストがマーケットの見通しについて語ったあと、私の番になった。まるでNFL解説者のジョン・マッデンが、たった今のプレーを太ペンで書き込んだようなチャート（**図5.2**）を見せながら、スピーチの趣旨である「投資する前にフィールドにいるチームが攻撃型なのか、守備型なのかを知る必要がある」と説明した。

フィールド上では、常に攻撃と守備という２つの力が働いている。そしてマーケットでも同じことが起きている。マーケットは価格上昇を維持しているときもあれば、そうでないときもある。価格上昇というのはボールが自分のチームにあるときで、攻撃陣の出番である。ボールを保有しているときは点を取るチャンス、つまりできるかぎり儲けを出す時期となる。

逆にマーケットが価格上昇を支持しなくなれば、ボールは敵（つまりマーケット）の手にあり、守備陣の出番となる。このときはマーケットに資金を奪われないように、手を尽くす必要がある。

自分のひいきのチームが今シーズン、どの試合も攻撃陣だけ出していたらどうなるか考えてほしい。ボールを支配しているときは良いだろう。しかし、敵チームにボールが渡れば、点を取られ放題になるはずだ。その結果、そのシーズンはさえない結果に終わるだろう。多くの投資家が、これと同じ問題を抱えている。どのような試合展開か分かっていないし、ましてや敵チームのことも分かっていない。現実的に、米国の投資家の大半は、株を買うだけで空売りはまずしない。

マーケットは公平で、だれにでもチャンスを与えるべく上下する。そしてNYSE BPIのシグナルは、攻撃陣もしくは守備陣の出動する機が熟したことを知らせてくれる。投資には攻撃すべきときと守備に徹すべきときがある。それを自分で見極めなければならない。

ブリッシュ・パーセントの概念と開発の経緯

　主観を排除したバロメーターの必要性について最初に考えたのは、アーネスト・スタビーだった。1940年代半ば、スタビーは当時使われていたマーケット指標に修正すべき問題があると感じていた。P&Fチャート、バーチャート、ラインチャート、ローソク足など、どのチャートを見ても、マーケットが大天井にあったときに強気、大底にあったときに弱気に見えてしまうのだ。

　そこでスタビーは、マーケットが天井のときはより守備的に、底のときはより攻撃的になれる主観を排除したバロメーターが必要であると考えた。それは「逆張り指数」と言えるかもしれない。結局スタビー自身は、この指標を完成できなかったが、1955年、A・W・コーエンがその開発に成功した。

　コーエンが目指したのは、底値では強気を示し、天井で弱気を示す大半の投資家の思考とは逆を行く指標だった。ダウ平均やS&P500のような指数のトレンドチャートは、常に天井では強気、底値では弱気である。つまり市場指数のトレンドチャートは、常に投資家を天井買いと底値売りに導いているわけだ。だからこそ、ブリッシュ・パーセントの概念が役に立つ。BPIは常に常識と逆を行くからだ。

　多くのマーケット関係者がP&F分析はトレンドフォロー型のシステムだと思い込んでいる。しかし、それはBPIを利用した投資の初期段階では、まったくの誤りだ。P&FがBPIを通して目指しているのは、暴落してだれも見向きもしなくなった銘柄の買いである。どちらかと言えば「バリュー投資」に近い。もちろん、その銘柄が底を脱して上昇トレンドに乗れば、買い増しができる。

　P&F分析は、モメンタムが好転したばかりのバリュー株と考えられる銘柄を買うことを当初の目的としているのだ。例えば40ドルで買い手が増えたので底入れしているとすれば、これから45、50、60ドル、

それ以上によくなりそうだという考え方である。強気相場で一度株価が倍になった銘柄は、次の強気相場でもそうなると言われている。

このように逆張り投資であると同時に、大部分の銘柄が底を打ったあとはトレンドフォロー型に変化するシステムだと言える。したがって、底値で買えなかったからといって、失敗したわけではない。

NYSE BPIは、NYSE銘柄のなかでP&F買いシグナルの出ている銘柄の割合を算出した指数にすぎない。

第3章で紹介したように、×列が直前の×列の上値を超えたものを強気チャートという。NYSE全銘柄のP&Fチャートのなかから強気チャートの数を数え、それをNYSE全銘柄の数で割れば、その日のNYSEブリッシュ・パーセント指数（NYSE BPI）が出る。小学生でもできる計算だが、通常はコンピューターに計算させている。

仮にNYSEに2000銘柄あったとして、そのうち1000銘柄のP&Fチャートが買いシグナルを出していれば、BPIは50％（1000÷2000＝50％）となる。そして1枠を2％、X軸を0～100％にした「フィールド」に記入する。BPIが×列を上昇していれば、買いシグナルを出す銘柄、つまりマーケットに買い手が増えてきたことを示している。

BPIが×列で前週は50％、今週は52％となった場合、この変化は、いくつかの銘柄に新しく買いシグナルが出たことを意味している。例えば、売りシグナルだったXYZ株が下落し、底入れして、新しく買いシグナルを出したとする。これはXYZ株が弱気から強気に転換したシグナルだ（**図5.3**）。そして、この最初の買いシグナルを記録する。それから買いシグナルが連続しても数えない。どの株も1銘柄につき1票しか投票できないのだ。

NYSE BPIが50％から52％に変わるという意味を完全に理解するため、NYSEの銘柄数を100として考えてみよう。仮に**図5.3**のように新しい買いシグナルが12銘柄に出て、売りシグナルが10銘柄に出たとする。つまり、正味で2銘柄に新しく買いシグナルが出たわけだ。

図5.3 弱気から強気へ

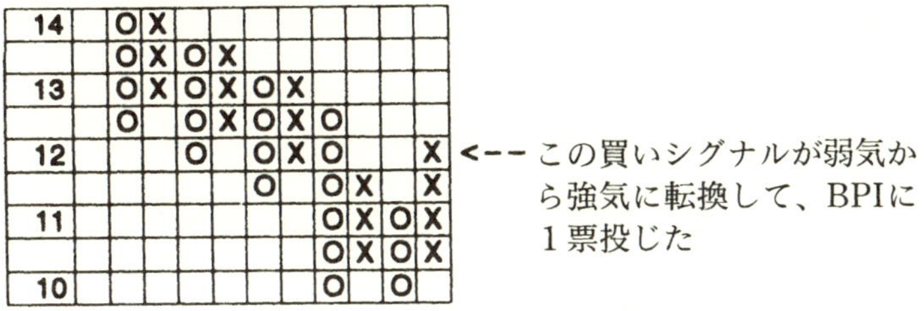

```
14 │O│X│ │ │ │ │ │ │
   │O│X│O│X│ │ │ │ │
13 │O│X│O│X│O│X│ │ │
   │ │O│X│O│X│O│X│ │
12 │ │O│ │O│X│O│X│ │   X  <-- この買いシグナルが弱気か
   │ │ │ │O│X│O│X│ │         ら強気に転換して、BPIに
11 │ │ │ │ │O│X│O│X│          1票投じた
   │ │ │ │ │O│X│O│X│
10 │ │ │ │ │O│ │ │ │
```

　言い換えれば、売りシグナルが出た銘柄よりも買いシグナルが出た銘柄のほうが2％多かったともいえる。ここでは1枠2％なので、正味で2％の新たな買いシグナルがあれば、チャートは1枠上昇する。

　今説明したことの重要性について考えてほしい。よくBPIとダウ平均、ナスダック、S&P500には、どのような相関関係があるのかと聞かれる。しかし、相関関係はまったくない。先ほどの3つの市場指数は、株価や時価総額で加重平均されている。例えば、ダウ平均の場合、株価の最も高い銘柄の影響力が最も大きい。また、ナスダックやS&P500は、時価総額が大きい銘柄の動きに左右される。これらの指標は、ほんの一握りの銘柄が動いただけで、簡単に動いてしまう。

　例えば、IBMが前日の終値よりも100ポイント高く買われると、たったひとつの銘柄の上昇でもダウ平均に影響してしまうのだ。もしS&P500のトップ20銘柄が1日で急騰すれば、S&P500も上昇してしまう。しかし、これは現実的ではない。

　一方、NYSE BPIは、IBMが100ポイント上げたとしても、それはわずか1票としてしかカウントされない。そのため、指数の動きに与える影響はほとんどない。BPIは、わずかな銘柄に左右される指標とはまったく違うと、はっきり認識しておいてほしい。パフォーマンスではない、市場リスクを査定するツールだ。これは大きな違いである。

なぜ一般の指数ではなくBPIを使うのか

　DWAのある顧客が、『ニューヨーカー』誌2000年10月9日号に掲載された「金融ページは常に専門家の裏をかく（The Financial Page Markets Always Outsmart Mavens）」という記事を送ってくれた。ジェームズ・スロイキーによるその記事は、マーケットとロングターム・キャピタル・マネジメント（LTCM）について、ユニークな切り口で比較していた。

　LTCMはもちろん、ジョン・メリウェザーを中心としたウォール街でも屈指の頭脳集団であったが、運用に失敗して破綻したあの会社である。記事のなかで、スロイキーはまずLTCMとテレビ番組の「クイズ＄ミリオネア」（米国名"Who Wants to be a Millionaire？"）を比較している。

　番組のルールは簡単で、解答者が4択の質問に正解するたびに賞金が上がる。正解を続ければ最後には100万ドルの問題に挑戦できるが、間違えたらその時点で終了する。この番組には、解答者が困ったときに利用できる「ライフライン」という3種類の命綱がある。ひとつ目の「フィフティ・フィフティ」は4択を2択に換えてくれるシステム、2つ目の「テレフォン」は友人に電話で助けを求められるシステム、3つ目の「オーディエンス」は観客に正しいと思う答えを聞いて、それぞれの選択肢に投票した人数の割合を表示するシステムである。

　この番組のプロデューサーによると、賢い友人の正解率は3分の2だが、観客のアンケートでは10分の9が正解するという。これは最も賢い友人よりも、さまざまな職業や教養レベルの人々の寄せ集めのほうが正解率は高い、ということを意味している。

　聡明で幅広い知識を持った人よりも、多様な人々の集まりのほうが正しい答えを出す可能性が高い。この事実から、スロイキーは記事のなかでこう書いている。

「LTCMは難解なトレード戦略を得意としていたため、トレード相手も限られていた。シスコ株を買うだけなら適当な価格で売ってくれる相手はいくらでもいる。しかしLTCMのように株価変動率（その説明をする気はない！）がほしいと言っても、これを売買できるディーラーは世界中でせいぜい4～5人しかいないし、おそらくみんな知り合いだろう。こうしたディーラーは『マーケットの魔術師』などと呼ばれるほどの人たちかもしれない。しかし『クイズ＄ミリオネア』から分かるように、『株価変動率の適正価格はいくらか？』などといった質問は、1～2人の専門家にするよりも、もっと多種多様な人の集まりにするほうがよいのだ」

ちなみに、LTCMの代表者のうち2人はノーベル経済学賞を受賞したほどの学者だった。

この現象は簡単に実験できる。記事のなかでスロイキーは「ある大学教授がビンに入ったジェリービーンズがいくつあるか生徒に当てさせると、誤差は常に3％以内であった」という話を紹介している。そこで私もブローカー学校でこの実験を試してみた。研修生にM&Mのピーナッツチョコを数えてからビンに入れてもらい、それを事務所にいた8人に当てさせたのである。8人が推測した数の平均は840個だった。次に80人の受講者に聞くと、こちらの平均は1398個だった。そして驚くなかれ、M&Mの正しい数は1396個だったのである！

正解にあまりにも近いことに驚いた私たちは、すべての推測を統計的に分析した。すると完全なベルカーブが出来上がった。なかには範囲外の推測もいくつかあった。しかし、全体としては、ほぼ正解だったのだ。ここでもサンプルが多いほど平均的な推測の精度は高くなることが確認された。

ロス・アラモス国立研究所の物理学者、ノーマン・ジョンソンもこの仮説を数値的に証明している。コンピューターで作った迷路を使った実験で、最も多くの人が選んだ道を進む、いわゆる「共同解決策」

では、9ステップで迷路を抜け出せたのに対し、最初からひとりだけでこの迷路を試したときは、平均34.4ステップもかかっていたのだ。さらにグループの人数が増え、メンバーが多様化すると、共同解決策の精度はさらに高くなることも発見した。

「マーケットの不思議は、普通の生活を送っている何億もの普通の人々の総合的な資産配分のほうが、5人の優れた頭脳の持ち主が話し合って決めた資産配分よりも効率的である点だ。これは5人の頭脳がどれほど優れているかは関係ない」と、スロイキーは指摘している。

クレディスイス・ファーストボストンのチーフ・インベストメント・ストラテジスト、ミシェル・モブサンは、このことを「参加者は愚かでも、マーケット自体は賢い」という言葉で表現している。

これを政治に当てはめたらどうだろう。もしかすると世の中のすべての問題は、インターネットを使った国民投票の結果に従うのが最善策かもしれない。これはけっして笑いごとではない。この方法ならば、少なくともフロリダ州のずさんな投票用紙の管理で2000年大統領選挙が大混乱に陥ったような問題はなくなるかもしれない。

ブリッシュ・パーセントの概念は、ジェリービーンズやM&M、迷路テストと同じ概念に基づいている。サンプル数が多く、多様化しているほど、市場リスクもより正確にとらえられるわけだ。BPIは言ってみれば「クイズ＄ミリオネア」の観客アンケートである。そして、一般的な市場指標は友人にする電話に例えられる。観客のほうが賢い友人よりも正解を多く出すのと同じことがBPIにもいえるのだ。一般的な指標より正しくリスクを査定してくれるのである。

BPIが査定しているのはパフォーマンスではなく、リスクである点に留意してほしい。毎週のBPIの計算は、NYSE（またはOTC）の銘柄がどうなるか、観客にアンケートをしていると本質的に変わらない。それぞれの市場で取引される約3000銘柄のほうがS&P500やナスダック100のようにトップ20銘柄に影響される指数よりも、正しくリ

スクを査定してくれるのだ。

　繰り返す。サンプルが大きいほど精度は高くなる。毎週NYSE（またはOTC）を構成する銘柄に「50パーセント、70パーセント、30パーセント、その他、どこにあるべきか？」と、ブリッシュ・パーセントの適正な水準を質問しているのだ。そして、その数字をどう解釈し、どのような戦略を統合するかは、自分たちにかかっている。

ブリッシュ・パーセントの仕組み

　次はBPIの仕組みを解説しよう。記入方法は通常のP&Fチャートと同じだ。3枠転換すれば次の列に変わる。ただし、ここではチャートパターンではなく、フィールドポジションとどの列にいるかが最重要となる。1枠2％で3枠転換であるから、列が変わるためには、少なくとも売りシグナルか、買いシグナルが正味で合計6％増えなければならない。枠の変化は、ボールを失ったか、もしくは奪ったかに例えられる。

　X軸を0～100％としたチャートに×と○を記入する。私たちはこのチャートを100ヤードのアメリカンフットボールの球技場に見立てている。このチャートで確かめたいのは以下の2点だ。

1．どちらのチームがボールを支配しているか（攻撃中か、守備中か？）
2．フィールドポジション（0～100％のどこにいるか？）

　70％以上の部分を赤、30％以下を青で塗る。両端は、まるでアメリカンフットボールのエンドゾーン（攻撃側が相手のエンドゾーンにボールを持ち込めばタッチダウンとして得点になる）のようになる。

　指標は高くなるほど買い過剰の状態である。より多くの投資家が目いっぱい株を買い、売ろうと考えていた人たちも先送りする傾向にあ

るからだ。逆に、指標が低くなるほど売り過剰となる。売りたい投資家は売り、買おうとしていた人たちは、もう少し様子を見るからだ。

×列が上昇していれば、投資家がボールを支配しているときである。ボールが手元にあるときは、攻撃陣を出さなければならない。相手のゴール、つまり株式市場から得点を狙うときである。

逆に〇列が下落していれば、ボールを保持しているのはマーケットである。したがって、ゴールを奪われないように守らなければならない。チャートの枠に書き込まれている数字は、それが何月の動きであったかを示している。それを見れば×や〇の列は通常、週単位というよりも、月単位の動きであると分かるだろう。

BPIを完全に理解することは非常に重要なので、指数が上下する仕組みをおさらいしておこう。BPIは正味の売買シグナル数の変化によって動く。最小の動きは２％で、１枠上か下に進む。しかし、列が変わるためには正味６％の変化がなければならない。この６％が、どのように指数が列を移動するかの重要なカギとなる。基本的に私は、この指数をフィールドに出ている選手の数とみなしている。

1990年７月にダウ平均が史上最高値を記録したとき、NYSE BPIは×列の52％程度であった。これはダウ平均が高値を更新してもNYSEの選手は52％しかフィールドに出ていなかったことになる。×列の銘柄が52％というのは少なすぎるように感じるかもしれない。しかし、これが一握りの銘柄の急騰で上がってしまうダウなどの指数との違いなのである。

それから２～３週間後、イラクがクウェートに侵攻したとき、NYSE BPIは〇列に転じた。マーケットにボールを奪われたのだ。このシグナルに気づいた投資家は、その後の危機から免れることができた。

1990年10月、NYSE BPIは18％で底入れする。そして11月最初の週になると、指数は×列に転換し、ボールが投資家の手に戻ったことを告げた。このシグナルに注目していた投資家は、すぐに底値買いに

入った。一方、マスコミに煽られた投資家は、さらなる不況に備えた。

私はBPIの正確さにいつも驚かされている。この指数は、投資で最も重要な「だれがボールを支配しているか」という質問の回答に役立つのだ。

NYSE BPIのリスク水準

NYSE BPIは、まるで信号機のように6段階でリスクを表示してくれる。

A・W・コーエンは当初、×列が50％を超えればマーケットは強気、○列が50％を割れば弱気と考えていた。その後、アール・ブルメンタルが、これを6段階のリスクに分類した。私自身はフィールドポジションと×列か○列かだけ分かれば十分である。しかし、ブルメンタルは素晴らしい概念を残しており、ぜひとも紹介しておきたい。彼が開発した6段階のリスク水準は以下のとおりである。

1．強気確認
2．強気通知
3．強気調整
4．弱気確認
5．弱気通知
6．弱気調整

「強気確認」のマーケット

通常、マーケットが最も強気の段階で、積極的に攻め込むときである。ボールは自分の側にあり、積極的に敵のゴールを狙ってほしい。強気確認はBPIの×列が前回の上値を超えて買いシグナルを出したときに生じる（**図5.4**）。

図5.4　強気確認

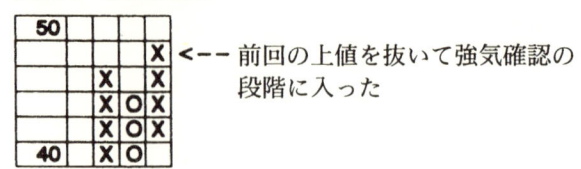

```
 50 |   |   |   | X |
    |   | X | X |   |
    | X | O | X |   |
    | X | O | X |   |
 40 | X | O |   |   |
```
<-- 前回の上値を抜いて強気確認の段階に入った

　指数の相対的なフィールドポジションも合わせて評価することも重要になる。同じ強気確認でも指数が70％と30％にあるのでは、まったく意味が違う。70％であれば、それは買われ過ぎの状態で、買った銘柄にヘッジを掛ける必要がある。一方、30％であれば指数は売られ過ぎの域に入っており、買い一本でいきたくなるだろう。

　この段階の問題点は、投資家の多くが「強気確認」という名称から非常に強気の印象を受けてしまうことだ。実際にはフィールドポジションが上にあるほど、強気の度合いは下がり、70％を超えていれば、むしろはっきりした警告だと考えたほうがよい。

「強気通知」のマーケット

　強気通知は、前段階のリスク水準が弱気確認か弱気通知で、BPIが30％未満から×の列に転換したときに生じる。前段階が弱気調整であれば、上昇転換は強気確認になる。

　強気通知は、転換したときに指数が30％を超える必要はなく、ただ上昇に転じればよい（**図5.5**）。30％以下の水準では、多くの銘柄が安値を更新している。上方への転換は、大半が底入れして、底から上昇する可能性を示唆している。ここでは長期トレードの準備が考えられるだろう。

図5.5　強気通知

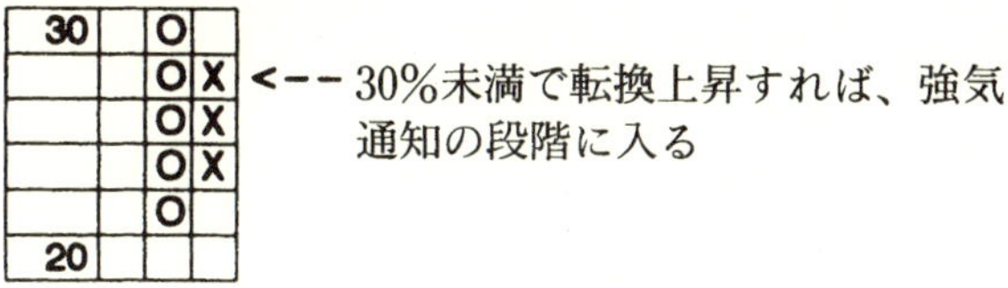

```
30 | O |   |
   |   | O | X
   |   | O | X
   |   | O | X
   |   | O |
20 |   |   |
```
<-- 30%未満で転換上昇すれば、強気通知の段階に入る

　BPIが20%近辺、もしくはそれ以下というかなり疲弊した水準まで落ちたとき、一旦反発してから再度下げ、前回よりは高い水準で底を入れることが多い。この段階では、株価がすでに下げ切っているため、新しくポジションを取る利点がある。

　ほかの段階と同様、ここでも買ったらまずストップポイントを設定し、チャートの上昇に合わせて、そのストップを少しずつ上げていけばよい。

　この段階で注目したいのはレラティブ・ストレングス（RS）である。下落相場で最も持ちこたえた銘柄が、回復に転じたとき先頭を行く可能性が高いからだ。この段階は信号でいえば赤から青に変わるときだと言える。

　ただし、強気確認と同様、強気通知でも30%の水準にあるほうが70%にあるよりも、ずっと強気度は高い。NYSE BPIが途中で転換せずに30%未満から70%超に上昇することはめったにない。しかし、そうなったときには、その間ずっと強気通知の状態であることも覚えておいてほしい。この現象は、セクターBPIでは定期的に発生する。

「強気調整」のマーケット

　強気調整は、強気相場が少し行きすぎになっていて、その行きすぎ

図5.6 強気調整

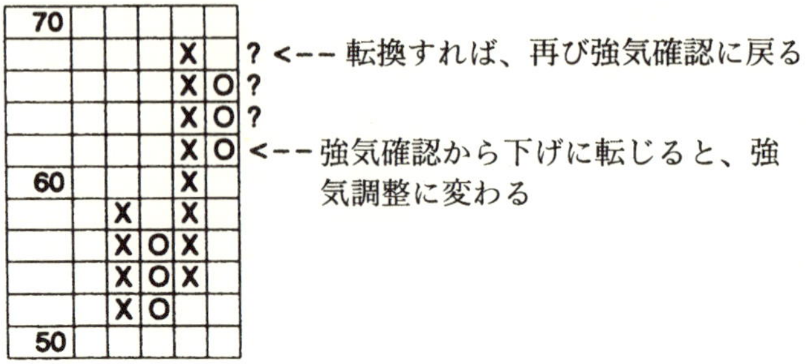

```
70 |   |   |   | X |
   |   |   |   | X | O | ?   <-- 転換すれば、再び強気確認に戻る
   |   |   |   | X | O | ?
   |   |   |   | X | O |     <-- 強気確認から下げに転じると、強
60 |   |   |   | X |             気調整に変わる
   |   |   | X | X |
   |   | X | O | X |
   |   | X | O | X |
   |   | X | O |
50 |
```

を消化している段階である。強気トレンドはすぐに再開する可能性が高い。

　強気調整は、70％未満の「強気確認」状態にあるBPIが6％反落したときに生じる。マーケットをけん引する銘柄が、利食いのために下落する可能性を示唆している。

　ここでは、守備的なオプション戦略の利用が考えられる。大幅な値下がりに対する保険として、コールの売りやプットの買いが望ましい戦略となるわけだ。この段階は強気相場が続いているものの、一息ついている状態で、信号でいえば青から黄に変わったところである。

　強気調整でもフィールドポジションに注意すべきで、60％での転換は34％よりもずっと深刻な状況だと言える。しかし**図5.6**のように、もし強気調整から「？」で示した×列に転換すると、強気確認に戻る。

「弱気確認」のマーケット

　弱気確認は、**図5.7**のように、BPIが前回の下値を割った段階である。ここは躊躇すべきではない。トレーダーならば、指数や普通株の空売りが考えられる。長期保有の投資家は何らかの形でヘッジすべき

図5.7　弱気確認

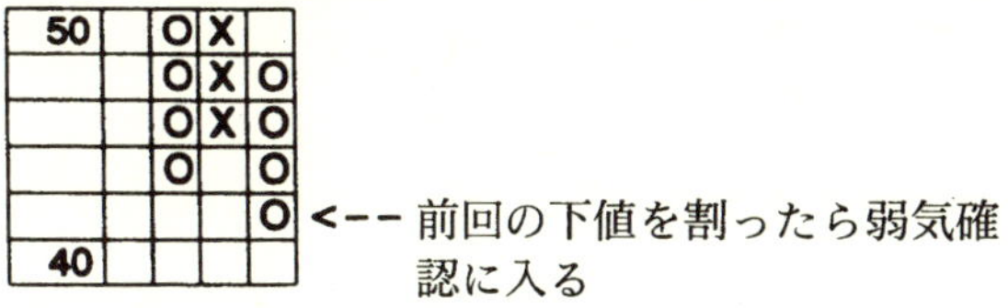

```
50 |O|X| |
   |O|X|O|
   |O|X|O|
   | |O|O|
   | | |O|  <-- 前回の下値を割ったら弱気確
40 | | | |      認に入る
```

である。

　この段階でもフィールドポジションは重要だ。30％での弱気確認は、70％での弱気確認ほど危険ではない。フィールドポジションは常に注意しておいてほしい。このリスク水準は、信号でいえば赤である。

「弱気通知」のマーケット

　BPIが70％を超え、再び70％を下抜き、まだ前回の底を割っていないとき、守備陣をフィールドに送り込む弱気通知の段階となる（**図5.8**）。

　このような調整期に、BPIは少なくとも50％近くまで下げることが多い。そこで×列の6％転換上昇があれば、強気確認に戻る。弱気通

図5.8　弱気通知

```
   | |X| |
   | |X|O|
70 | |X|O|
   | |X|O|  <-- 転換して70％を下抜くと、
   | |X| |      弱気通知に入る
   | |X| |
60 | | | |
```

知では、オプションを使ってヘッジをかけるなど、守備的な対策をとってほしい。また、S&Pか普通株の空売りも考えられるだろう。

　弱気通知は、もし前回の底を割れば弱気確認に変わる。一方、3枠転換すれば強気確認に戻る。このリスク水準は、信号でいえば青から赤に変わるところだ。守りの姿勢は「完全に赤信号」になり、下落したときだけに遂行される。したがって、この特殊な状況は、特に注意が必要である。

「弱気調整」のマーケット

　弱気調整は、弱気相場が一時休止して、これまでの下落を振り返っている時期だと言える。弱気確認で30％を超えた水準から6％転換上昇して×列になった状態を言う。

　常にフィールドポジションに注目しよう。NYSE BPIが32％で転換上昇した場合、リスク水準は弱気調整に入る。これがもし30％以下での転換であれば強気通知になる。30％は次の段階を決める重要な水準となるわけだ。

　これは上にあるときも同じだ。強気確認の68％から転換上昇すれば強気調整で、強気確認の70％から転換上昇すれば弱気通知になる。

　弱気調整は信号が赤から赤の点滅（一時停止）に変わるようなものだ。安全だと思っても一旦止まって左右を確認し、大型トラックなどがきていないかチェックする。あくまで青信号側が優先であることを十分認識してから進んでほしい。

　この時点で長期投資をするのであれば、必ず損切りポイントを決めておくべきである。**図5.9**に「？」で示したとおり、もし転換して○列に変わったときは弱気確認に戻ってしまう。フィールドポジションには十分注意してほしい。

図5.9 弱気調整

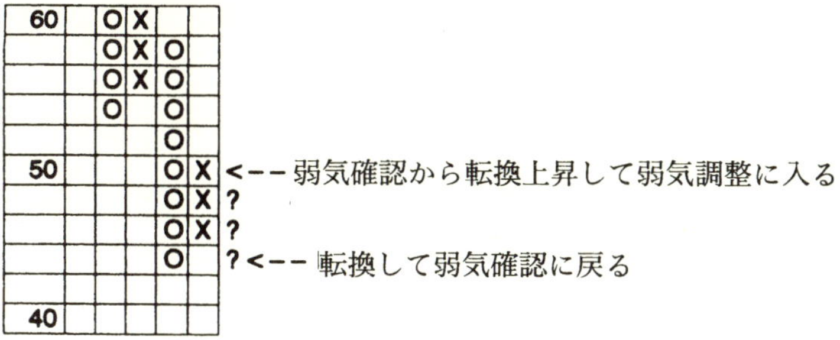

```
60 |O|X|
   |O|X|O|
   |O|X|O|
   |O| |O|
   | | |O|
50 | |O|X|  <-- 弱気確認から転換上昇して弱気調整に入る
   | |O|X|?
   | |O|X|?
   | |O| |? <-- 転換して弱気確認に戻る
40
```

BPIの教訓

　前にも述べたように、BPIに対する信頼は、さまざまなマーケットで経験を積めば積むほど深まるばかりである。このことは、これまでのマーケットのさまざまな局面でのBPIの対応を見れば納得してもらえるだろう。この項を精読し、さまざまな市場シナリオを学べば、平均的な投資家とは比べものにならないほど、マーケットの仕組みについて理解できるはずだ。

1987年

　先ほど触れたように、NYSE BPIに従った投資家は、1987年の大暴落（ブラックマンデー）に巻き込まれずに済んだ。当時DWAは設立後わずか10カ月で、少しずつ顧客が増え始めた矢先だった。設立時から私は、主観を排除したこのNYSE BPIを中心的な指標とすることに決めていた。1955年にA・W・コーエンが開発して以来、BPIは非常にうまく機能していたし、需給という不変の法則に基づいているため十分信頼できると考えたからだ。

そのBPIが1987年9月4日に〇列に転換し、守備陣の出動を要請した。ヘッドコーチである指数の指示に、私たちは何のためらいもなく従った。その日から、DWAが発行する『デイリー・エクイティ＆マーケット・アナリシス・レポート』には、オプションを利用してポートフォリオをヘッジする方法について記事にしている。

　翌月、マーケットは大暴落した。正直なところ、あれほどひどいことになるとは夢にも思わなかった。いずれにせよ、指数に従うことにした投資家には十分な備えができていたため、DWAの顧客は大暴落による被害を免れることができた。このことは私たちの自信になり、正しい道を進んでいるという確信を強めた。

　1987年9月4日に守備の指令を出したBPIは、11月の第1週になると今度は攻めの指令に転じた。今回の指令も、9月の売りシグナルのときと同じくらい緊張した。すべての新聞、雑誌、テレビが「景気後退だ」「1929年の大恐慌の再来だ」「ウォール街に未来はない」などと騒ぎたて、投資家を怖がらせているさなかに、私たちのヘッドコーチ（NYSE BPI）から攻撃開始の指示が出たからである。

　これは、マーケットがいかに先を読めるかを示す好例だ。このときも私たちは×列に転換したBPIに愚直に従った。そしてDWAのアドバイスに従って買った投資家は、まさに底値買いで投資を再開できたのだ。この場面で買いに入るという優れた判断は、すべてNYSE BPIのおかげである。私たちはアメリカンフットボールの選手のごとく、コーチの指示に従っただけだった。

　最大級の称賛を1955年にこの指数を開発した故A・W・コーエンと、それをさらに洗練させた故アール・ブルメンタルに送りたい。しばらくの間、この分析方法は忘れ去られていた。しかし、私が初めて書いた本で復活を遂げた。

　大暴落前後に発行されたDWAのレポートを再編集し、営業の資料にした。これが将来を開いてくれた。それ以来、NYSE BPIはDWA

の主要な指数となり、私は方々で何度も執筆している。それでも、書くたびに新しく学ぶことがある。

NYSE BPIを市場動向の変わり目の判断材料として、すでに14年以上利用してきた。その間、マーケットが強気でも弱気でも中立でもうまく機能している。この指数を知れば知るほど、日々の投資活動に自信が持てるようになるだろう。

1990年

話は1989年にさかのぼる。1989年9月、NYSE BPIはレッドゾーンとなる70％を上抜いて74％をつけた。だが、10月になると一変した。NYSE上場銘柄の6％が買いシグナルから売りシグナルに転換したのだ。守備陣がフィールドに送り込まれた。

NYSE BPIはそのまま〇列を一気に38％まで駆け下りた。一度、短い小康状態を経て、1990年3月に回復に転じるが、クウェート侵攻があった8月に再度〇列に反転し、守備陣を呼び戻した。

守備の難しさは、状況がどこまで悪化するか分からない点である。私たちは「チャンスを失っても資金を温存したほうが、資金を失うよりもよい」という姿勢で臨んでいる。チャンスはまた訪れるからだ。しかし、失った資金を取り戻すのは大変だ。50％の損失を出せば、それを取り戻すだけで100％の利益が必要になる。

NYSE BPIは9月に18％まで下げ、その間、売りシグナルを出し続けた。そしてようやく11月になって、指数は×列、つまり上昇に転じた。このときニュースでFRB（米連邦準備制度理事会）のグリーンスパン議長が全米に向かって景気後退を宣言したのを今でもはっきりと覚えている。経済学とウォール街の違いは、経済学が今日の動きを伝えるのに対し、マーケットは将来を見るという点である。このときBPIは、景気後退が始まったのではなく「終わりかけている」と告

げていたのだ。

　NYSE BPIは18％から24％に上昇し、そして一気に70％まで跳ね上がった。BPIがこれほどまでの低水準に下げてから一気に70％水準にまで上げたケースはめったにない。そのため、こうした機会を考慮し、NYSE BPIが30％を下回ってから反転したときには、常にポジションを取るようにしている。結局、BPIが一方からもう一方へと動くときはだれにも分からないのだ。通常、最初に反発してから一度下げ、底値の切り上げを確かめることが多い。

　NYSE BPIが70％に達すると、リスク管理プロセスを見直す必要がある。ブリッシュ・パーセントはトレンドチャートではなく、オシレーターである。だからこそS&P500などの指標と比較できないわけだ。この概念をしっかり念頭において、BPIのチャートを評価してほしい。

1994年

　1994年のマーケットは「ステルス・ベアマーケット」、つまり見えない弱気相場と呼ばれている。その年の終わりの各市場指数は、年初とほぼ変わりがなかった。ところが、マーケットのなかでは信じがたいセクターの循環があったのだ。ひとつのセクターが撃沈すると、別のセクターが売り一色から復活するという具合だ。このように、セクター同士が相殺し合ったため、結局、広範な銘柄で構成される指数自体は、何とか一定の水準を保っていたのである。

　しかし、個別銘柄や多くの投資家の成績は、そううまくはいかなかった。この年、多くの投資家が、自分の保有銘柄だけは下がらないように必死に祈っていた。事実、1994年の1年間で80％のNYSE銘柄が20％以上も下げ、NYSE BPIは計8カ月間も○列にあった。つまり、この年の3分の2は守備に徹していたわけだ。

1994年にセクターBPIが最低値をつけた時期

月	セクター	最低値(%)
2月	非鉄金属	30
4月	薬品	18
	ゲーム	10
	貴金属	26
	保全機器	32
	電話	30
5月	電気機器	42
	金融	26
	食品、飲料、日用品	36
	林業、紙製品	42
	メディア	36
	鉄鋼	26
6月	コンピューター	30
7月	ヘルスケア	34
9月	電気	24
12月	宇宙、航空	32
	自動車、自動車部品	30
	銀行	42
	建設	28
	ビジネス製品	36
	化学	40
	家庭用品	38
	レジャー	34
	機械、ツール	36
	不動産	26
	外食	30
	小売	30
	貯蓄貸付	42
	ガス	14
	ウォール街	22
	廃棄物管理	30
95/1	石油	32
95/2	石油サービス	26

1994年、NYSE BPIは66％で始まった。このフィールドポジションが良いスタートか悪いスタートかと聞かれれば、答えは悪いスタートだった。年末には32.1％まで下げた。

　おそらくここで「この年、全体の80％の銘柄が20％以上も下げたのに、なぜBPIは32.1％までしか下げなかったのか？」という疑問がわくだろう。理由は、各セクターが別々のタイミングで底入れしたからだ。例えば、薬品株は春に底入れし、テクノロジー株は夏に底入れした。12月になって底入れしたセクターも数多くあった。相当数の売りシグナルと買いシグナルが相殺されたため、BPI自体は最終的に20％以下にならなかったのだ。

　1994年を通じて、どの銘柄がいつ底入れしたか、171ページのリストにまとめたので見てほしい。

　1995年になると、フィールドポジションは改善し、NYSE BPIもそれ以外の指標もその年の70％で攻撃陣の出番を示した（1995年はNYSE BPIが計36週間で×列にあった）。ダウ平均もこの年36％上昇し、マーケットは好調だった。

　この勢いは1996年も衰えず、年間75％、通算39週で×列が続き、S&P500も20％上昇した。さらに1997年もNYSE BPIは1年の65％に当たる35週で×列にあった。10月にアジア危機が襲ったのを除き、1997年は概して株式にとって良い年であった。

　そしてアジア危機でマーケットが崩壊する前に、NYSE BPIは1987年以来最高の72％に達し、○列に転じていたのである。

1998年

　1998年もNYSE BPIにとって大きな変化の年だった。非常に興味深いのは、マーケットの上昇や頭打ちのきっかけと考えられる原因が常に異なるのに、NYSE BPIには何の問題もない点だ。その理由は、

これらの原因が、形は異なれども、どれも需給関係に端を発しており、その関係を測定するのがNYSE BPIだからである。

その点で忘れられないのが、1998年のマーケットだ。この年4月までにNYSE BPIは72％に上昇した。私たちは、買いシグナルよりも、売りシグナルを出しそうな銘柄が増えてきたため、売り圧力が高まっていると認識し始めた。変化はすぐそこまで来ていた。70％よりも上の水準でBPIが転換したときは、特に注意が必要だ。

1998年4月1日付のレポートに、私はこう書いた。「ノアが箱舟を作っているとき、まだ雨は降っていなかった」。この隠喩的表現は、ある日、昼食に出かけるとき、バプテスト教会の入り口で見つけたものだ。まるでその教会の牧師が私のために用意してくれたのではないかと思った。かねてから、ここの牧師は隠喩的表現に天才的な才能があると思っていたので、前を通るときには常に見るようにしていた。

この言葉は私の頭を直撃した。マーケットでまさに起ころうとしていることをぴったりと言い当てていたからである。当社の顧客であるプロの業界人たちに、自分たちの顧客を守るため、どうすべきか考えてもらう必要があった。私たちの意図は、当社の顧客がリスク管理と被害対策、つまり「うまくいかなかったときに何をすべきか」について深く考えてもらうことにあった。BPIが近いうちに、守りに転じそうだと分かっていたからだ。

クルーズ船で救命訓練をするようなものだ。クルーズ船に乗るときまずすべきことは、船が沈み始めた場合どのように対処すべきか学ぶ救命訓練への参加である。私たちの見通しも同じだ。マーケットが沈み始めた場合、自分のポートフォリオも一緒に沈まないため、対策を講じるのだ。

1998年5月13日、NYSE BPIは○列に転じ、守備を命じた。そして、そのまま下げきった状態とも言える16％までなだれ込んだ。

一方、同年7月、ダウ平均、ナスダック、NYSE、S&P500は、ど

れも史上最高値を記録した。各指数のトレンドチャートも非常に素晴らしく見えた。しかし、実際には、さらに多くの売りシグナルが積み重なり、ほんの一握りの銘柄が指標を新高値に引き上げていただけだったのだ。まるで将軍たちだけが奮闘して、兵士たちは戦場から引き揚げたような状況だったわけだ。

多くの投資家が一般指数のトレンドチャートに従って攻撃側に加わり、誤った戦いをしている一方で、BPIに従って守りに入っていた投資家は、完全に正しい道を進んでいた。史上最高値を記録したこの「大きな」上げ相場は、わずか2週間しかもたなかった。たちまちマーケットは崩壊した。いや、正確には、それらの市場指数が崩壊したと言うべきだろう。

実は1998年4月以降、マーケットは沈み始めていた。そして先ほど述べたようにBPIは、同年9月に反発する前に、結局16%まで落ち込んだ。ここで1998年4月1日付のレポートで、実際に私がどのようなことを述べたか見てほしい。そうすれば、どのような思考過程で私たちがこれらの指数を評価しているか、理解してもらえるだろう。

計画を立てよ (『デイリーレポート』1998年4月1日号から引用)

「ノアが箱舟を作っているとき、まだ雨は降っていなかった」。ある日、リッチモンドのサザンバプテスト教会の入り口で、この言葉が目に飛び込んできた。

97年10月の急落に、多くのブローカーや投資家は驚いた。しかし、本レポートを読み、指数に従っていた読者は驚かずに済んだ。NYSEとOTCのBPIが、それぞれ76%と72%という、1987年以来の高水準に達していたからである。ベルカーブは激しく右に偏り、買われ過ぎを示していた。

事実、DWAの『テクニカル・インディケーター・アップデート』

10月16日号には、こうまとめられていた。

「市場指標は依然としてポジティブだ。しかし、これほど高い水準に進むと、注意が必要である。セクターのベルカーブは激しく右側に偏っている。通常もしくは売られ過ぎの状態に戻るため、売りシグナルが出るだろう（中略）。注意してほしい！　今回のようなセクター分布は、これまで何度も『不吉な月』の前兆となっている」

現在の分布状態は、1997年10月のそれと非常に似始めてきた。こうした状況では何度も調整期を経験している。以下の表から、現在の指数がどの位置にあり、過去の高値と比べてどうなっているか確認してほしい。

指　　標	現在	1997年最高値	1994年最高値	1989年最高値	1987年最高値
NYSE BPI	72.0%	76%	66%	74%	76%
OTC BPI	61.5	72	60 (1993年末)	60	72
オプショナブル・ブル・パーセント	73.2	74	62	データ無し	データ無し
P-10	71.4	86	70	80	86
NYSE ハイロー指数	87.6 (最高値96.6%)	96	88	94	96
OTC ハイロー指数	86.7 (最高値91.6%)	94	80	84	データ無し

次に同時期のベルカーブを見てみよう。グラフには、当社が追跡しているセクターの略称が書き込まれ、ベルカーブ（鐘形曲線）に近い形になっている。Y軸がBPIの０〜100％を表している点に注意してほしい。セクター名をそれぞれのフィールドポジションに書き込んである（以下の図表は、100％に向かっているセクターをゴチック、０％に向かっているセクターを明朝で示している）。

1987年3月11日

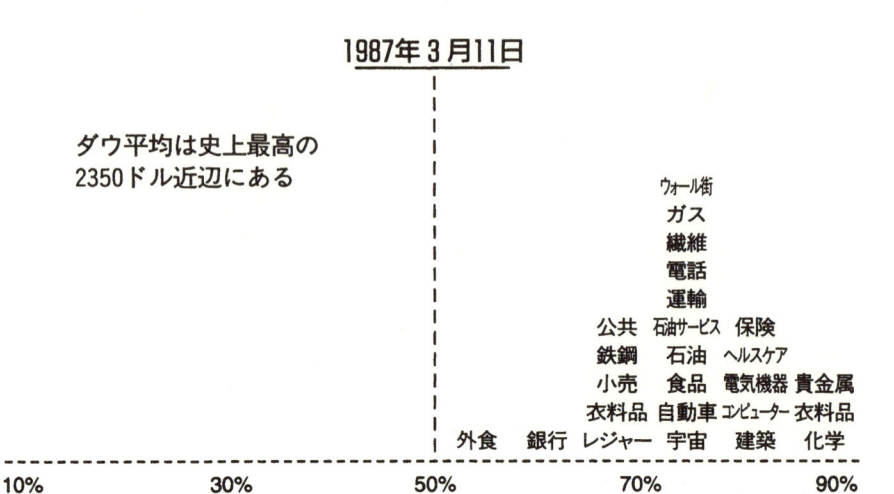

ダウ平均は史上最高の
2350ドル近辺にある

```
                                          ウォール街
                                           ガス
                                           繊維
                                           電話
                                           運輸
                              公共  石油サービス  保険
                              鉄鋼    石油    ヘルスケア
                              小売    食品   電気機器  貴金属
                              衣料品  自動車  コンピューター 衣料品
                    外食  銀行  レジャー  宇宙    建築    化学
```
10%   30%   50%   70%   90%

1987年9月2日

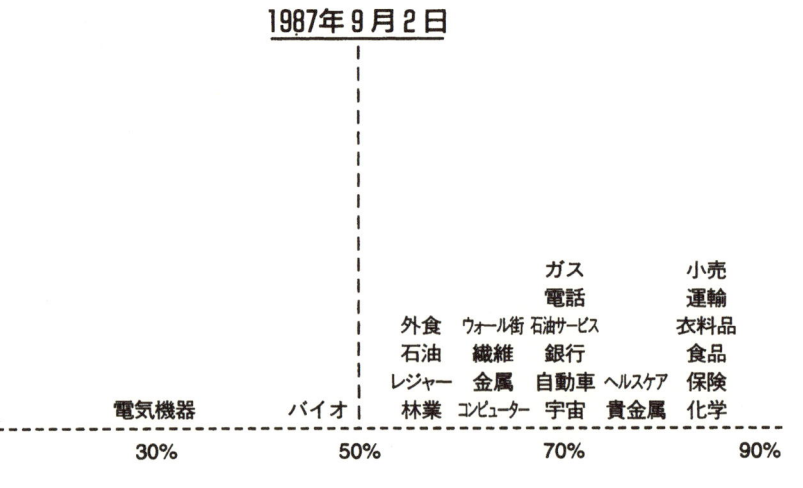

```
                                     ガス           小売
                                     電話           運輸
                          外食 ウォール街 石油サービス      衣料品
                          石油  繊維    銀行          食品
                          レジャー 金属   自動車  ヘルスケア  保険
     電気機器        バイオ   林業 コンピューター 宇宙  貴金属    化学
```
10%   30%   50%   70%   90%

176

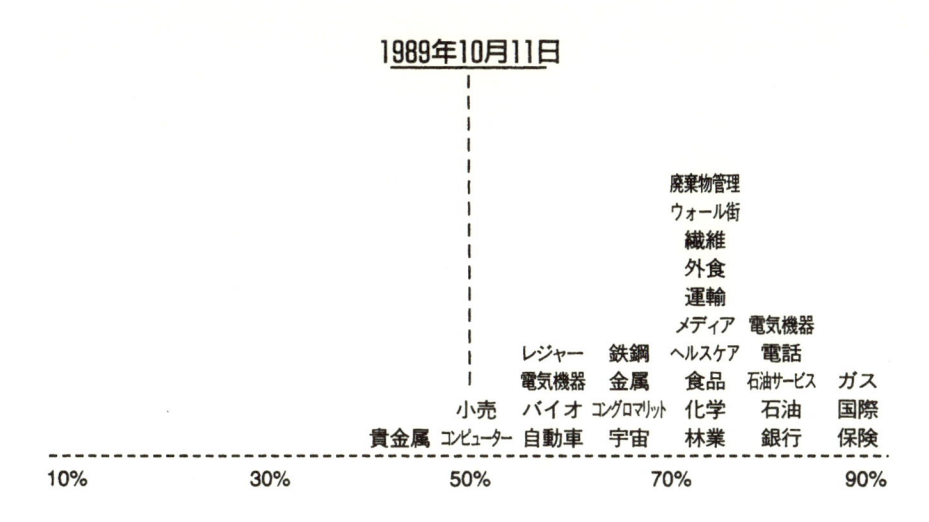

1989年10月11日

```
                                              廃棄物管理
                                              ウォール街
                                              繊維
                                              外食
                                              運輸
                                        メディア 電気機器
                          レジャー  鉄鋼  ヘルスケア 電話
                          電気機器  金属  食品    石油サービス ガス
                   小売   バイオ    コングロマリット 化学   石油    国際
            貴金属 コンピューター 自動車 宇宙   林業    銀行    保険
--------------|---------|---------|---------|---------|---------|---------|---------|---------
   10%         30%       50%       70%       90%
```

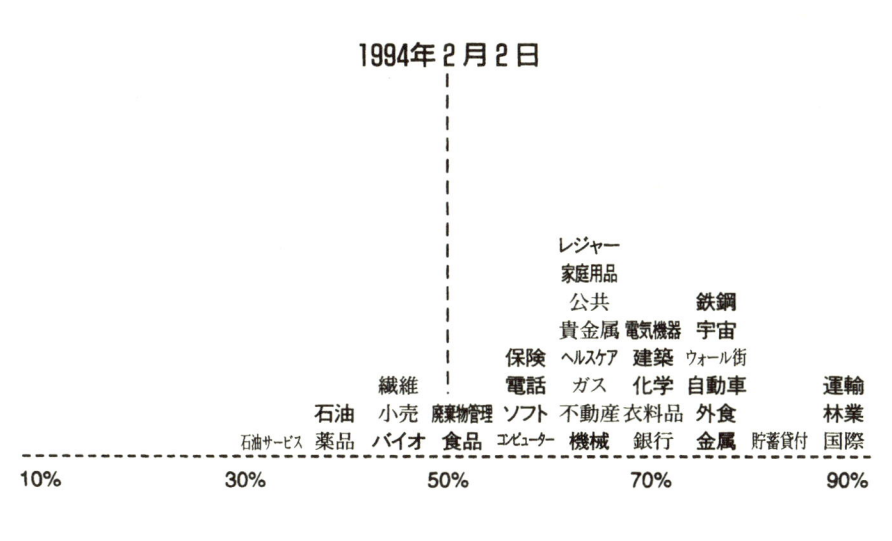

1994年2月2日

```
                                  レジャー
                                  家庭用品
                                  公共
                                  貴金属   鉄鋼
                                  保険 電気機器 宇宙
                          繊維    ヘルスケア 建築   ウォール街
                          電話    ガス   化学   自動車       運輸
                   石油   小売   廃棄物管理 ソフト  不動産  衣料品  外食   林業
            石油サービス 薬品   バイオ   食品   コンピューター 機械   銀行   金属  貯蓄貸付 国際
--------------|---------|---------|---------|---------|---------|---------|---------|---------
   10%         30%       50%       70%       90%
```

1997年10月15日

```
                                    ソフト              鉄鋼    林業
                                    レジャー            南米    宇宙
                                    ゲーム    バイオ  ビジネス用品  電話
                                    繊維     公共     建築    機械    石油
                                コンピューター ヘルスケア  金融    自動車  ウォール街
                                    廃棄物管理 電気機器  小売    衣料品  石油サービス  ガス
                                    外食     家庭用品  金属    化学    運輸    貯蓄貸付
                貴金属           保全安全装置 半導体   薬品    食品    林業    不動産   銀行
- - - - - - - - - - - - - - - - - - - - - - - - - - - - - - - - - - - - - - - - - -
10%            30%              50%              70%              90%
```

1998年3月25日

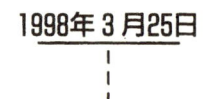

```
                                                         運輸
                                              石油       家庭用品
                                              薬品  食品  林業
                                    外食       金属  機械  ウォール街
                                ヘルスケア 石油サービス 自動車 建築  小売
                                    鉄鋼    コンピューター ゲーム 電話 不動産   保険
                            南米   電気機器  ソフト レジャー 廃棄物管理 建築 衣料品 貯蓄貸付
                貴金属       半導体 バイオ  保全安全装置 繊維 化学 金融 宇宙 ガス 銀行 公共
- - - - - - - - - - - - - - - - - - - - - - - - - - - - - - - - - - - - - - - - - -
10%            30%              50%              70%              90%
```

本質的に、各セクターのベル曲線が組み合わさって、マーケット全体の大きなベル曲線が出来上がる。70％周辺にセクターの大部分が偏っていれば、マーケットは高値にある。逆に、左側に偏っていれば売られ過ぎを意味する。

　1987年から順にマーケットの状態を見てみると、すべてのグラフに「買われ過ぎ」という共通点がある。過去のデータを見ると、1987年9月やその他のマーケットが、1998年3月と非常によく似ていることが分かる。すべて高値にあり、そして売られ過ぎで決着がついた。どのケースでも、グラフは左側、もしくは売られ過ぎの側にかなり偏ったのだ（セクターについては後ほど詳しく説明する。そのとき、これらのグラフをすぐに参照できるように、このページに印をつけておくとよいだろう）。

　ほかの時期のNYSE BPIの最高値に注目してほしい。どれも調整期の前に高い値を付けている。ほかの指標も同様だ。BPIが70％付近、あるいはそれを超えると、マーケットを押し上げている需要が弱まってくる。こういう時期は、顧客に「半導体業界を一新するような新しい装置を開発した企業があるが、買わないか？」と勧めても、答えは「良い話だが、買うとしたら代わりにどの銘柄を売ればよいか？」と聞かれるだろう。ひとつの銘柄を買っても、別の銘柄を売れば全体の需給は相殺されてしまう。しばらくすると売っても買わないようになり、BPIも転換して下落し始める。

　BPIが70％を超えた状態は、圧力鍋が煮立ったときに似ている。鍋のなかの圧力がたまると、蒸気でふたの重りがカタカタ鳴り始め、圧力が最高潮に達すると「シュー」と音を出す。マーケットがそうなる原因は分からない。アジア危機の再来かもしれないし、それ以外の国が危機に陥っているのかもしれない。しかし少なくとも、リスクが高まっており、状況に合わせて自制しなければならない、ということは分かる。

では「状況に合わせて自制する」とは、どういう意味だろう。実は、この意味は人によって違う。答えは「NYSE規則405項——顧客をよく知ること」だ。ある人にとっては正しい方法でも、ほかの人にとってはそうではない場合がある。「正解はたくさんある」のだ。

指数が高リスク圏にあることに気づかない投資家は、意欲的に買い続けたがるかもしれない。しかし、私たちの多くは、そのような戦術は取りたくないだろう。そこで、顧客に理解してもらえそうなアイデアをいくつか紹介しよう。

- 何もしない。
- 損切りポイントの幅を狭める。保有銘柄が売りシグナルを出し始めたら、利益が大幅に目減りしないよう注意する。売りシグナルでポジションの一部を売る策も考えられる。これは、ある程度の防御策になる。
- 一部利食いする。30％以上の利益が乗っていれば、ポジションの3分の1を売るのもひとつの方法だ。これが調整期を乗り切る力になる。資金化した分はヘッジの役割を果たし、次の買いチャンスが訪れたときにすぐに行動できる。さらに、一部利食いすることで、ポートフォリオにひとつの銘柄の割合が大きくなりすぎるのを避けられる。
- ポジションの一部、または全部に対してコールを売る。これで売りの心配をせずに済む。受け取ったプレミアムはヘッジの役割を果たす。マーケットが権利行使価格に達すれば、手持ちの株を売ればよい。権利行使されなければ、プレミアムは収入となる。状況に応じてコールを再度売れるだろう。この戦略は、権利行使されたときに履行できることが大前提である。もしできなければ、クローゼット・ネイキッドライター（隠れ単体オプションの売り手）になってしまう。

- 特定の銘柄に対してプロテクティブ・プットを購入する。例えば、MBIAインク（MBI）を保有しているとする。MBIは10週トレーディングバンドの上端にあり、その週間モメンタムはネガティブに転じ、属するセクターはゴムのように伸びきっていて、目先の支持線は64ドル付近、そして現在の株価は76ドル付近にあったとする。顧客が「70ドルまでなら耐えられるが、それ以上のリスクはだれかに転嫁したい」と考えていれば、70ドルの6カ月プットを買う方法がある。そうすれば満期までの間、MBIAの株価がいくらになっても70ドルで売る権利（義務はない）を手にしている。株価が下がれば、プットを行使して利食い、株はそのまま保有すればよい。
- ポートフォリオ全体に対してプロテクティブ・プットを購入する。「プットを保有しているか？」と周囲の人たちに聞くと、大抵は「ノー」の答えが返ってくるだろう。ところが同じ人たちに家や車を持っているか尋ねると、はっきりと「イエス」が返ってくる。家や車を保有していれば、その人はプットを保有している。家や車には保険が掛かっているからだ。

　だれもが半年に一度、保険会社に保険代を支払って、向こう6カ月間に事故にあった場合に備えている。ところが、多くの投資家が、自宅以上の価値となる投資資産を持ちながら、マーケットで事故が起きたときの保険を考えたことすらない。

　優良銘柄で構成された総額20万ドル相当のポートフォリオを保有している顧客が、5％の下落までなら耐えられるが、それよりも下げたら何らかの形で保険を掛けたいとする。現在、S&P100指数オプション（OEX）は525ドルで取引されている。OEXが5％下落すると500ドルになる。そこでヘッジ方法のひとつとして、行使価格500ドルのプットの購入が考えられる。そうすれば、1枚につき5万ドル（500ドル×100）が保護される。20万ドルの

ポートフォリオであれば、このプットを４枚購入すればよい。そのために支払うプレミアム料は６カ月ごとに支払う車の保険料と同じだ。この権利は行使しないに越したことはない。しかし、行使する状況では、買っておいて良かったと思うだろう。

またプロテクティブ・プットをポートフォリオ全体に掛けるのではなく、一部に掛ける方法も考えられるだろう。

- ●ポジションの半分だけ買い、残り半分は押し目で買う。こうすれば、押しがなくても、ある程度の足掛かりを確保できる。また押しがあれば、全体的に安めの価格で買えたことになる。
- ●欲しい銘柄のコールもしくはリープス（LEAPS＝長期オプション）を購入する。支払ったプレミアムを損切りポイントとし、満期時にどうすべきか再考する。ここで注意してほしいのは、レバレッジを掛けすぎないことである。通常500株単位で株を買っている投資家であれば、購入するコールは５枚だけだ。15枚購入してはならない。残った資金はMMFに入れておけばよい。

ほかにも防衛策は考えられる。いずれにせよ、戦いを有利に進めるコツは、作戦を立てることだ。主観を排除した目安であるNYSE BPIのチャートに基づいて顧客の資産をテクニカル的に分析し、DWAのサイトを利用して、ポートフォリオ内にテクニカル面で警告すべき点があるか確認する。これがブローカーとしての付加価値となる。

これはDWAの日々のリサーチの一例である。さまざまな指標の意味を探る。けっして期待どおりになると期待してはならない。変化が起きた場合に備え、対策を考えておくのだ。チェスのように、常に先の手を考える。そうすれば、変化が起きたとき、ヘッドライトに当たった鹿のように金縛りに遭わずに済む。

セクターのベルカーブが1998年９月９日、次のグラフのように力尽

1998年9月9日のグラフ

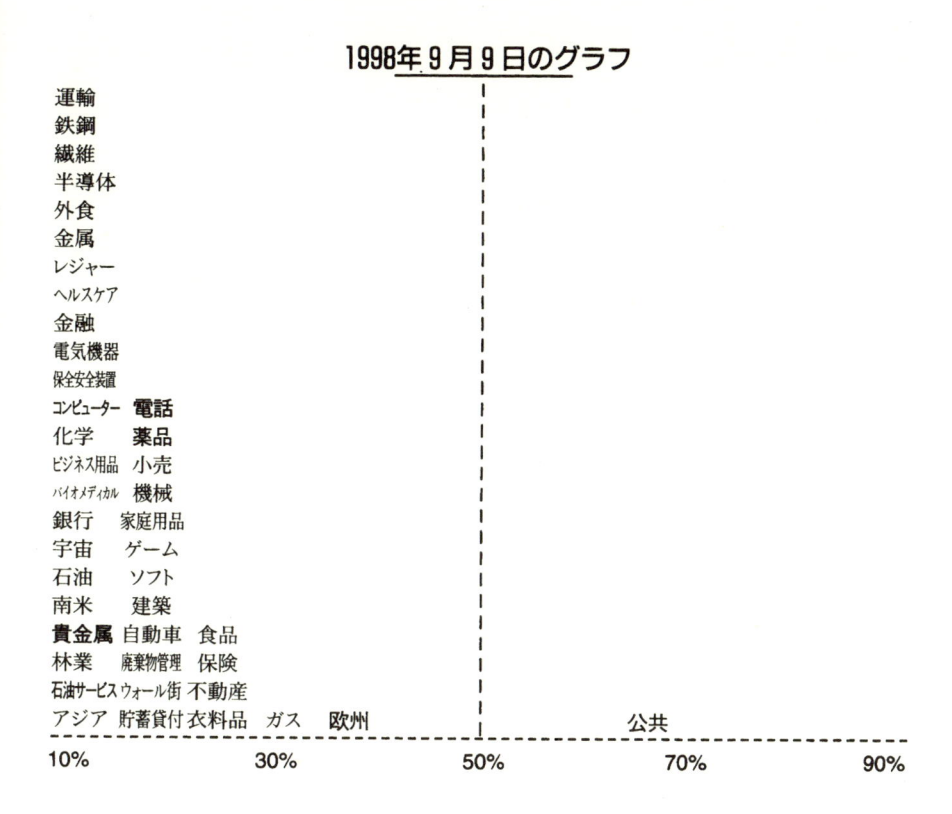

```
運輸                              |
鉄鋼                              |
繊維                              |
半導体                            |
外食                              |
金属                              |
レジャー                          |
ヘルスケア                        |
金融                              |
電気機器                          |
保全安全装置                      |
コンピューター  電話              |
化学          薬品                |
ビジネス用品    小売               |
バイオメディカル  機械              |
銀行          家庭用品            |
宇宙          ゲーム              |
石油          ソフト              |
南米          建築                |
貴金属  自動車  食品              |
林業    廃棄物管理  保険          |
石油サービス ウォール街 不動産     |
アジア 貯蓄貸付 衣料品 ガス 欧州  |                      公共
-----------------------------------------------------
10%           30%           50%           70%           90%
```

き、低リスクの状態になったとき、私たちには何をすべきか分かっていた。

2000年

2000年は本当に感慨深い年だった。NYSE BPIは、1998年の72%をピークに上値を切り下げ、2000年2月には32%まで下げた。これはフィールドのブルーゾーン（低リスクゾーン）の真上である。そして同年3月、NYSE BPIは反転上昇した。

ところが、同じ日にOTC BPIが○列に転じた。NYSEが守りから

攻撃に転じたとき、OTCでは、まったく逆のことが起きていたわけだ。この月に、ほかの指標もNYSEはポジティブ、OTCはネガティブに転じている（これらの指標については第6章で説明する）。

この警告を受けて、DWAの顧客はOTC銘柄の保有を控え、NYSEを多めに保有した。一方、多くの投資家は、まったく逆のポジションを抱え、散々な目に遭った。

先ほど述べたように、1995〜1997年のうち70％以上の期間でNYSE BPIは×列にあり、攻撃陣は試合の4分の3を戦っていた。しかし、1998〜1999年になると状況は一変し、NYSE BPIの×列は約半分の期間に減った。言い換えれば、こちらのチームがボールを保有していたのは試合時間の50％で、残りの50％はマーケットが支配していたのだ。この時期、NYSEがなかなか上昇しなかった理由はここにある。そして、2000年になって投資家がまた75％の期間でボールを保持する展開に戻ったわけだ。

2000年の特徴のひとつが、指標のボラティリティの急上昇であった。特にOTC BPIのボラティリティは激しかった。インターネット銘柄の熱狂やテクノロジー銘柄の増殖も、その理由のひとつであろう。過去45年間には、1年に2回しか列が変わらなかったときもあったほどだ。最近の荒れ相場のように6回も変わったのは極めてまれであった。

1960〜1665年にかけて、やはり年平均で6回列が変わったときがあった。このとき、ニクソンとケネディが大統領選で接戦を繰り広げている最中で、当時の大物、デイリー・シカゴ市長の民主党マシンがらみで不正投票の疑惑が起きている。2000年もブッシュとゴアが互角の戦いを展開し、ブッシュが当選した。今回もデイリーの民主党マシンがらみで不正があったと騒ぎ立てる向きもあった（訳注　このデイリーは1960年の大統領選で暗躍したデイリーの息子）。

また同時期にクリントン大統領の弾劾裁判もあった。一方、1960〜1965年には、キューバ・ミサイル危機、ピッグス湾事件、そし

てケネディ大統領暗殺があった。

インターネット相場は勢いを失い、多くの投資家が2000年にはマーケットから完全に姿を消した。この原稿を書いている時点で、ナスダックはピーク時に比べて50％下げている。これは通常の弱気相場の2倍以上の下げに当たる。

ところがそのような局面でも、マスコミは何ごともなかったような報道を続けた。そのため、2000年も投資家は「いつもうまくいく」押し目買いを続けた。そして、今回はうまくいかなかった。

現在のようにマーケットのボラティリティが激しく上昇しても、やはりブリッシュ・パーセントの概念は、マーケット評価の最良の手法であることに疑問の余地はない。1960～1965年のマーケットも時期を過ぎるとボラティリティは減退し、平常を取り戻した。すべての物事に満ち引きがある。

2～3年に一度、NYSE BPIが30％を割り込み、投資家に大きなチャンスをもたらすときがある。毎年あるわけではない。そうなったときは、すぐに買うことができるように準備しておいてほしい。

OTC BPI

OTC市場のハイテク銘柄のトレードばかりが目立つ最近のマーケットで、OTC BPIはその重要性を増している。1981年にチャートクラフト社がOTC BPIをつけ始めた。転換の方法をはじめ、1枠の値幅や、70％が高リスクで30％が低リスクであることなど、すべてNYSEと同じルールである。

OTC BPIはナスダック市場でP&Fの買いシグナルが出ている銘柄の割合を集計したものだ（図5.10）。

OTC BPI（図5.11）を見れば、テクノロジー銘柄の動きについて多くのことが分かるだろう。1982年に小型株が底を入れた。これは大

図5.10 弱気から強気へ

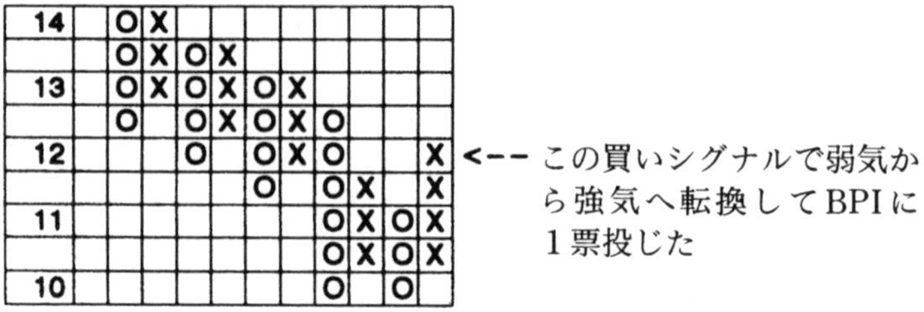

←-- この買いシグナルで弱気から強気へ転換してBPIに1票投じた

型株よりもかなり早いタイミングだった。同年8月に大型株がやっと底入れしたとき、小型株はすでに70%に上昇していた。NYSE BPIのチャートと同様、×列が上昇しているときはボールを持って攻めているとき（株を買っているとき）に当たる。逆に、○の列にあればOTCマーケットがボールを持っているため、ポートフォリオの守りに集中すべき時期である。

最も良いシグナルは、70%よりも上で出る売りシグナルと30%よりも下で出る買いシグナルだ。ただし、現実的には、大半の時期でマーケットはその間を往来している。OTC BPIは極端に下げた1990年、1997年、1998年を除けば、34～36%で底入れするケースが多い。これはリスクを見極めるときの重要なヒントになる。

数年前に比べて、ナスダックなど店頭公開銘柄の重要性は増している。私がまだブローカーをしていた1970年代には、これらの銘柄は最低ランクで、常に高リスクの劇薬だと思われていた。ところが今では、ナスダック銘柄がダウ平均に含まれ、時価総額の最も大きい銘柄のいくつかが、ナスダック市場で取引されている。それでも、ナスダック株のボラティリティが高いことには変わりはなく、リスク許容度の低い顧客には勧められない。

しかし、1990年後半、投資プロセスを理解していない投資家のポー

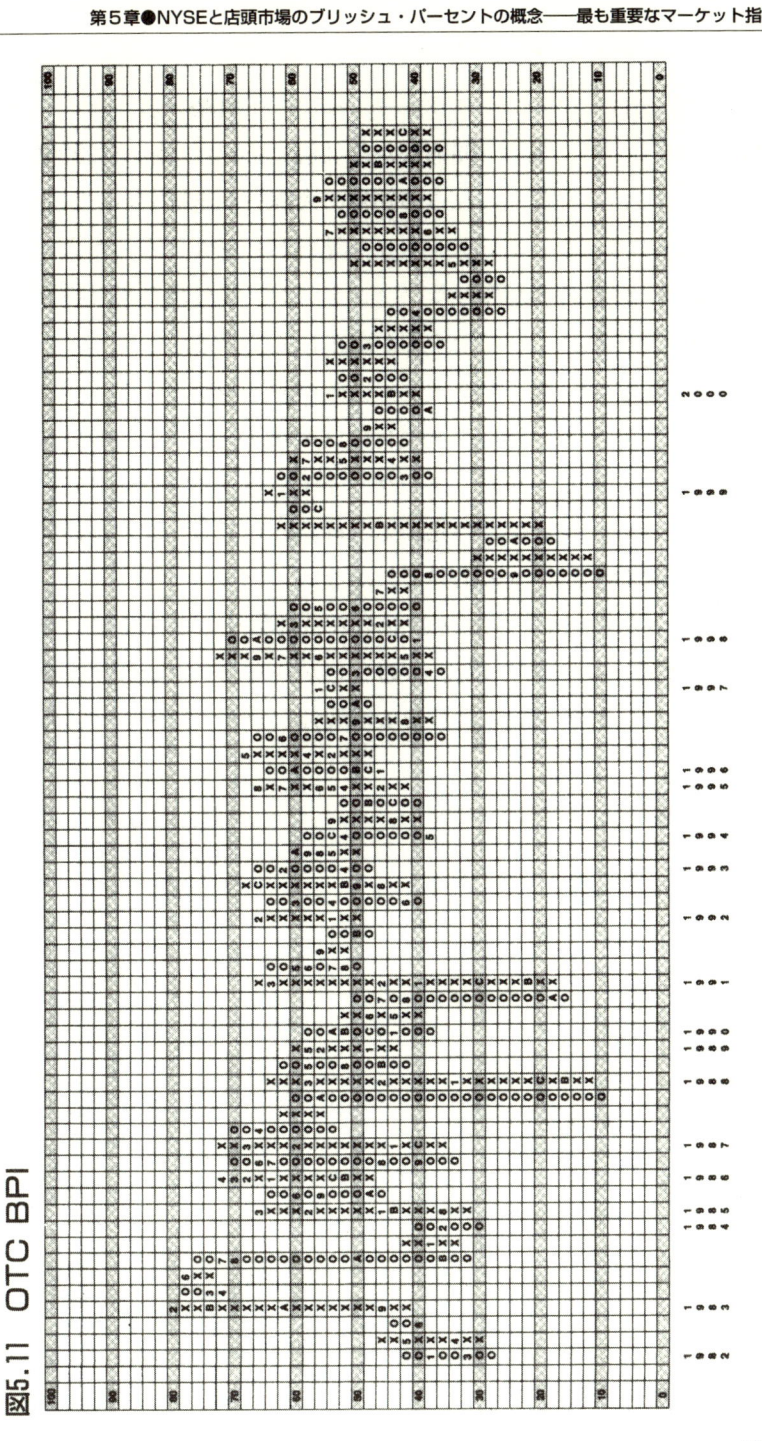

第5章●NYSEと店頭市場のブリッシュ・パーセントの概念——最も重要なマーケット指標

図5.11 OTC BPI

トフォリオは、マスコミやウォール街の「上げ続ける」という言葉を信じて、インターネット銘柄ばかりに偏っていた。そして2001年に入ろうとしている現在、これらの銘柄の大部分が上昇するどころか、失敗に終わっている。インターネット銘柄がピークにあったころ、ウォール街のアナリストが作ったファンダメンタル分析の推奨株リストを見ると、その熱狂ぶりに冷や汗が出るはずである。

　つい最近、ゴールドマン・サックスが59ドルから4ドルへと93％も下落したアスク・ジーブス・インク（ASKJ）をやっと推奨リストから外した。ただし、まだ「マーケットパフォーマー」（中立）になっている。マーケットがこの先20％上げたとしても、4ドルのアスク・ジーブスには80セントの上昇でしかない。

　Eトイズがゴールドマン・サックスの推奨リストから消えたのは、1ドルを割ってからだった。このことからも、ファンダメンタル分析にテクニカル分析を組み合わせる重要性が分かってもらえるだろう。

第6章
その他の指標
Other Market Indicators

　本書の初版が発行された1995年以降、長く実績のあるP&F手法から素晴らしい効果を発揮する指標をいくつか開発してきた。これらの新しい指標には、ブリッシュ・パーセントの概念を利用している。私たちが重要だと考えるその他の市場指標にもBPIの概念を当てはめているだけなのだ。

　まず、NYSE BPIとともに毎日の作業で長年利用している指標を紹介しよう。これらはすべてDWAのウエブサイト（http://www.dorseywright.com/）からリアルタイムで見られるようになっている。ぜひアクセスしてみてほしい。

　このようにインターネットは、チャートやポートフォリオのシステムを維持・表示する方法に革命をもたらした。チャートの更新を毎日手作業でしていたのは、そう昔のことではない。それしか方法がなかったとはいえ、DWAが毎日どれだけのチャートを手作業で更新していたか、想像できるだろうか。チャートシステムが出来上がるまで、5人のアナリストが毎日2500銘柄のチャートを更新していたのだ。

　ところが、いざコンピューター化してみても、アナリストたちは、なかなか手作業をやめようとしなかった。自分が更新している銘柄に直に接していたかったからである。それまで5人のアナリストたちは、毎日チャート帳を順番に回して更新していた。そのおかげでインター

ネットが普及するまでの10年間、1週間で2500銘柄すべての動向を体感できたわけだ。

　現在、コンピューターが大部分の銘柄のチャートを更新している。しかし、DWAの多くのアナリストが、いくつか特別な銘柄を今でも毎日手作業で書き込んでいる。

　このように多くの銘柄を見ているのとは対照的に、調べる指標はごく少数に抑えている。シンプルに徹するのだ。そして同じ指標をNYSE、ASE（アメリカ証券取引所）、OTCの各市場、そして各セクターに用いる。その少数の指標から戸惑うことはけっしてない。逆にすべき作業をはっきりさせてくれる。

　本書にある手法以外の概念をリサーチする必要はない。むしろ、既存の概念をほかにも応用できないか常に考えるようにしている。例えば、現在はミューチュアルファンドや商品先物にも応用できないか分析中だ。車輪の軸みたいなものである。すべての指標はP&Fという分析手法を軸に関連しているのだ。会社の基本理念から離れず、この軸からできるだけ多くのスポーク（軸受けから放射状に延びて車輪を支える網線）を延ばそうとしているわけだ。

　たくさんの指標を乱用する、あるいはうまくいかないと次々に指標を変えるという過ちを犯している投資家が多い。周りを見渡しただけでも、大儲けできるとだれかが確信している指標がほかにもたくさんある。インターネットのチャットを見るだけでも、ますます混乱し、訳が分からなくなる情報と指標の集中砲火を受けるだろう。しかし、「真の本物」は需給という不変の法則だ。それ以外に、株価を変動させる原因はないのだ。

　第5章で述べたように、DWAではNYSE BPIとOTC BPIが最も重要な指標である。両者は長期のコーチ役を務めている。それに対して、最も重要な短期のコーチは「10週移動平均よりも上でトレードされている銘柄の割合の指数」（P-10指数）と「ハイロー指数」だ。私

第6章●その他の指標

たちは、2つの指標をNYSEとOTC市場でそれぞれ算出している。

何年にもわたって並んで動いていたNYSEとOTCの指標は、この2年近く何度も乖離した。しかし、どのような場合でも、これらの指標は正確であった。そのおかげで、ひとつの指標が攻撃を示唆し、もうひとつの指標が守備を示唆したとき、慎重にマーケットを乗り切ることができた。

なかでも完璧と言えるのは、2000年3月にOTC BPIが守備に回るのと同時にNYSE BPIが攻撃に転じたときだ。DWAがOTC銘柄を避けてNYSE銘柄に絞るよう顧客にアドバイスした直後、OTC市場は崩壊してNYSE市場は上昇した。

まず、2つの短期指標について説明してから、DWAで監視している補助的なテクニカル指標を紹介しよう。

2つの短期指標

10週移動平均よりも上でトレードされている銘柄の割合の指数（P-10指数）

先ほど述べたように、P-10指数は私たちにとって最も重要な短期指標のひとつで、ハイロー指数と合わせて使用している。P-10は「Percent of 10」の名のとおり、各銘柄の10週移動平均よりも上の水準で売買されている銘柄の数のマーケット全体に占める割合を表した指標である（図6.1、図6.2）。

DWAではNYSE、OTC、そして各セクターについて、2種類の短期指標を記録している。長期を追いかけるのと同じくらい、マーケット全体の短期の動きを追いかけるのは重要である。

チャートを書き込む用紙は、BPIと同じだ。X軸は0～100%、1枠2%になっている。70%を超えたゾーンから転換し、危険ゾーンま

図6.1 NYSE 10週移動平均よりも上でトレードされている銘柄の割合指数 (P-10)

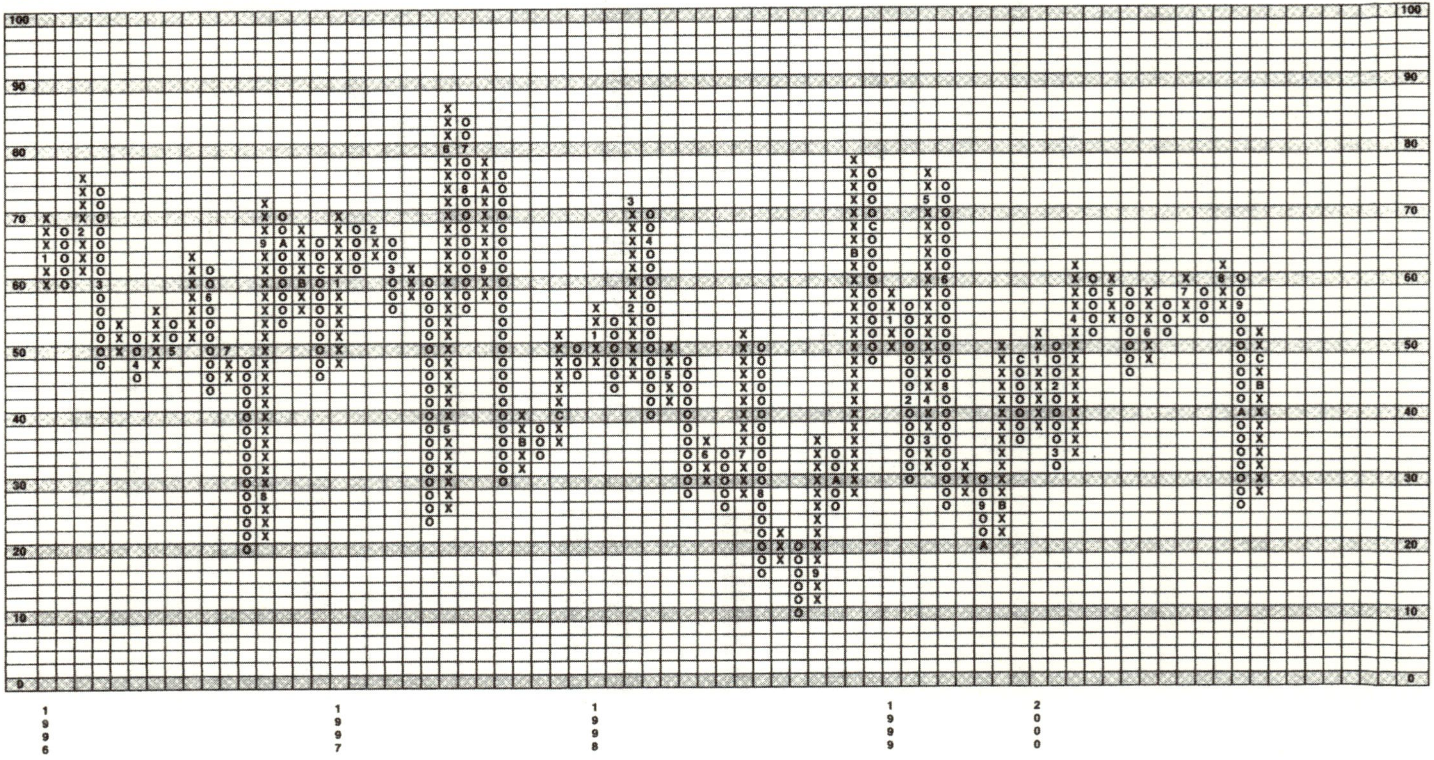

図6.2 OTC 10週移動平均よりも上でトレードされている銘柄の割合指数 (P-10)

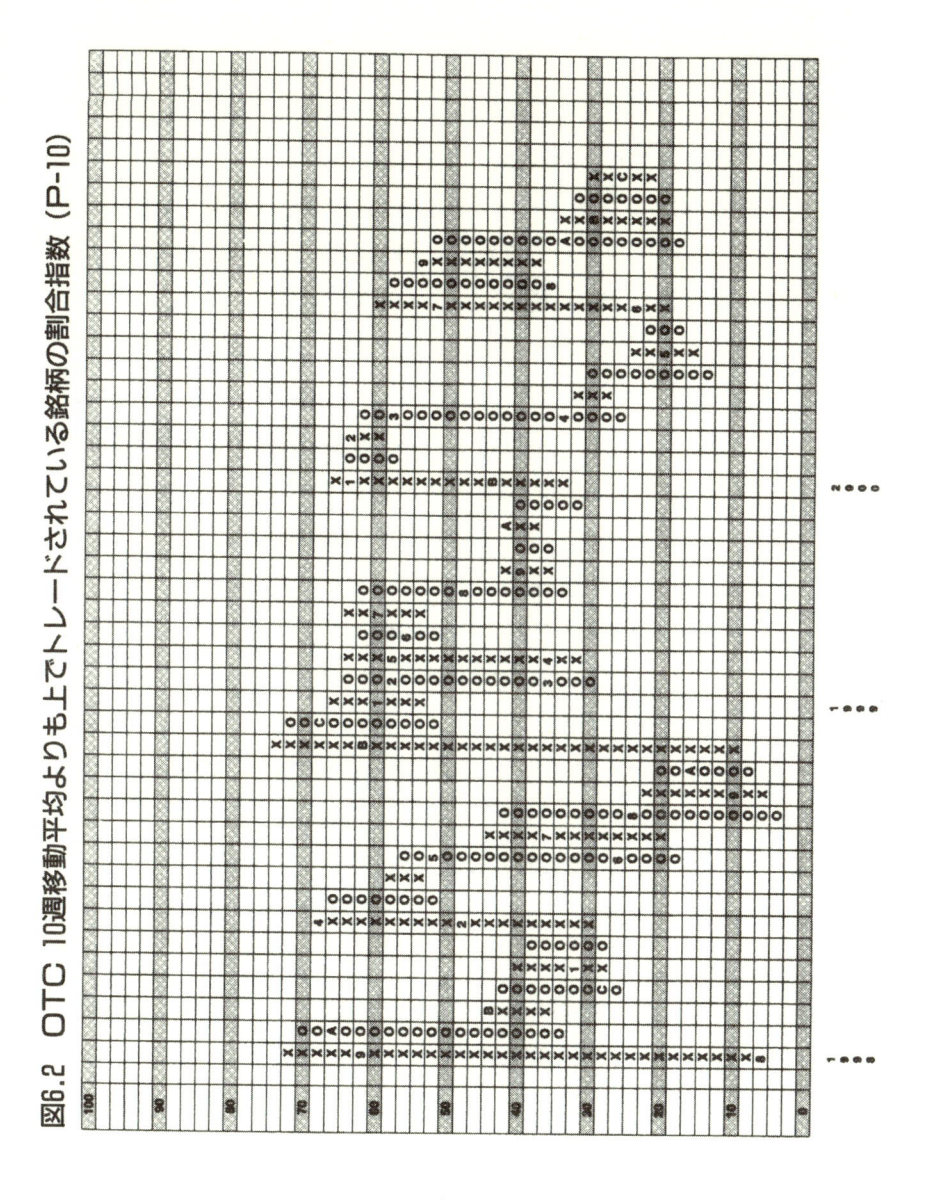

で落ちて出す売りシグナルが最高のシグナルとなる。こうなると幅広い銘柄で短期の調整に入る可能性が高い。この短期の動きは長期に波及することも多いため、非常に有効である。

一方、最高の買いシグナルは、P-10指数が30％未満の水準から転換して上昇するパターンだ。ただし、30％未満からの買いシグナルの場合、指数は70％の水準を超えなくても有効となる。

そこで30％から70％の間の意味を考えてみよう。例えば、P-10指数が、30％未満のリスク水準から転換して短期の買いシグナルを出したとする。そして58％まで上げたところで供給に遭遇し、○列に転換したとしよう。これは短期の反発が小休止しているだけだと考えられる。つまり、売りシグナルではないだろう。短期指標はスポーツカーのように動き回る。したがって、トレンドの休止中に指標が30％を割って、再び買いシグナルを出すケースも頻繁にある。

今度は、P-10が反発したまま74％まで上がったとしよう。これは重要ラインである70％を超えている。反落して70％を割れば、短期的買いから短期的売りにシグナルが切り替わるだろう。同様に、P-10が30％を割ってから反発すれば、シグナルは買いに変わる。

P-10はトレードを計画するときに非常に役に立つ指標だ。ただし、新規にポジションを取るときは、けっしてこれだけで判断を下さないでほしい。

トレーダーは、短期売買のタイミングを見るための指針として効果的に利用できる。NYSE BPIがマーケットの主要トレンドを上昇としているとき、P-10で短期売りのシグナルが出ていれば、短期的なマーケットの下げが予測される。また、主要トレンドが上昇で、P-10が買いシグナルを出していれば、短期的にも長期的にも強気のマーケットにいることになる。

後者のケースでは、投資家は全面的な投資を考えるだろう。前者のケースでは、短期的な下げが終わるまで新規の買いを待つ方法が考え

図6.3 NYSE ハイロー指数

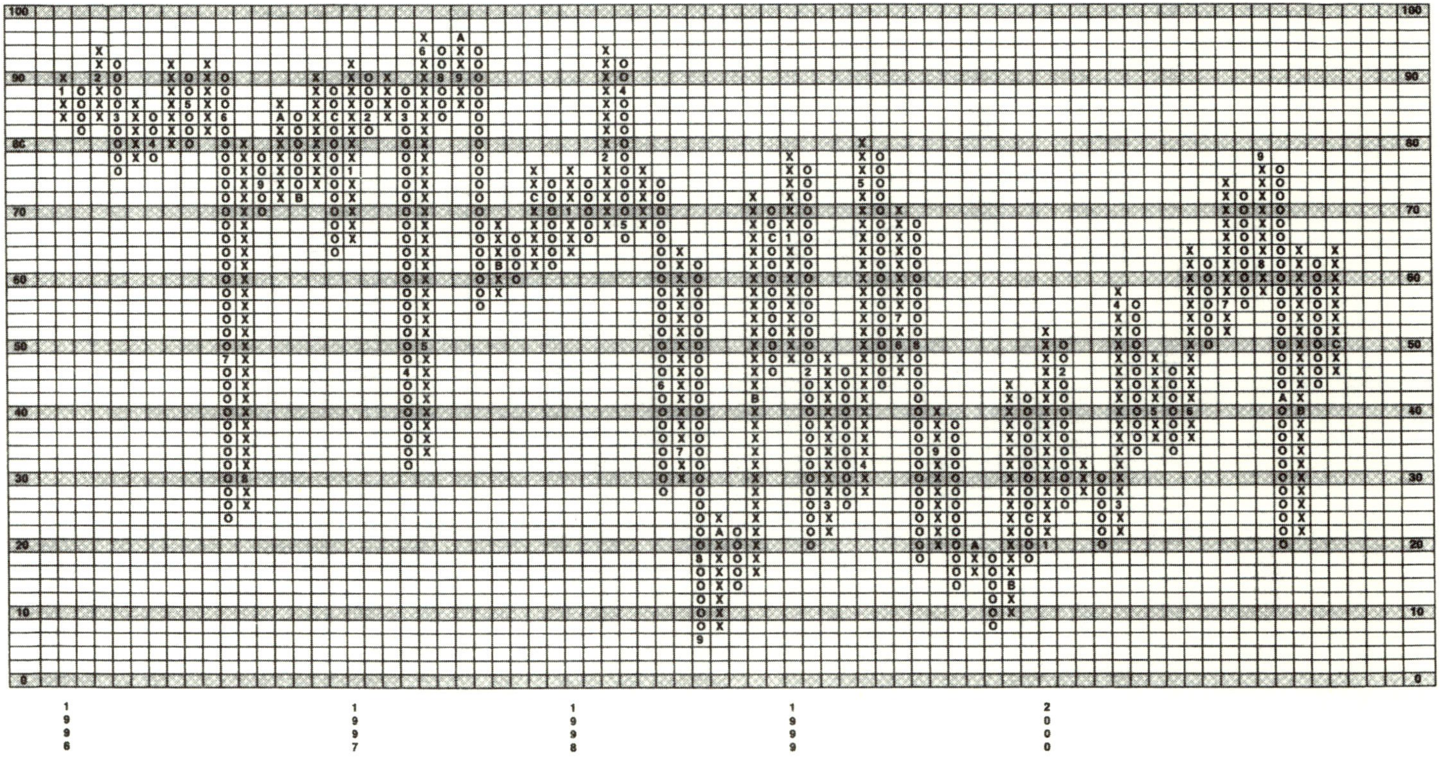

られる。この指標については、後ほどさらに説明する。

ハイロー指数

　ハイロー指数（High-Low Index）はP-10とともに利用している短期指標だ。こちらもNYSEとOTCで、それぞれ記録している。
　この指標の算出方法は簡単だ。毎日、NYSE（またはOTC）の新高値の銘柄数を新高値の銘柄数と新安値の銘柄数の和で割り、その10日移動平均をP-10と同様にチャートにする（**図6.3、図6.4**）。
　ここでもX軸は0～100％で、評価方法もP-10と同じである。30％と70％が重要ポイントになる。30％よりも下から反発すれば買いシグナル、70％よりも上で転換して、その線を割れば売りシグナルになる。また、売買シグナルは前回の上値や下値を超えたときにも出る。
　70％よりも上での転換は、高値を更新する銘柄よりも安値を更新する銘柄のほうが多くなってきたことを意味する。トレンドが変わる兆しだと言えるだろう。反対に30％よりも下から反発するときは、安値を更新する銘柄が大幅に減ってきたことを示唆している。
　ハイロー指数にはほかにも特徴がある。①この指標が数カ月間にわたって70％を超えた水準を維持するときがある、②90％以上や10％以下という極端な水準に達するときもある、③NYSEハイロー指数が10％を下回ったら株価が下げきったシグナルである。
　この指標が0％になれば、10日間連続して高値を更新した銘柄がひとつもないことを意味する。10％からの反発は、買いのチャンスである場合が多い。次の表にNYSEハイロー指数が10％を割った時期をまとめた。

図6.4 OTC ハイロー指数

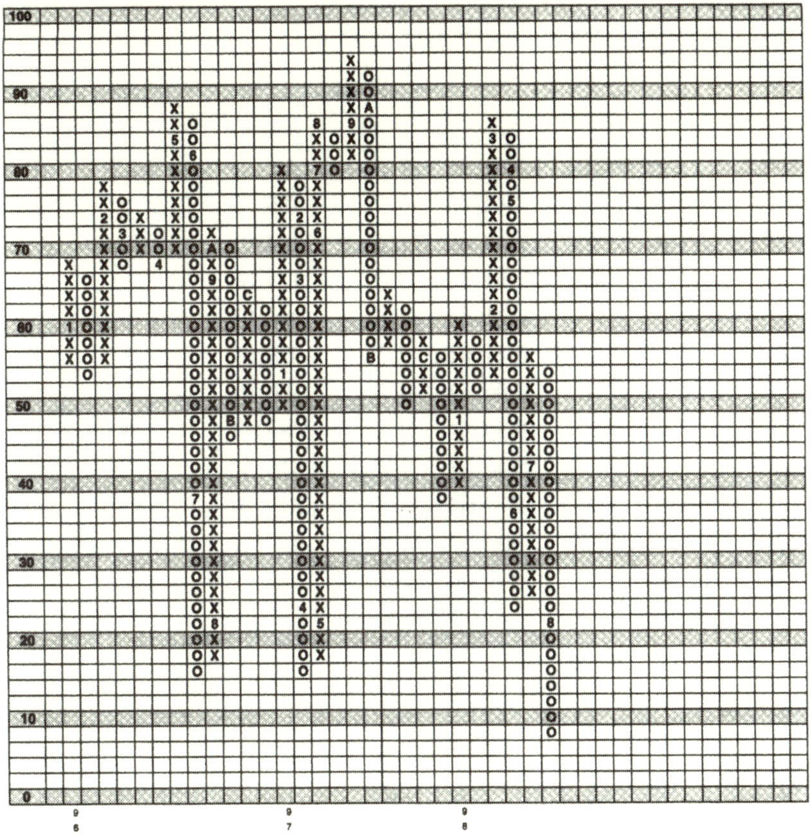

30週移動平均よりも上でトレードされている銘柄の割合の指数（P-30指数）

P-30は、30週移動平均よりも上の水準で売買されているNYSE銘柄の割合である。常に週ベースで確認している比較的長期の指数だ

NYSEハイロー指数が10％以下を記録した時期——マーケットが下げきった状態

年月	10％を割った日	ダウ平均	最低値	ダウ平均	上昇に転換した日	ダウ平均
1980/3	80/3/6	828.07	0.9%	800.94	80/4/10	791.47
1981/9	81/3/31	881.46	2.0	849.98	81/10/7	868.72
1982/6	81/6/7	804.03	5.5	795.57	81/6/24	810.41
1984/2	84/2/17	1148.87	7.5	1134.21	84/2/28	1157.14
1984/5	84/5/29	1101.24	5.3	1124.35	84/6/11	1115.61
1984/7	84/7/18	1111.64	5.5	1096.95	84/8/2	1166.08
1987/10	87/10/20	1841.01	0.7	1938.33	88/1/4	2015.25
1990/1	90/1/31	2590.54	8.9	2590.54	90/2/7	2640.09
1990/5	90/5/2	2689.64	9.7	2689.64	90/5/7	2721.62
1990/8	90/8/15	2748.27	3.4	2613.37	90/9/18	2571.29
1994/11	94/11/23	3674.63	5.4	3746.29	94/12/21	3801.80
1998/8	98/8/31	7539.07	4.2	7615.54	98/9/23	8154.41
1999/10	99/10/21	10297.69	7.7	10302.13	99/10/29	10731.76

（**図6.5**）。

　P-30は長期の指数であるため、シグナルはそれほど多くない。そのため、ほかの指標と組み合わせて利用している。ほかの指標と同様、前回の上値を超えるか30％未満から転換上昇したら買いシグナルで、70％を下抜くか前回の下値を割ったら売りシグナルになる。

　この指標の面白い見方を指摘したのは『チャーティスト・ニュースレター』のダン・サリバンだ。P-30が80％を超えてから60％を割ると、再度80％に回復するよりも前に40％まで落ち込むことを発見した。これまでにこのようなケースは12回あり、毎回80％－60％－40％のパターンを踏襲している。直近のケースは1997年にあった。このことも念頭においておくと、いつか役に立つかもしれない。

第6章●その他の指標

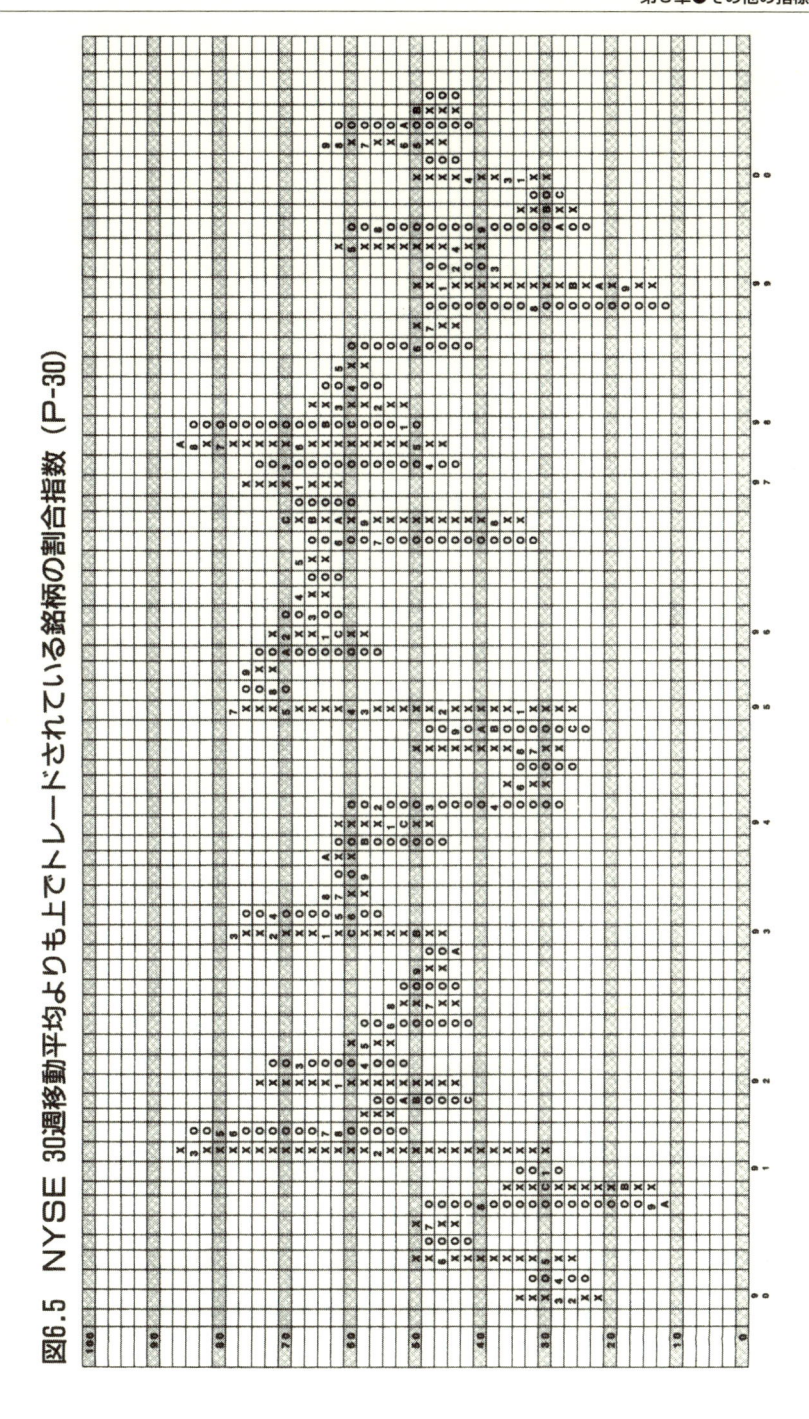

図6.5 NYSE 30週移動平均よりも上にさせられている銘柄の割合指数（P-30）

騰落ライン

　騰落ラインはマーケットのトレンドを見る方法で、株価がいくら変動したかに関係なく、値上がりした銘柄数と値下がりした銘柄数を基にして算出する。毎日、その日に上昇した銘柄数と下落した銘柄数の差は算出されている。上昇した銘柄数が下落した銘柄数よりも多ければ、その差を前日の数字に足す。下落した銘柄数が上昇した銘柄数よりも多ければ、その差を前日の数字から引く。

　DWAではNYSE、ASE、ナスダックの騰落ラインを記録している。注目点は2つある。ひとつは10日前の水準よりも上かどうかだ。もしそうであれば、短期の騰落ラインはポジティブとする。もうひとつは、騰落ラインのP&Fチャートだ。買いシグナルが出ていれば、マーケットの騰落ラインは長期でポジティブ、売りシグナルが出ていれば騰落ラインは長期でネガティブとなる。

　ダブルトップやダブルボトムに加え、ハイポールやローポールなどの警告にも注意する。この指数が注目されるのは、BPI同様、1銘柄が1票でカウントされるからである。ダウ平均やナスダック総合指数が下げても、必ずしも大部分の銘柄の動きとは連動していない。騰落ラインは、30銘柄程度の動きではなく、市場全体の本当の動きを教えてくれる。

ポジティブトレンドの割合（PT）

　株を評価するとき、チャートパターンに加え、その銘柄の大きなトレンドとRSチャートも重視している。ポジティブトレンド（強気支持線よりも上でトレードされているとき）とRSの概念に、ブリッシュ・パーセントの概念を結合させると、非常に効果的であることを発見した。

図6.6　PTNYSE（NYSEでポジティブトレンドの割合）

← 1998/6に下落に転じ、ポジティブよりもネガティブトレンドの銘柄が増えたことを示している

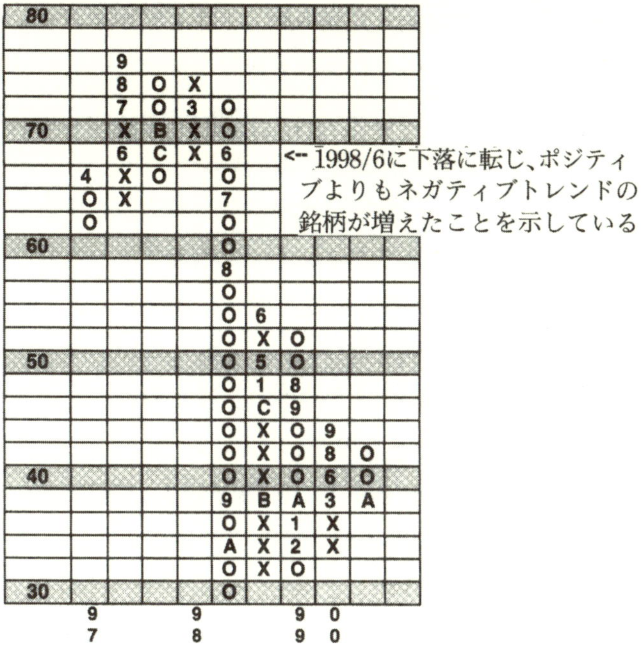

　記録を始めたのは1997年からで、始めてまだそれほどたっていない。しかし、この指標は、すでに1998年の天井や2000年にその真価を発揮した。まず、ポジティブトレンドとブリッシュ・パーセントを組み合わせる方法を紹介したうえで、RSの説明をしたい。

　ポジティブトレンドの割合のチャートを私たちは「PTチャート」と呼んでいる。PTチャートは、マーケット（あるいはセクター）内の強気支持線よりも上でトレードされている銘柄数の割合を示している。例えば、あるセクターに100銘柄あり、そのうち50銘柄が強気支持線よりも上でトレードされていれば、PT指数は50%になる。

　この指数が上昇すれば、マーケット（もしくはセクター）内の銘柄

の多くがポジティブトレンドに転じ、高値が続くことを示している。逆に、ポジティブトレンドにあった銘柄群の正味6％がネガティブトレンドに転じれば、セクターのトレンドもネガティブに転じていると雄弁に語っているわけだ。2つのトレンドの攻防に最終的に決着がつき、列を転換したときは、特に注意してほしい。

本書の冒頭に述べたように、新規にポジションを取るときは常に、できるかぎり勝算を高めるべきである。そこで重要視すべきひとつが「その銘柄の主要トレンドは？」である。買うときは強気支持線よりも上でトレードされている銘柄を選びたい。そして、マーケットのなかで強気支持線よりも上（ポジティブトレンド）に移行している分野を教えてくれるのがPTチャートなのだ。

1998年3月、NYSEのPTチャート（PTNYSE）は74％であった（図6.6）。つまり、NYSEの74％の銘柄が強気支持線の上にあり、ポジティブトレンドにあったわけだ。

1998年6月、6％の銘柄が強気支持線を割った。これはPTNYSEチャートが○列に転換するのに十分な動きで、NYSEに変化が訪れる可能性が高いことを告げていた。この転換は、強気支持線よりも上だった銘柄の多くが、ネガティブトレンドに転じ、弱気抵抗線の下でトレードされていることを意味していた。I-95を南下する銘柄が増えてきたわけだ。

2000年2月、PTNYSEチャートは32％まで下げた。強気支持線よりも上にあるのはNYSE全体のわずか32％という状態だ。そして同年3月、PTNYSEチャートは上昇に転じた。

ところが、同じ週にPTOTC（ナスダック市場銘柄で強気支持線よりも上でトレードされている銘柄の割合）は下落に転じたのである（図6.7）。大きな転換期であった。OTCやナスダックに下落トレンドの銘柄が増え、NYSEに上昇トレンドの銘柄が増え始めていたのだ。このゲームは、チェス同様、プレーヤーの動きが理解できるようにな

第6章●その他の指標

図6.7 PTOTC（OTCでポジティブトレンドの割合）

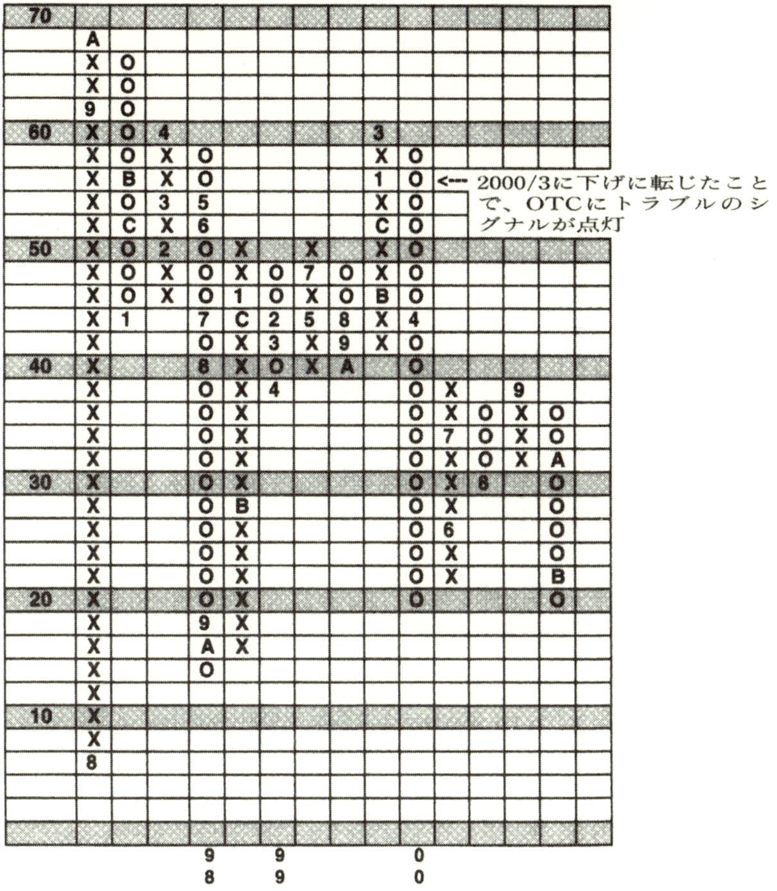

(図表省略) ← 2000/3に下げに転じたことで、OTCにトラブルのシグナルが点灯

ると、本当に面白ろくなってくる。

RSが×列の割合（RSX）

株を買うときのもうひとつの条件に「RSチャートが×列にあるか、

203

図6.8 RSXNYSE（NYSEでRSチャートが×列の割合）

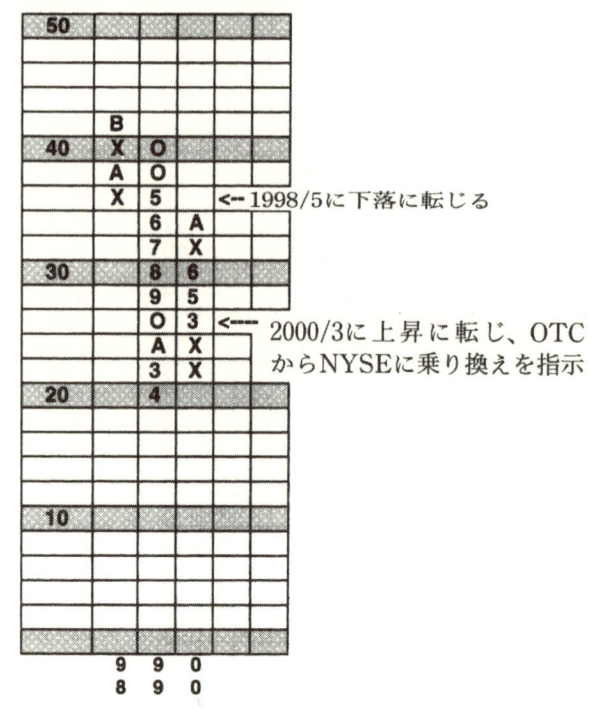

```
50
          B
40  X  O
    A  O
    X  5    <-- 1998/5に下落に転じる
       6 A
       7 X
30     8 6
       9 5
       O 3  <---- 2000/3に上昇に転じ、OTC
       A X       からNYSEに乗り換えを指示
       3 X
20     4

10

       9 9 0
       8 9 0
```

つまり現在、市場平均を上回るパフォーマンスを上げているか」がある。

　PTと同じ論理で、RSチャートで×列にある銘柄が増加をみせている市場やセクターに注目してほしい。DWAでは業種ごとに、短期ベースでRSがマーケットを上回っている銘柄の数を算出している。

　RSの売買シグナルは平均して2年以上持続するが、列は通常6〜8カ月で変わる。そして、RSの直近の列に基づいて銘柄を評価す

るのが非常に有効であると判明している。例えば、直近のRSチャートが×列にあれば、その銘柄は短期的にはマーケットを上回り、○列であれば短期的には下回ると考えられるわけだ。

RSが×列にある銘柄の割合（RSX）をPTと同様、0～100％の枠に書き込んでいく。この指数が×列を上昇すれば、その業種やセクターが短期的に市場を上回るパフォーマンスを上げていることを示している。

DWAでは、このチャートを「RSXチャート」と呼んでいる。DWAのウエブサイトでチャートを出すときに市場やセクター名の前にRSXをつけているからだ。例えば、RSのチャートが×列にあるNYSE上場銘柄の割合を表示する場合、「RSXNYSE」と入力する。

RSXチャートでも、NYSEとOTC市場に、はっきりとした乖離があると分かる。図6.8にあるように、RSXNYSEチャートは3月22日から上昇を始めた。この×列の上昇は、NYSEに市場全体のパフォーマンスを上回る銘柄が増えていることを示している。一方、このときのRSXOTCを見ると（図6.9）、RSチャートが×列の銘柄は、3月の52％から、28％にまで落ちていた。OTC市場では、○列に転換する銘柄、つまり市場のパフォーマンスを下回る銘柄が増えているわけだ。

NYSEが強含み、OTCが弱含んでいるのは、騰落ラインの累計でも裏づけられている。2000年3月22日から11月27日にかけてNYSEでは、累計で下落数が上昇数を5241ポイント上回った。一方、OTCの累計は下落数が上昇数を6万4618ポイントも上回っていたのである。これを見れば、2000年はNYSE銘柄のほうがずっとよく持ちこたえていたことが分かるだろう。

1998年5月、RSXNYSEチャートが○列に転換し、2000年3月まで続いた。NYSEのなかで大きな割合を占めるのは消費銘柄や銀行銘柄だ。この時期、銀行株は半値以下に下げていた。1998年の高値か

図6.9 RSXOTC (OTCでRSが×列の割合)

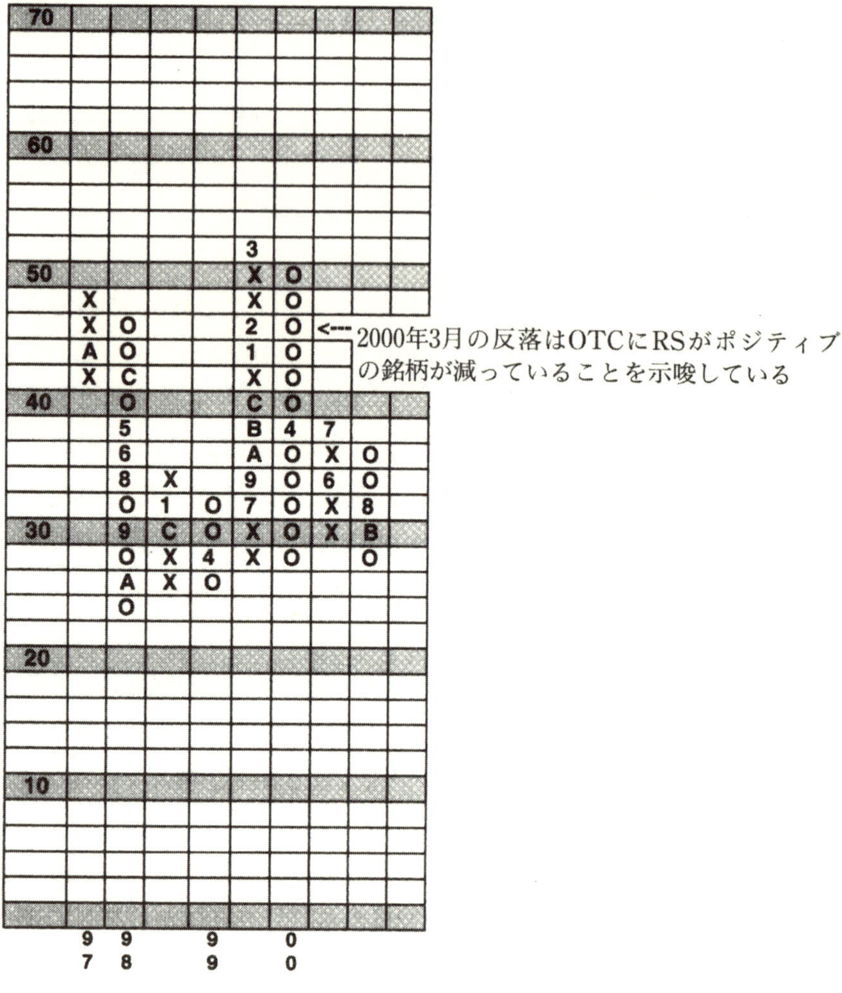

<--- 2000年3月の反落はOTCにRSがポジティブの銘柄が減っていることを示唆している

ら2000年の安値までの間に、バンク・オブ・アメリカ（BAC）は88ドルから約38ドルに、1994年から好パフォーマンスを上げていたコカ・コーラ（KO）は1998年の88ドルから2000年初めに44ドルに下げた。

　一方、同時期にRSXOTCは×列を上昇していた。テクノロジーバブルが拡大するなかで、テクノロジー銘柄が一気に花開いた時期であった。16ドルから100ドルに高騰したハイセック（HYSQ）や、25ドルから125ドルになったレッドハット（RHAT）など、このころに売買していた銘柄のことは、今でもよく覚えている。

　しかし、バブルが崩壊すると、これらの銘柄も砕け散っていった。一時は150ドル（見やすいように1枠5ポイントにする水準）を付けた銘柄も、今では5ドルを割っている。こう書いていると、自分が歴史の目撃者になったような感覚を受ける。将来、孫に「おじいちゃんは、あの驚異的なテクノロジーの強気相場を実際に経験して、バブル崩壊後の悲惨な状況もこの目で見たんだよ」などと話すのだろう。

　このような時期でも、熟練船長が巨大タンカーを安全に誘導して出港させるように、P&Fのチャートは、投資家が進むべき方向と注意すべき方向を誘導してくれたのである。

RSが買いシグナルの割合（RSP）

　P&FのRS買いシグナルや売りシグナルは、本来、長期型のシグナルで、平均して2年ほど続く。DWAでは、市場全体（あるいはセクター）に対してRSが買いシグナルになっている銘柄の割合（RSP）を算出し、0～100％の枠に書き込んでいる。このチャートが×列を上昇しているときは、より多くの銘柄が市場全体（あるいはセクター）に対して長期的に強含んでいる。

　RSPは、RSXやPTに比べて、かなりゆっくり動く。RSPが買いシグナルを出したときは非常に重要である（これについては第7章で詳

図6.10 RSPOTC（OTCでRSが買いシグナルの割合）

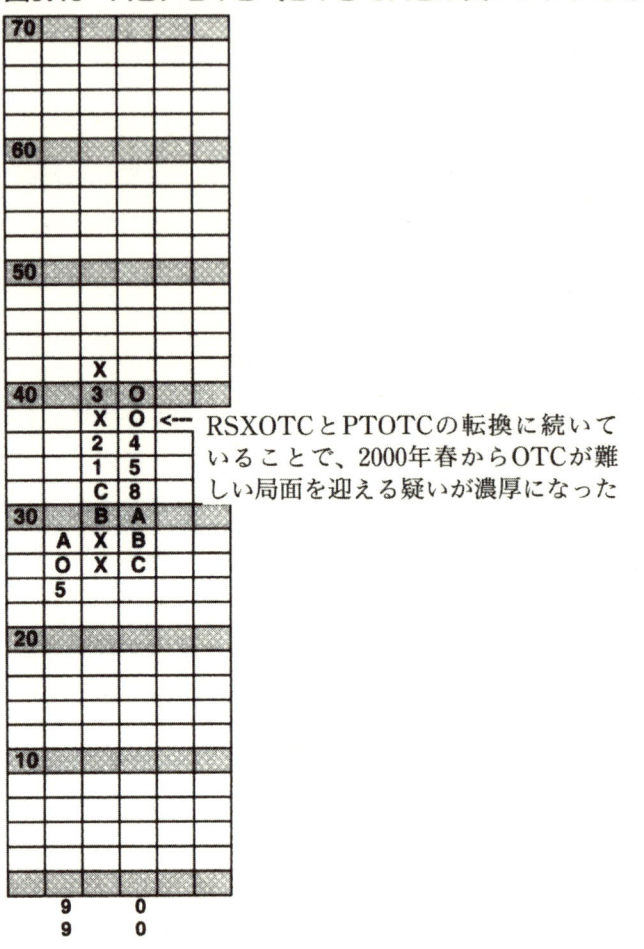

<-- RSXOTCとPTOTCの転換に続いていることで、2000年春からOTCが難しい局面を迎える疑いが濃厚になった

しく説明する）。**図6.10**から、OTC市場のRSP（RSPOTC）がRSXOTCやPTOTCとともに、2000年4月に下落に転じたことで、逆境の到来を示唆していると分かるだろう。

強気センチメント指数

強気センチメント指数（Bullish Sentiment Index）は『インベスターズ・インテリジェンス』というニュースレターを発行しているチャートクラフト社の編集者、マイク・バークがかなり昔に考案した。

バークは毎週数多くのニュースレターを読み、それらを強気、弱気、調整の各グループに分けている。だれもが船の一方に寄ってしまったときは、反対側に移動するのが最も良い方法だ。バークは、大部分のマネーマネージャーのパフォーマンスが平均を下回るという事実から、彼らを反対指標として利用することを考えた。つまり、投資顧問の大半が強気のときにはマーケットがその反対に動く可能性が高く、弱気のときにはその逆になるというわけだ。

またバークは、だれもが調整期に入ると予想したときは、おそらく現在のトレンドが継続すると考えた。『インベスター・インテリジェンス』では、これらの数値を毎週掲載している。

弱気センチメント指数

弱気センチメント指数（Bearish Sentiment Index）は、強気センチメント指数のちょうど逆で、弱気のアドバイスの割合を測定している。大多数が弱気のときは、マーケットは反発し、株価は上昇するだろうというわけだ。

まとめ

ここで一息ついて、これまで紹介してきた指標のおさらいをしよう。NYSEやナスダック、そして各セクターについて算出した数種類の概念や指標を頭に入れるため、私は毎週「市場指数表」をつけている。

DWAのサイトにも似たような表があり、作成可能だ。しかし、毎週ただ画面を眺めるよりも、手で書くほうが市場で起きていることを実感できると思う。

　下の表を書き終われば、次はこれを評価する。変化がほとんどないことに驚くだろう。この一覧にある指標の全体的な傾向が変化するときは、ジェットスキーではなく空母のような動きをする。しかし、変化が起きたときは、よく指標に注意して、必要があれば行動を起こさなければならない。

市場指数表

指数	NYSE市場	ナスダック市場
ブリッシュ・パーセント		
10週移動平均より上でトレードされている銘柄の割合指数		
ハイロー指数		
30週移動平均より上でトレードされている銘柄の割合指数		
騰落ライン		
ポジティブトレンドの割合		
RSが×列の割合		
RSが買いシグナルの割合		

　これらの指標に精通し、自分に合った戦略を使いこなせるようになれば、変化が起きたとき「ヘッドライトの鹿症候群」に陥らずに（金縛りにあって途方にくれずに）済むだろう。何をすべきかが直感的に分かるはずだ。

ゴルフをする人は、ロバート・J・ロテラ博士の本を読んだことがあるかもしれない。バージニア大学のスポーツ心理学のディレクターで、数々のプロゴルファーのコンサルタントでもある博士は、ゴルフについて数多くの著作がある。忘れられない博士のアドバイスのひとつが「どのショットをするときにも重要な心構えは、正確さよりも思い切りの良さである。特にパットはそうだ」である。

ウォール街で生きているかぎり、いつも正解はあり得ない。自分のゲームプランを放り出してはならない。自分の戦略的行動に二の足を踏んではならない。完璧を目指すことの問題点は、完璧な手法を追い求めてしまうことにある。しかし、毎週、新しい手法を試しても、ゴールにはたどり着けないだろう。

勝つために必要なのは、ひとつの手法に決め、規律を持って継続することなのだ。フィボナッチ数列、ギャンアングル、占星術など、選ぶ手法が人によって違うのは構わない。だが、自分に合った手法が決まったら、それにこだわってほしい。私は不変の法則であり、非常に理解しやすい需要と供給という原理に基づいたP&Fが最も使いやすいと考えている。

自分のルールを疑い始めたら、負ける運命にある。自分が習得した原理を時機が来たら実行する。買っても負けても引き分けても自分を信じるべきである。全戦全勝の方法など存在しない。目指すべきは、間違いよりも正解を増やすことであり、そのためにできるだけ勝算を高める必要があるのだ。

先ほど紹介したマーケット指数表を毎週評価するとき、実際に起こりそうなシナリオをいくつか考えてみてほしい。各市場で指標の×列が上昇していれば、ボールはこちらの手にあり、攻めるときだと分かる。しかし、指標が×列でも70％近くにあれば、リスクは高く、シグナルとともに守備陣がいつでも出動できるよう、準備を整えておく必要がある。

指数の大半が○列を下落しているときは市場が弱含みであるため、資金を温存する方法を考える。そして、○列でも30％を割ったときには、反転したときに買う銘柄の候補を考え始めるのである。

これらの指標は通常、動く速さが違う。だが、マーケットに大きな動きがあるときは、まるでパズルが完成するときのようにひとつにまとまってくる。最初、パズルのピースを机の上に広げた時点では、断片の寄せ集めでしかない。しかし、外枠ができてくると全体像が見えてくる。これらの指標もそれと同じ仕組みになっている。

債券市場の指標

投資家の判断材料として、金利は欠かせない。債券の優位性を株と比較して評価するからだ。金利が上がれば、基本的に投資家は株から資金を引き、債券に切り替える。この判断は株の供給が増加し、株価が下落する原因となる。これは金利が株式市場にどのように影響をもたらすかの簡単な説明だ。

この理論を主題とした本は数多くある。しかし複雑であるため、本書では単に金利の方向を予測する方法を理解することに集中する。シンプルに努める。

毎日利用している指標は、ごく少数である。そのため実際にチャートを手書きで更新している。そのほうが債券市場で何が起こっているのか、集中して継続的に追いかけることができる。

ダウ・ジョーンズ20種債券平均

図6.11は、かつて中心的に使っていた長期の債券指標、ダウ20種債券平均のP&Fである。枠のサイズは１枠当たり0.20だ（**訳注** この指数はすでに廃止されている。現在これに最も近いのはダウ・ジョー

図6.11 ダウ・ジョーンズ20種債券平均（1992〜2001年）

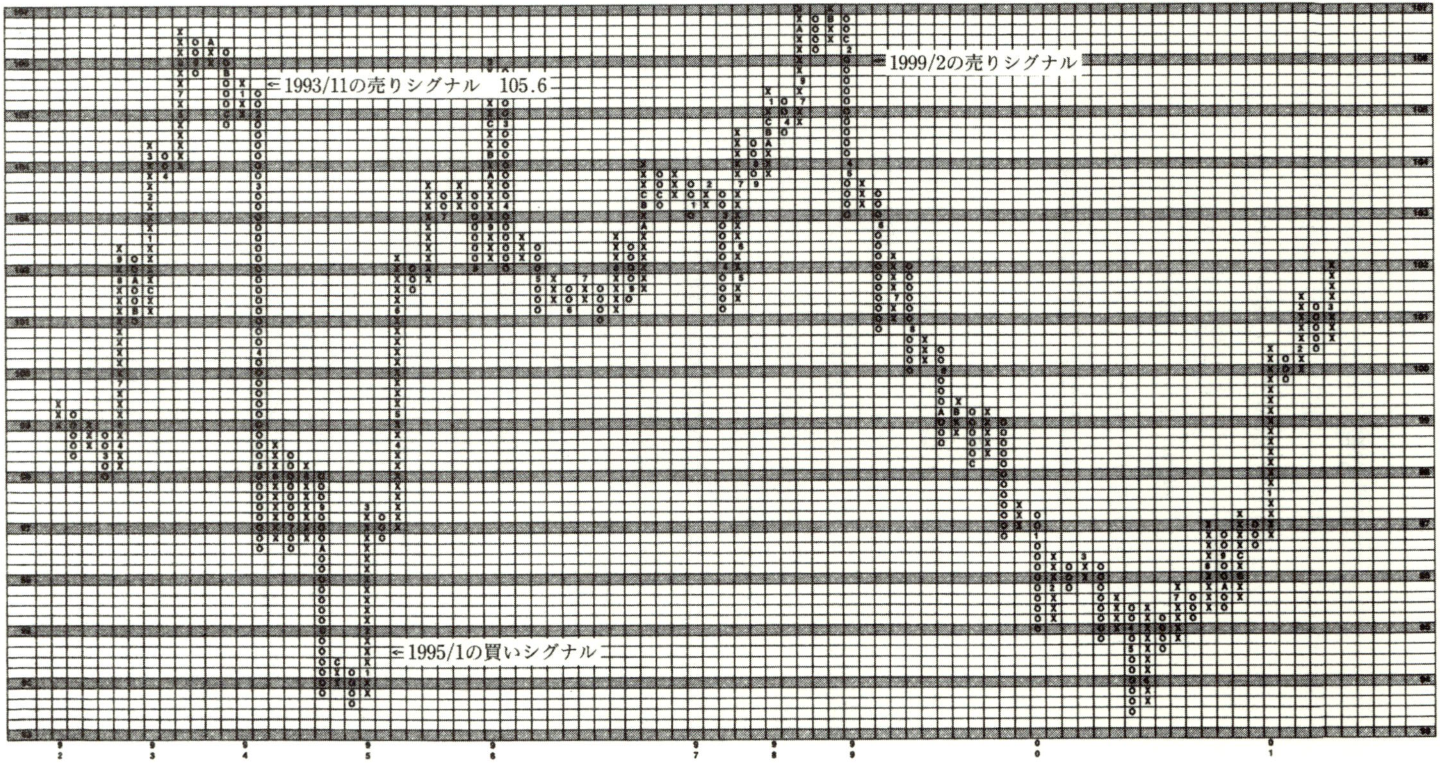

ンズ・コーポレート債券指数である)。

この指数は動きが遅く、頻繁にシグナルを出すわけではない。しかし、出たときには注意深く監視する必要がある。買いシグナルには、ダブルトップとローポール警告の2種類がある。

ローポール警告は、株価もしくは指数が○列の「ポール（柱）」を作り、それから50％以上の反発があったときに生じる。ポールとみなされるには、前の○列の下値を最低3枠超える必要があることは前にも解説した。

売りシグナルにも、ダブルボトムとハイポール警告の2種類がある。ハイポールは、やはり前回の×列の高値を最低3枠超えるポールを立てたあと、50％以上の下げがあったときに明確に現れる。

図6.12にあるように、この長期指標はシグナルがなかなか出ない。1992年以降、ダウ20種債券平均のシグナルが出たのは、わずか16回だ。しかし、そのうち11回は利益につながっている。75％という勝率はけっして悪くない。債券が不調だった1994年と1999年にはトレードから離れ、また1995年だけは反発時にもトレードするように指示してくれたのもこの指標だった。

大リーグのアレックス・ロドリゲスは、過去10年間に30％しか「成功」していなくても2億5000万ドルの年俸を受け取っている。これが75〜80％だったらどうなるか想像してほしい。売買シグナルのすべてが正しいわけではない。しかし、シグナルが出るたびに行動する。それが重要だ。

ポーカーの5カードスタッド（**訳注** ポーカーのルールのひとつ。最初の2枚が配られた時点で賭け金を出し、そのあとは1枚配られるごとに賭けていく）をして、最初の2枚のカードがどちらもエースであれば、どうするだろうか。最高の手となる可能性が高いのだから、賭け金を出すだろう。勝算は十分ある。もちろん、結果がはっきりするのは、それから配られる残り3枚からだ。

図6.12　ダウ20種債券平均の売買シグナル

1992/5	買いシグナル	99.2	
1993/10	売りシグナル	105.6	+6.4
1993/10	売りシグナル	105.6	
1995/1	買いシグナル	94.6	+11.0
1995/1	買いシグナル	94.6	
1995/7	売りシグナル	102.8	+8.2
1995/7	売りシグナル	102.8	
1995/9	買いシグナル	103.0	−0.2
1995/9	買いシグナル	103.0	
1996/3	売りシグナル	103.8	+0.8
1996/3	売りシグナル	103.8	
1996/8	買いシグナル	102.0	+1.8
1996/8	買いシグナル	102.0	
1997/1	売りシグナル	103.0	+1.0
1997/1	売りシグナル	103.0	
1997/6	買いシグナル	102.6	+0.4
1997/6	買いシグナル	102.6	
1999/2	売りシグナル	106.0	+3.4
1999/2	売りシグナル	106.0	
2000/2	買いシグナル	96.4	+9.6
2000/2	買いシグナル	96.4	
2000/3	売りシグナル	95.6	−.8
2000/3	売りシグナル	95.6	
2000/6	買いシグナル	94.6	+1.0
2000/6	買いシグナル	94.6	
2000/9	売りシグナル	96.0	+1.4
2000/9	売りシグナル	96.0	
2000/12	買いシグナル	97.2	−1.2
2000/12	買いシグナル	97.2	
2001/2	売りシグナル	100.4	+3.2
2001/2	売りシグナル	110.4	
2001/3	買いシグナル	101.6	−1.2
2001/3	買いシグナル	101.6	

その状況では毎回賭けるだろう。だが、毎回勝てるとは限らない。それでも、勝算が自分にあったことには変わりないのだ。

1993年10月、DWAが毎日発行している『エクイティ・マーケット・レポート』のなかで「この指数が売りシグナルを出せば、金利が今にも上昇する可能性を示唆している。変動金利の住宅ローンは、すぐに固定金利に切り替えるべきだ」と書いた。売りシグナルは1993年11月に出た。そして指数はそこで止まってしまった。このとき私が変動ローンに切り替えたかというと、答えは「ノー」だ。金利が下がるのをじっと祈っていた。

この話の教訓は「指数を信じよ」である。ダウ20種債券平均が底入れしたのは、94.6でダブルトップ買いシグナルを出した1995年1月であった。カルフォルニア州オレンジ郡が破産したのがこのころだ。破産のニュースが債券市場の底と重なったのを記憶している。何度も述べているように、マスコミは今起こっていることを伝えているだけで、市場の関心事である将来については何も教えてくれない。しかし、指標を監視しているおかげで、結果が雑誌の表紙になる前に、正しいトレンドに乗れる可能性がある。

ダウ20種債券平均の直近のシグナルは、1999年2月2日の売りシグナルだ。1993年の売りシグナルとほぼ同水準であった（**図6.11**）。このときの『タイム』誌の表紙には「世界救出委員会」と題してFRBのグリーンスパン議長、ルービン財務長官、サマーズ財務副長官の写真が並んでいた。これは債券を売るか、少なくともヘッジし、金融関連株のポジションに注目し、ストップポイントの設定を確認せよ、という警告だった。その後、指数は売りシグナルの102から1994年の底を下回る93.4まで下げて、ようやく転換した。

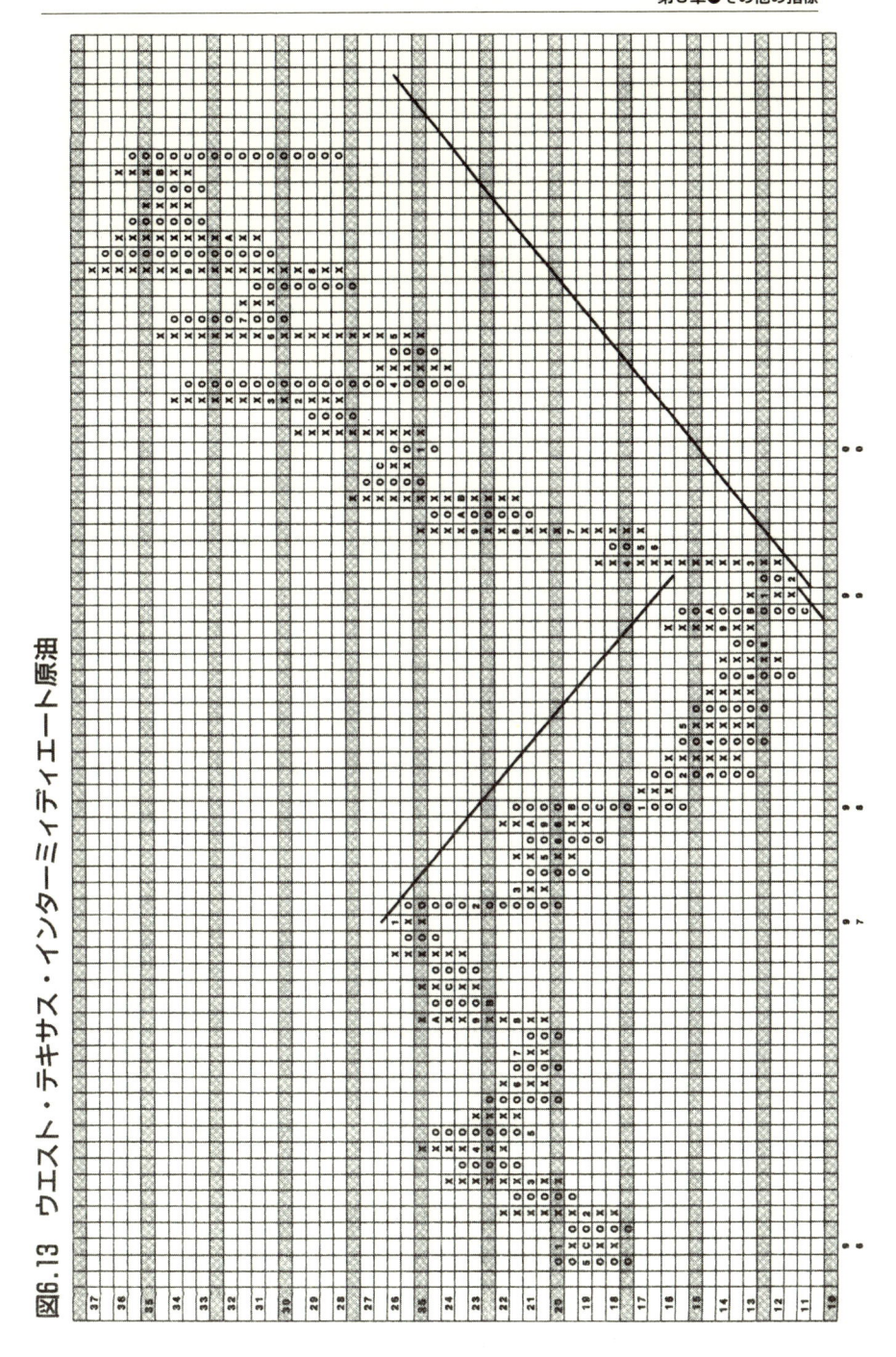

図6.13 ウエスト・テキサス・インターミィディエート原油

商品先物市場

　商品チャートは、株価に影響を与える原材料の動きを知るために観察している。なかでもウエスト・テキサス・インターミィディエート（WTI）原油先物は注目だ（**図6.13**）。

　WTI原油は1999年3月にトレンドが数年ぶりにポジティブに戻り、石油価格の高騰を示唆していた。目標値を計算すると33ドルになった。しかし、当時こんなことを言っても、だれも信じてくれなかった。

　このWTI原油の大きな買いシグナルから、石油および石油サービス銘柄に注目した。第7章で紹介するセクターBPIも30％を下回り、この銘柄群が低リスク水準にあると示唆していた。事実、WTI原油はこれらの銘柄を大きくけん引したのである。

　ほかに金と銀の先物市場も、貴金属銘柄の動きの目安として非常に役立っている。また、ロンドンの現物金市場のP&Fチャートもつけている（BPIは見ていない）。同様に、銅関連の事業が中心のフェルプス・ドッジ（PD）の目安となる銅市場や、最近注目しているスターバックス（SBUX）に影響するコーヒー市場などにも注意している。

　中心的な指標であるダウ20種債券平均を評価するとき、債券先物が一致して動いているかに注目している。ダウ20種債券平均が売りシグナルを出しているときには、債券先物も下落して売りシグナルを出していることが多い。逆に、ダウ20種債券平均が買いシグナルを出しているときは、債券先物も上昇していることが多い。

　両者以外に、30年イールド指数（TYX）や10年債指数（TNX）などもチェックしている。これらは「イールド（利回り）」指数であるから、ダウ20種債券平均や債券先物とは逆方向に動く。イールドの変化でトレードするときは、TYXやTNXのオプションの購入が考えられるだろう。

第7章
セクター分析
Sector Analysis

ブリッシュ・パーセント指数によるセクター分析

　NYSEやOTC市場を分析するときに利用したBPIは、セクター分析にも応用できる。これによって、パズル(マーケット)のピースを評価する能力が向上するはずだ。

　パズルがさまざまなピースから構成されるように、マーケットはさまざまなセクターからなる。私たちはパズルのピースとしてセクターに注目している。おそらく投資するときに最も重要な勘所となるであろう。

　セクターは、ケーブルテレビの「ディスカバリー・チャンネル」に出てくる魚群に似ている。一方向に突進したかと思うと素早く向きを変える。しかし、一糸乱れず移動している。まるで第六感的なものが、集団でしようとしていることを個々の魚に伝えているかのようだ。

　セクターローテーション(有望な業種別銘柄群の循環)も同じような動きをする。経済的な刺激が、セクターに属するすべての銘柄に影響し、その結果そろって動く傾向にあるのだ。

　セクター分析は、最も重要な分析のひとつでありながら、ほとんど一般には重視されていない部分である。私たちは、毎日の業務のなかでセクターローテーションを極めて重視している。株のリスクの75%

がマーケットとセクターにかかわっているからだ。特定の銘柄にかかわるリスクはわずか25％でしかない。言い換えれば、株価はリズムも理由もなしに飛び跳ねたりはせず、マーケットというオーケストラの一員として動くことが多いのだ。

　ここで思い出されるのが、アフリカの草原を走り回るヌー（偶蹄目ウシ科の哺乳類で、体型はウシに似ている）の群れだ。先頭の一頭がある方向に走ると、ほかのヌーも一斉に同じ方向に進む。同調しないヌーも数頭いるが、大多数は一緒に動く傾向がある。セクターも同じように機能するわけだ。

　ウォール街も群れの動きに追従する傾向がある。最初にセクターの需給関係が変わり、より多くの買い手が加わり、そのセクター内の株価を押し上げる。セクターの株価が上昇すると、その動きが伝わり、セクター内の銘柄はさらに買われる。やがて、大手の金融マスコミが嗅ぎつけて「業界は好転した」とか、「もう心配なし」などという記事を書きたてるようになる。

　しかし、その記事を読んだ投資家が買うときは、すでに株価は最終段階に達している。雑誌の表紙に、ある業界を賛美する見出しが躍ったときは、すでに買う意志のある投資家がその業界の銘柄を買ったあとで、株価をさらに押し上げる需要は、ほとんど残っていないのだ。最後に買うのは、何の疑いもなしに新聞や雑誌を主なリサーチ材料としている一般投資家たちである。

　例えば『タイム』誌がXYZという会社を「カンパニー・オブ・ザ・イヤー」に選んだとする。この有名誌の記事を読んだ一般投資家のジョーンズ氏がブローカーからXYZ株を買った時点で、需要はほとんどなくなったといってよい。雑誌の表紙になるということは、この銘柄のプラス材料が出尽くした飽和状態を意味している。ほんのわずかな売り圧力で、下落に転じる状態なのだ。

　一般投資家が買ってしまえば、もうそれ以上の買い手はいない。思

い出してほしい。需給の不均衡は、株価の変動に直接影響する。買い手がいなくなれば供給が主導権を握るのだ。セクターは買い手を失い始めると、そのセクターから脱出しようとする人であふれかえり、売られ過ぎに達する。そして、すべてのプロセスが振り出しに戻るのである。

自然のリズムが展開する様子は美しい。スーパーマーケットに並ぶ農産物が季節とともに変わっていくように、セクターも移り変わっていくのだと考えてみてはどうだろう。

雑誌の表紙といえば、次に空港にでも行ったときは雑誌の陳列してある棚を見て、有名雑誌がどこか特定のセクターについてメッセージを発していないかチェックするとよい。例えば「銀行業界の危機」などという見出しを見つけたら、ぜひ購入して、表紙だけでもよいからとっておいてほしい。

通常、セクターのトレンドは、ジョーンズ氏のような一般投資家が参加するまで、その表紙どおりに2～3カ月継続する。しかし、その8カ月後には、かなりの確率で表紙とはまったく逆の状態を目にしているだろう。

雑誌の表紙が典型的な一般投資家であるジョーンズ氏やスミス氏を駆り立てて、注文が殺到している間、セクターはまだ同じ方向に動いている。ところが、ジョーンズ氏らがそのなかに入りきった途端、背後の扉は音を立てて閉まるのだ。そこにはもう、そのセクターを後押ししてくれるスポンサーはいない。

需給の力関係は少しずつ変わり始め、セクターは反対方向へと進路を変える。驚くほど当たるので、ぜひ試してほしい。人間の本性を考えればこうなるのは当然だ。

セクターローテーションを数値的に測定するリサーチが、銘柄選びにおいて極めて重要であることを示す興味深い研究がある。CDA／ワイゼンバーガー社は、4人の架空の投資家が、1983～1998年の15年

間、異なるルールに基づき、それぞれ1000ドル投資した場合をシミュレーションした。1人目の投資家はバイ・アンド・ホールド戦略（長期保有）、2人目はマーケットタイミング戦略、3人目と4人目はセクタータイミング戦略を続けた結果だ。

バイ・アンド・ホールドの投資家は、最初の1000ドルでS&P500を買い、良いときも悪いときも、とにかく保有し続けた。その結果、資金は1万1817ドルに増えた。悪くないリターンだ。

しかし、2人目のマーケットタイミング戦略の投資家にはかなわなかった。2人目の投資家には、S&Pが上昇した月だけ投資して、下落した月は資金を引き上げる能力があった。この神業で最初の1000ドルは7万3373ドルに膨れ上がっていた。

ところが、それさえ上回ったのがセクタータイミング戦略を用いた3人目の投資家であった。その年最高のパフォーマンスを上げたセクターを水晶玉で見抜き、毎年乗り換えていった結果、15年間で11万5006ドルという驚くべきパフォーマンスを達成したのである。

一方、4人目の投資家は、不幸にも毎年最もパフォーマンスの悪いセクターに投資してしまった。15年で資金は172ドルに減っていた。4人の投資結果をグラフにしたのが図7.1である。

もちろん、これは架空の投資結果だ。2人目と3人目の投資家のように、100％正確に上昇期や最高のセクターを見極めることはできない。しかし、マーケットやセクターのタイミングが投資において極めて重要である点は分かってもらえたと思う。

強いセクターと弱いセクターが判断できれば、セクターローテーションを無視してバイ・アンド・ホールド戦略を続けるよりも有利であることは間違いない。1人目の投資家とセクターを完璧に見極めた3人目の投資家との差が10万ドル近くあったことを考えれば、バイ・アンド・ホールドを上回るために、すべてのセクターの動向を完全に見極める必要はないだろう。

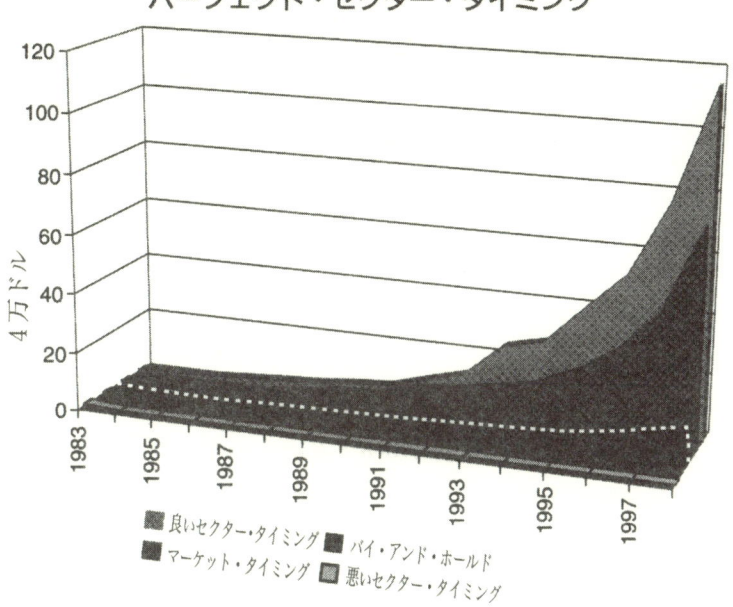

図7.1 図7.1 CDA/ワイゼンバーガー社による研究——パーフェクト・マーケット・タイミング対パーフェクト・セクター・タイミング

（グラフ：縦軸「4万ドル」0〜120、横軸1983〜1997。凡例：良いセクター・タイミング、バイ・アンド・ホールド、マーケット・タイミング、悪いセクター・タイミング）

　セクターを見極めるときは「コントラリアン（逆張り投資家）」になる。群衆を避け、人気のないセクターの銘柄を買う勇気が必要だ。

　このように人の摂理に反する行動を実践するのは極めて難しい。人は群衆に引きつけられやすいからだ。例えば、給料日、近くのスーパーマーケットに行ったとする。案の定、大賑わいだ。何かイベントでもあるらしく、人だかりができている。さて、自分も人だかりに加わるか、それともほかの客が群がっている間を利用して買物を済ませるだろうか。

　セクターBPIは「店に入り、邪魔が入らないうちに買物せよ」と指示する。そうすれば、最高の野菜や肉を取り出し、惣菜売り場で並ば

ずに済み、肉の特売も真っ先にほしいものが選べるだろう。さらには、最後のレジでも並ばずに清算できるはずだ。それはすべて、人ごみを避けたからである。

　1940年半ばに、これとまったく同じことを考えたのが、アーネスト・スタビーであった。先ほど説明したように、トレンドチャートは常にマーケットが天井のときに強気を示し、底のときに弱気を示すのに対し、BPIは天井ではよりネガティブを示し、底ではよりポジティブを示す。マーケット（あるいはセクター）の70％を超える銘柄に買いシグナルが出ていれば、中に入りたい人は皆入ってしまった状態にある。

　これを需給関係に置き換えれば、単に需要が消耗しているという意味である。このようにBPIが約70％以上にあれば、投資家に買い意欲はほとんどない状況なのだ。一方、指数が約30％以下の水準にあれば、そろそろ買う銘柄を検討し始めたほうがよい。

　私もブローカーをしていたころは、群衆の側にいた。そのほうが仕事をしやすかったからだ。その証券会社には社内回線があり、当たるかどうかは別として高給取りのファンダメンタルアナリストが予想を立て、推奨銘柄のリストを送っていた。私の一番の情報源は『ウォールストリート・ジャーナル』紙と金融専門誌の『バロンズ』であったが、この二つで足りないときは、隣の席で株のセールスをしている同僚に意見を聞いていた。

　結局、みんなが同じ材料しか持っていなかった。そうして下した判断がいかに精彩を欠いていたか想像に難くない。そもそも、この会社にはセールスに関する研修しかなく、それは今でも変わっていない。

　しかも、今では資金の預かりを増やして、プロのファンドマネジャーに任せろと強く勧めている。もちろん75％の「プロ」のファンドマネジャーが市場平均を下回るパフォーマンスしか上げていないことは百も承知だ。しかし、そんなことはまったく気にしていない。ファン

ドマネジャーを管理して手数料を得る営業形態が、この先長く続くとはとても思えない。しかし、大半のブローカーが、これからどうすればよいかまったく考えていない。

　もちろん、真の職人の域に達しているブローカーも多くいる。そして、その多くがP&F手法を支持している。

　では、投資家は何をすべきか。しっかりとした計画を立てられるブローカーを探すことだ。買い戦略だけでなく、売り戦略も立てられるブローカーだ。ただし、このようなブローカーは、近所の証券会社を探しても、まず見つからない。自分で資金管理ができる株式ブローカーは近ごろでは非常にまれだ。もしうまいこと見つけられたのならば変えるべきではない。必要であれば、DWAに電子メール（DWA@dorseywright.com）で問い合わせてほしい。その地域の職人を紹介できるだろう。

　DWAの顧客であるブローカーの大半は、本書の概念を理解し、日々の運用に役立てている。もちろん、何の確証もあるわけではない。しかし、少なくとも本書の主旨をしっかりと理解したブローカーであると確信している。ちょうどウィンドウズ98のように、P&Fを自分の基本ソフトに据えたブローカーたちだ。

　今でも富はマーケットから生まれる。それは間違いない。しかし、運用を誤れば2000年の例を見るまでもなく、マーケットはいとも簡単に富を奪う場所でもある。2000年は、多くの投資家が心底驚愕した年であった。

　少し前の日曜の朝、自宅にニュージャージー州の個人ブローカーから電話がかかってきた。彼は自分の口座の大半をDWAの資産管理部門に任せるべきだと判断したという。今のマーケットが自分の手に負えなかったのだ。DWAの資産管理部門は、P&F分析をよく理解し、過去数年間、このマーケットを切り抜けているだけでなく、オプションの利用法を熟知し、マーケットのリスクや変動をうまく管理してき

ている。

　DWAでは、国際セクターを含めた数多くのセクターBPIを算出している。原理は、第5章で詳しく解説したNYSE BPIと同じだ。こうした概念は世界中で知られていると思うかもしれない。だが、残念ながらこれは失われたアートなのだ。

　先日、テレビで「ザ・ストリート」という新番組を放映していた。見ていて驚いた。番組のなかに、ブローカーがインターホンに向かって「ポイント・アンド・フィギュア・チャートが更新されたぞ！」と叫ぶシーンがあったからだ。これにはひっくり返ってしまった。P&Fの概念を理解している投資家は、プロを含めても相対的に少ないのに、それを知っている人間がハリウッドにいて、セリフにするほどその重要性を分かっていたからである。しかし、本書を読み終えれば、その数少ないエリート投資家の仲間入りができるだろう。

　DWAの顧客を除き、この原理を理解して職人の域に達しているブローカーを探すのは難しい。理由は簡単だ。職人の域に達するには、そのための教育と誠意が必要になるが、多くの投資家は、プロを含め、その長い道のりを耐える気がないあまりないからだ。今、本書を読んでいるのは、失われたアートを習得しようとする貴重な人たちというわけだ。

　BPIに関しては、第5章で学んだことがすべてセクターにも適応するため、ここで詳しい説明はしない。理解できない点があれば、第5章を読み返してほしい。

　ただし、セクターBPIでひとつだけ異なる点がある。セクターのほうがNYSEやナスダックよりも銘柄数が少ないため、指数の動きが若干速いのだ。

　また統計的に有効なセクターBPIとみなすには、少なくともそのセクターに100銘柄はあったほうがよい。100銘柄以下では、ひとつの銘柄のシグナルでBPIが6％以上動いてしまう。

マーケットBPI同様、セクターBPIも6段階のリスク水準に分けて確認する。

今まで同様、例を挙げて検証するのが、この概念を身につける最も良い方法だ。セクターBPIのチャートを見て、指数の変化の様子を書き出してみよう。

電気セクターBPI

図7.2は、電気セクターのBPIチャートである。多くの投資家は、このセクターが「十分な動きのない」眠れるセクターで、観察する価値はないと思い込んでいた。しかし、それはまったくの誤りである。ほかのセクター同様、電気セクターにも、これまで何度もチャンスはあった。

1994年、電気株BPIチャートは24%まで下げ、「ブルーゾーン」「約束の地」「売られ過ぎ」などと言われる域に達した。

この下落以前の1993年2月、電気BPIは94%まで上げ、同年12月に〇列に転換して守備陣の出動を促していた。ポートフォリオ内の電気株をファンダメンタルとテクニカル分析にかけて、停滞していれば行動を起こせという意味である。70%を超えての転換は高リスクで、守備陣の出番であることを思い出してほしい。

1993年12月に電気株を持っていたら、ポートフォリオの一部は高リスクだったことになる。しかし、そのリスクをなくす方法はいくつかあった。損切りポイントを設定する、一部利食いして電気セクターの割合を減らす、電気株の保有ポジションをカバーするプロテクティブ・プットを購入して特定の時に特定の価格で売る権利を確保する、などだ。いずれにせよ、高リスクのセクターに対しリスクを下げることが大事だ。

また、第6章で紹介したダウ20種債券平均が1993年11月に重要な売

図7.2 公共セクター——電気株

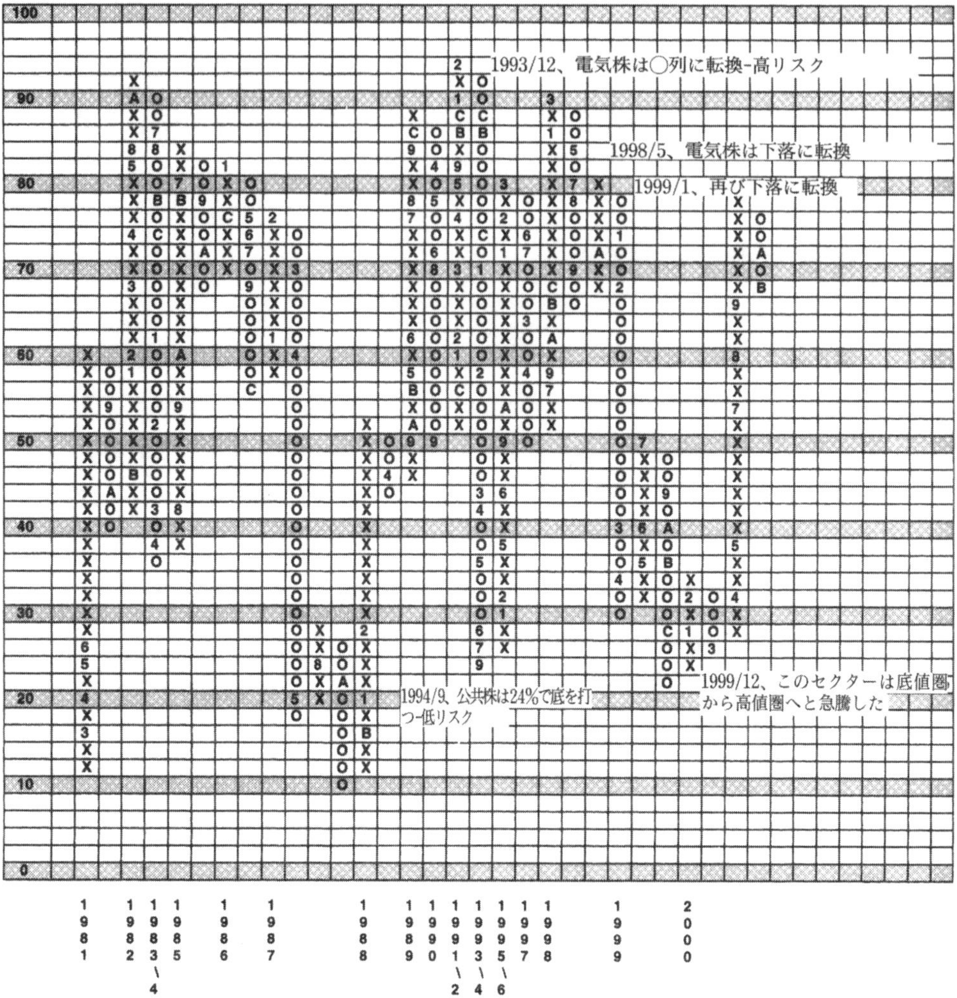

りシグナルを出していた。だんだんパズルのピースがつながってきた。

そして1994年9月、電気BPIは24％まで下げた。セクターは一直線に下落するときもあれば、階段状に上値と下値を切り下げながら下落するときもある。PHLX公共株指数（UTY）は1993年2月から1994年9月にかけて、27.5％も一気に下落した。あの公共セクターが27.5％も下げたのである！

先へ進もう。1995年1月になると、電気株BPIチャートは×列に転じ、攻撃再開を指示した。このときダウ20種債券平均（DJBB）も1993年11月に売りシグナルを出してから初めて買いシグナルを出したばかりだった。この情報は、すぐにファンダメンタルのしっかりした電力会社のなかから需要が主導権を握っている銘柄を探し出して、新しいポジションを作るべきだと示唆していた。

あるいは、UTY指数のコールを購入する方法もある。また、公共セクターのｉシェア（上場投信の一種）の買いも考えられる。そうすれば1匹の魚ではなく、公共セクターという魚の群れを丸ごと買えるわけだ。

守りばかりでなく、攻めにもいくつもの戦略がある。例えば、DWAの企業年金基金では、あるセクターが低水準から転換したとき、そのセクターの銘柄をひとつだけ買うのではなく、2つ買うときがある。

理由は2つ。ひとつはセクターが売られ過ぎから転換したとき、ほかにも上昇の兆候があれば、そのセクターの比重を高くすることにしているからだ。通常、5％の割合で保有しているセクターであっても、セクターRSが強く、ほかにも上昇を示唆する材料があれば、8％に増やす可能性があるわけだ。また、このとき2銘柄買っておくと、指標がポジションの縮小を指示したときにも柔軟な対応がしやすい。

もうひとつの理由は、セクター全体がロケットのごとく反撃に転じるなかで、自分の買った銘柄だけが縄にでもつながれたかのように出

遅れる場合も考えられるからである。マーフィーの法則は不思議とよく当たる。つい最近も経験した。市場全体が弱含むなかでヘルスケアセクターだけが好調な兆しを見せていたため、1銘柄だけ買ってみた。このとき選んだのはメドトロニック（MDT）である。ところが、結局ポートフォリオに被害をもたらしたわけではないものの、メドトロニックだけが同業他社の伸びに遠く及ばなかった。

さて、電気株は1993年に急激に下げたあと、1995年には力強く回復した。BPIは30%から×列に転じて一気に80%まで駆け上がり、この時期（1995年1月～1996年3月）PHLX公共株指数（UTY）も21.7%上昇した。「動きがない」といわれている電気セクターにしては悪くない。しかも実際のリターンには、上昇分だけでなく配当金もあったはずである。

1998年3月になると、電気株セクターBPIは1993年の94%に迫る90%まで上昇した。さて、これは高リスクか、それとも低リスクか。答えは高リスクだ。70%を超えたゾーンに入ると買う意思のある投資家がすでに買ってしまったあとで、これ以上指数を上げる需要はほとんど残っていない。

同年5月、電気セクターBPIは○列に転じ、9月に66%まで下げた。しかし10月には72%で×列に戻った。ただ、ここで気をつけてほしいのは「72%」という高水準で×列に転換した点である。30%以下で転換したときと同じように猛然と買いに入るべきではないだろう。事実、すべきでなかった。

BPIが×列でも、フィールドポジションが良くないときは、辛抱して待っていれば良いポジションに押して来る可能性がある。どうしても電気セクターを買わなければならないときは、希望するポジションの一部だけ買えばよい。

1999年1月、電気BPIは72%で○列に転じた。ここでパズルの別のピースを見てみよう。このときUTYのRSチャートも○列にあり、電

気セクターに属しRSチャートが×列にある銘柄の割合（RSXEUTI）も70%から○列に転じていた。また、電気セクターのなかでポジティブトレンドの銘柄の割合（PTEUTI）は、×列とはいえ84%になっていた。1999年1月の指数を下の表にまとめてみた。

　この表からは、指標の大部分が○列で、×列の指標もかなりいっぱいの水準にあるため、このセクターが高リスクの状態であると考えられる。私はセクター分析には常に、以上の5つの指標を書き出すようにしている。こうすれば、大部分がポジティブなのかネガティブなのか、明確な絵が浮かび上がってくるからだ。これらのデータは、DWAのサイトにアクセスすれば、簡単に手に入る。

電気セクターの指数一覧（1999年1月）

セクターBPI	○列	前回より低い天井をつけたあと、72%で○列に転換
セクターRS	○列	1998年10月に○列に転換
RSPEUTI	×列	
RSXEUTI	○列	1998年10月に70%から○列に転換
PTEUTI	×列	84%

　1999年1月、5つの指標は電気セクターのリスクが高まっており、もし保有しているのであれば行動を起こす必要があると教えてくれた。

　同年12月になると、電気セクターBPIは1987年10月の大暴落で記録した10%に次いで最低の22%まで下げた。1998年10月から1999年12月の安値まで、PHLX公共株指数（UTY）は28%も下落したのだ。そして電気セクターBPIは、2000年1月に×列に転換した。このときの各種指数を見てみよう。

電気セクター指数一覧（2000年1月）

セクターBPI	×列	22%まで下げたあと、28%で×列に転換
セクターRS	○列	
RSPEUTI	×列	
RSXEUTI	×列	70%から10%まで下げたあと、×列に転換
PTEUTI	○列	38%で○列にある（最高は84%）

　1999年1月の表と比べてみると、ネガティブ（○列）が3つの状態から、ポジティブ（×列）が3つの状態へと変わっている。十分新しいポジションを取って良い状況にあると分かる。

　2000年4月になるとセクターRSも転換し、6月にはPTも追随した。もし1月の時点で全面的にポジションを取る自信がなければ、春に買い増すこともできたわけだ。結局、ナスダックがピーク時から50%も下げた2000年に、電気セクターは40%上昇し、最高パフォーマンスのセクターに輝いたのだった。

　2000年11月になると、電気セクターBPIは○列の68%になっていた。当然これはリスクが高まってきていることを意味する。セクターRS、RSP、RSX、PTの各指標は、まだポジティブを維持していたが、地盤は緩み始めていた。これまでの電気BPIチャートを見て分かるように、BPIが70%以上の水準を上抜けるとセクターの勢いに衰えが出てくるため、一部利食いしてポジションを縮小するのが賢明だと言える。またストップポイントを設定すれば、苦労して得た利益をすべて失わずに済む。

テレコムBPI

図7.3は、テレコムセクターのBPIである。電気セクターに比べ、かなり動きが激しい。しかし、効果的なセクター評価ができなかったというわけではない。テレコムセクターにとって2000年は、文字どおり激動の年であった。チャートがどのような警告を発していたか調べてみよう。

私にとってセクターBPIは、子供みたいなものだ。それぞれに個性がある。例えば、医薬品セクターBPIは、68％付近で天井を付けて34〜36％付近で底入れすることが多い。10〜20％といった極端な低水準になることはほとんどない。一方、バイオテクノロジーや半導体セクターは、80％以上や10％台に達することも珍しくない。

テレコムセクターに話を戻すと、BPIは2000年3月に70％台から○列に転じた。フィールドポジションが良くない。守備陣の出番だ。当時の各種指標は以下のとおりであった。**図7.3〜図7.7**のチャートと合わせて見てほしい。

テレコムセクター指数一覧（2000年3月）

セクターBPI	○列	70％をつけたあと○列に転換
セクターRS	○列	
RSPTELE	×列	（ただし4月には○列に転換している）
RSXTELE	○列	78％から○列に転換
PTTELE	○列	84％をつけたあと○列に転換

この表からは、テレコムがマーケットのなかで、非常にリスクの高いセクターだと分かる。そしてまさにそのとおりだった。2000年、多

図7.3　テレコムBPI

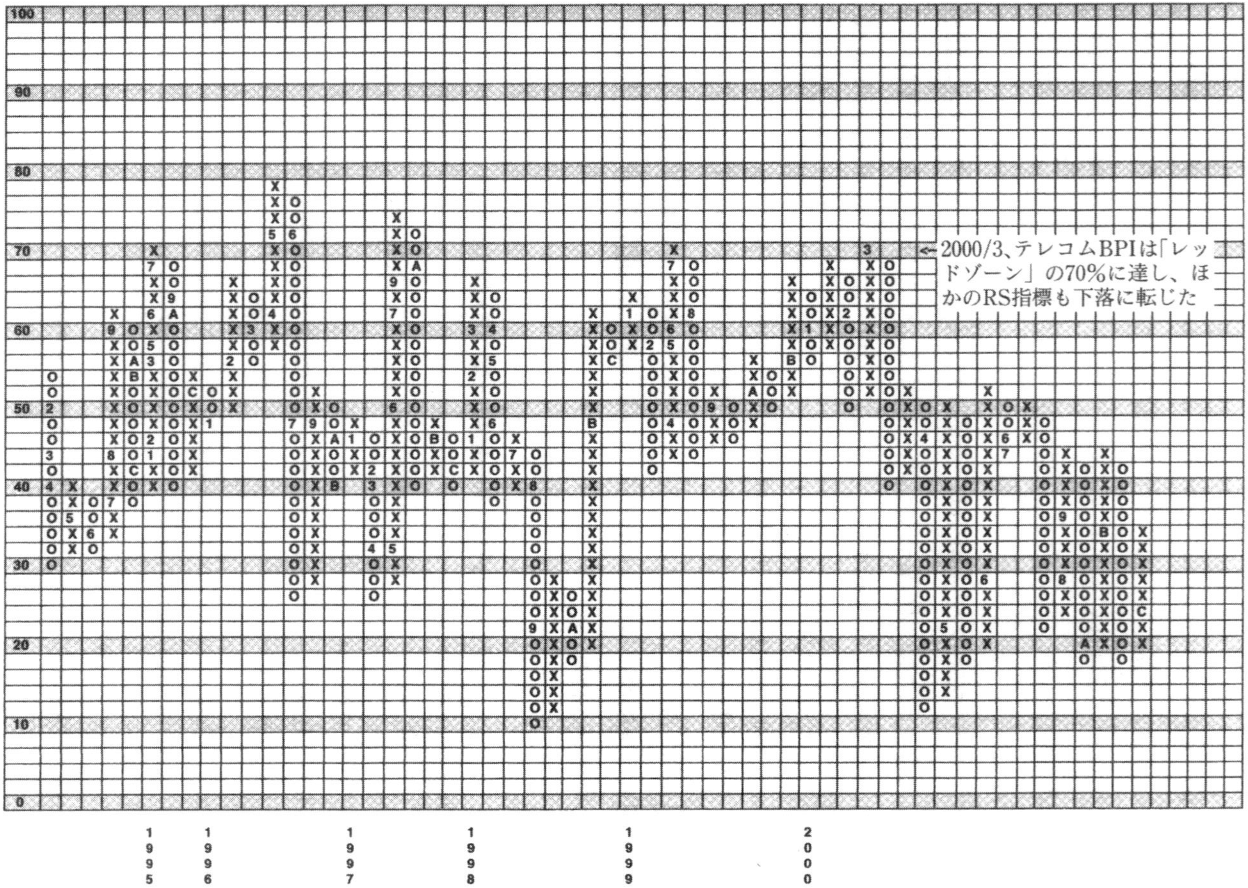
100
90
80
70
60
50
40
30
20
10
0
2000/3、テレコムBPIは「レッドゾーン」の70%に達し、ほかのRS指標も下落に転じた
1995
1996
1997
1998
1999
2000

図7.4　DWA電話指標（DWATELE）RSチャート

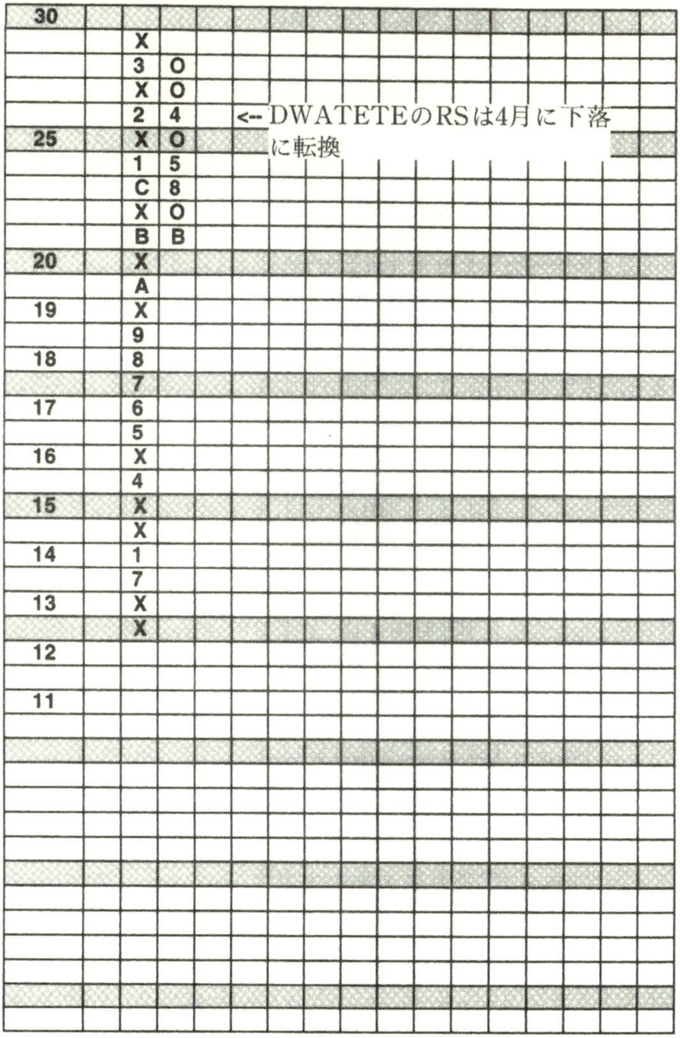

価格	1	2								
30										
	X									
	3	O								
	X	O								
	2	4	←DWATETEのRSは4月に下落に転換							
25	X	O								
	1	5								
	C	8								
	X	O								
	B	B								
20	X									
	A									
19	X									
	9									
18	8									
	7									
17	6									
	5									
16	X									
	4									
15	X									
	X									
14	1									
	7									
13	X									
	X									
12										
11										

図7.5 テレコムセクター内のRSが
　　　買いシグナルの割合
　　　（RSPTELE）

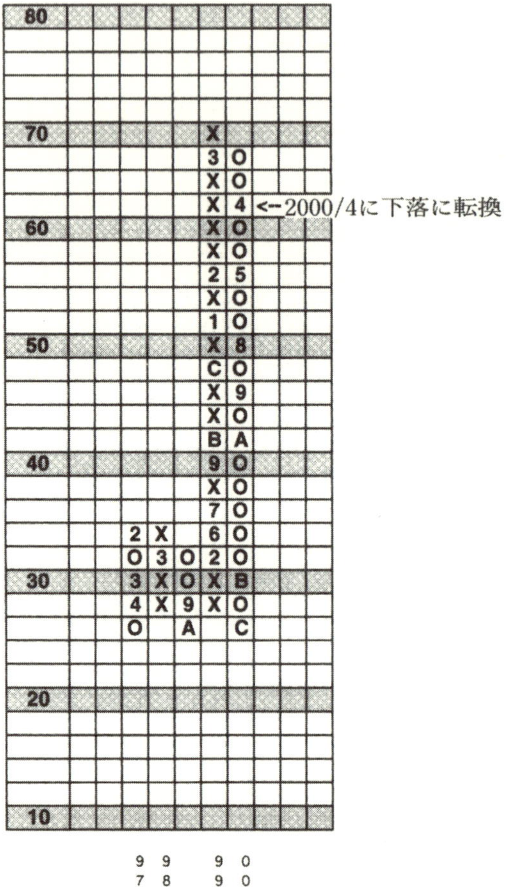

(←2000/4に下落に転換)

図7.6 テレコムセクター内でRSが×列の割合（RSXTELE）

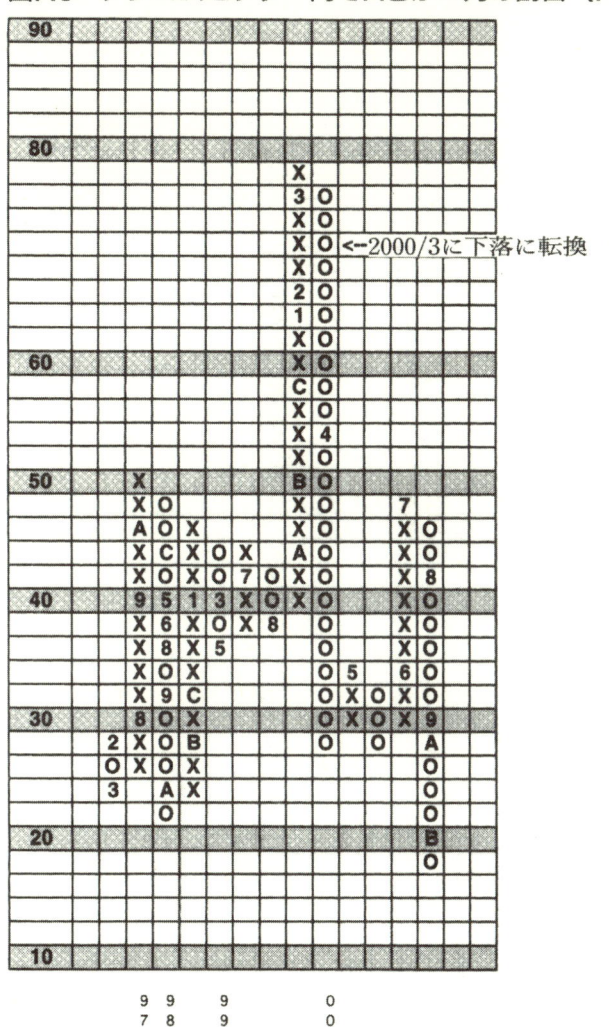

←2000/3に下落に転換

図7.7 テレコムセクター内でポジティブトレンドの割合
（PTTELE）

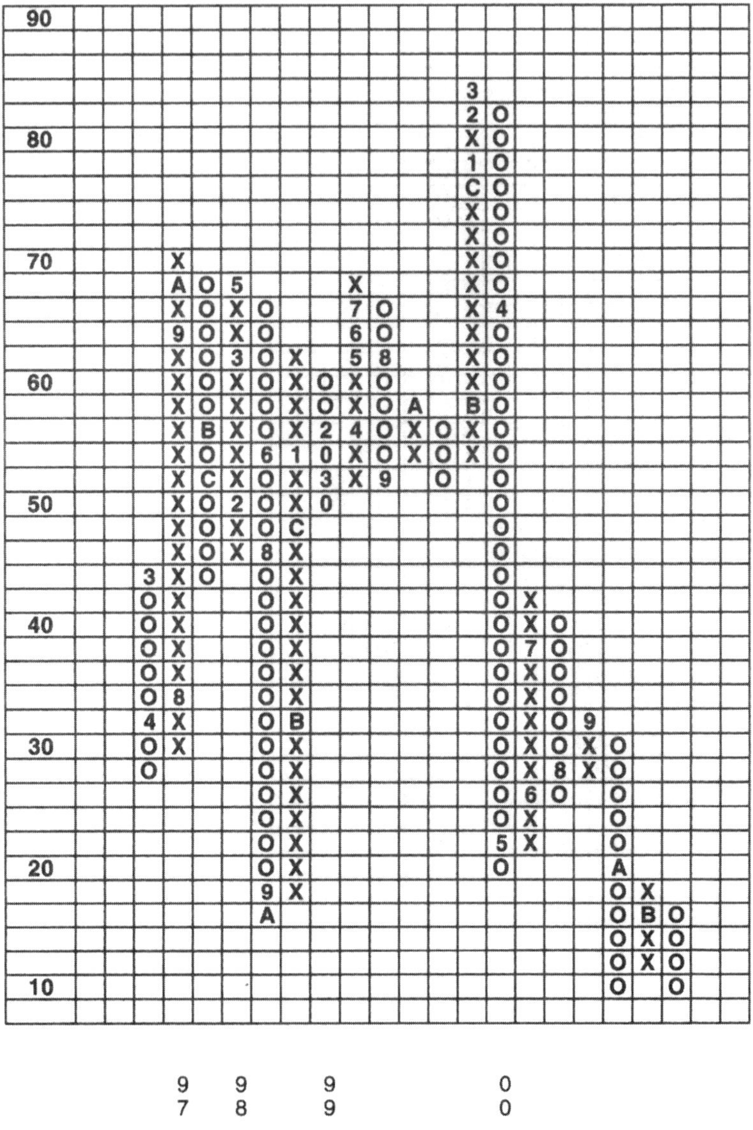

くのテレコム銘柄は11月末までにピーク時の75％、ひどいものは90％も下げたのである。

　もちろん、これらの銘柄は一気に下落したのではなく、上げ下げを繰り返しながら下落していった。しかし、注目すべきは、セクターBPIが×列に転じたときでも、RSPTELE（テレコムセクター内でRSが買いシグナルの銘柄の割合）やRSXTELE（テレコムセクター内でRSが×列の銘柄の割合）が反転していなかった点である。

まとめ

　セクター評価には、次の指標を用いる。

- **●セクターBPI**　セクター内でP&Fチャートの買いシグナルが出ている銘柄の割合。
- **●セクターRS**　市場全体と比べたセクターのパフォーマンス。
- **●セクターRSPチャート**　セクター内でRSチャートに買いシグナルが出ている銘柄の割合。
- **●セクターRSXチャート**　セクター内でRSチャートが×列にある銘柄の割合。
- **●セクターPTチャート**　セクター内で強気支持線よりも上でトレードされている銘柄の割合。

それぞれの指標は、×列か○列かだけでなく、フィールドポジションも考慮する必要がある。これらの指標の大部分がポジティブであれば、そのセクターはマーケットをけん引しており、新しい資金をつぎ込むに値すると考えられる。一方、これらの指標の大半がネガティブになってきたら、守りの戦略を考え始めなければならない。指数の大部分がポジティブでないときは、新しいポジションを作ったとしても多少の反発程度で、マーケットをけん引するような動きは期待できないことを理解しておく必要がある。

セクターベルカーブ

　第5章でDWAのデイリーレポートを紹介したとき、セクターベルカーブについて触れた。さらに詳しく説明しよう。これも非常によく利用しているツールである。
　経済学や統計学から株式市場に応用できる概念が2つある。ひとつは需給の概念だ。簡単に言えば、需要が供給を上回っていれば価格は上昇し、逆であれば価格は下落する。マーケットの需給状態は、株価（需給の正味）をP&F方式で論理的に整理しながら記録していくことで分かる。
　そしてもうひとつが、統計学のベルカーブの概念だ。買われ過ぎ、売られ過ぎ、平常の状態をベルカーブから判断できる。
　追跡している各セクターBPIをグラフに記入すると、ベルカーブが出来上がる。すべてのセクターのBPIは、常に0〜100%の間にある。

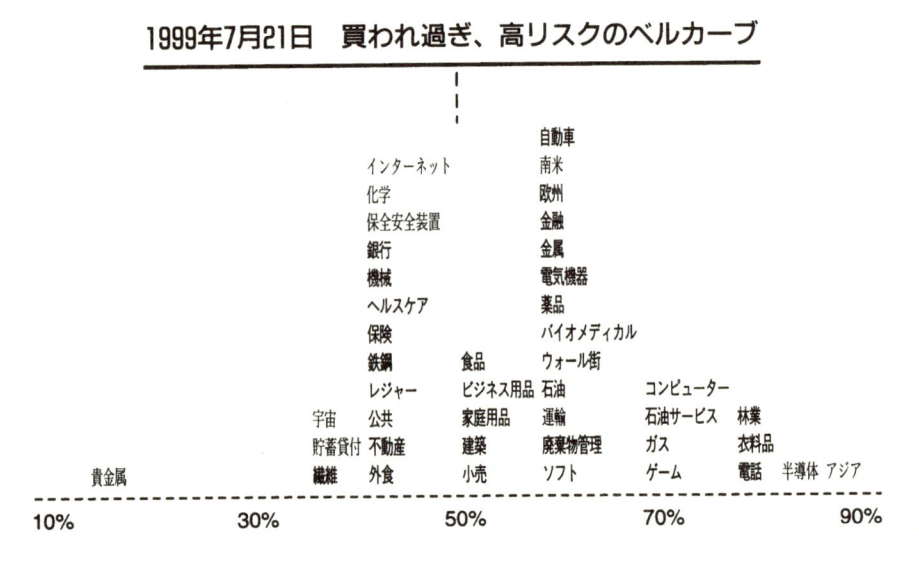

1999年7月21日　買われ過ぎ、高リスクのベルカーブ

			自動車			
	インターネット		南米			
	化学		欧州			
	保全安全装置		金融			
	銀行		金属			
	機械		電気機器			
	ヘルスケア		薬品			
	保険		バイオメディカル			
	鉄鋼	食品	ウォール街			
	レジャー	ビジネス用品	石油	コンピューター		
宇宙	公共	家庭用品	運輸	石油サービス	林業	
	貯蓄貸付 不動産	建築	廃棄物管理	ガス	衣料品	
貴金属	繊維 外食	小売	ソフト	ゲーム	電話	半導体 アジア
10%	30%	50%		70%		90%

1999年10月20日　売られ過ぎ、低リスクのベルカーブ

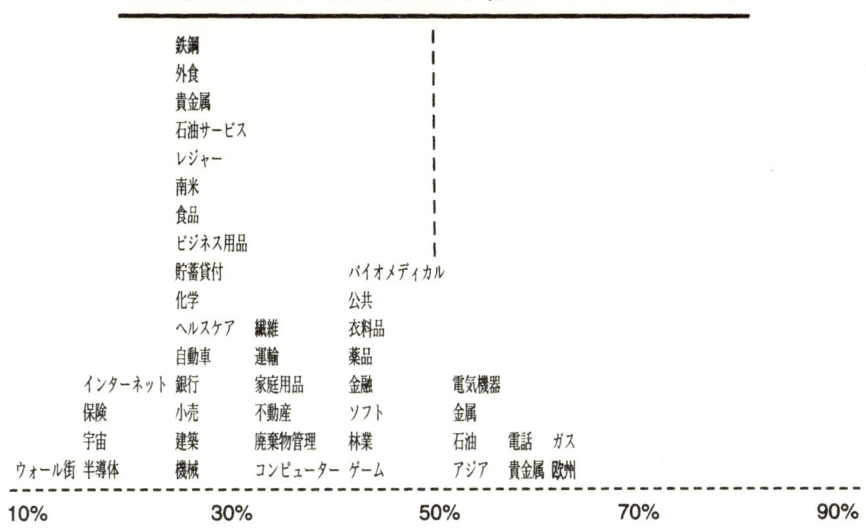

```
                    鉄鋼
                    外食
                    貴金属
                    石油サービス
                    レジャー
                    南米
                    食品
                    ビジネス用品
                    貯蓄貸付        バイオメディカル
                    化学            公共
                    ヘルスケア  繊維   衣料品
                    自動車     運輸   薬品
          インターネット 銀行   家庭用品  金融       電気機器
          保険      小売   不動産    ソフト      金属
          宇宙      建築   廃棄物管理 林業       石油    電話  ガス
ウォール街 半導体    機械   コンピューター ゲーム   アジア  貴金属 欧州
─────────────────────────────────────────────
10%               30%              50%            70%           90%
```

2000年2月9日　上昇と下落の両方の機会があるベルカーブ

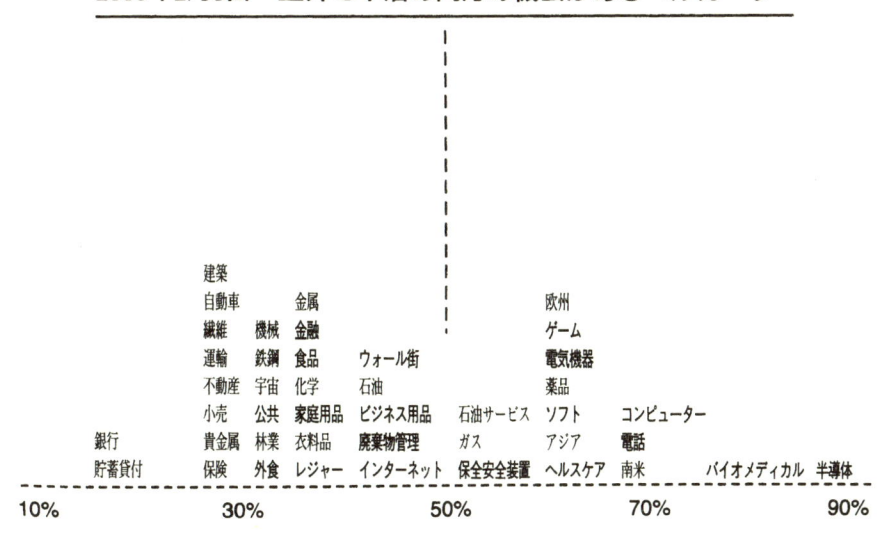

```
                    建築
                    自動車          金属                欧州
                    繊維     機械   金融                ゲーム
                    運輸     鉄鋼   食品   ウォール街    電気機器
                    不動産   宇宙   化学   石油         薬品
                    小売     公共   家庭用品 ビジネス用品  石油サービス ソフト  コンピューター
          銀行      貴金属   林業   衣料品 廃棄物管理    ガス       アジア  電話
          貯蓄貸付  保険     外食   レジャー インターネット 保全安全装置 ヘルスケア 南米   バイオメディカル  半導体
─────────────────────────────────────────────
10%               30%              50%            70%           90%
```

セクターを構成する銘柄がすべて買いシグナルであれば100%、すべて売りシグナルであれば0%、そうでなければその間にあるからだ。
　通常、BPIを計測するときは、**図7.2**の電気株セクターBPIのように0～100%のY軸を左において、垂直に見ている。しかし、セクターベルカーブでは、縦軸を横軸に置き変える。そして、セクター名の略称をBPIの数値に合わせて記入していく。
　このとき、セクターが×列でベルの右側に向かっていれば略称を大文字に、セクターが〇列で左に向かっていれば略称を小文字で表す。各セクターをベルカーブに記入すると、マーケット全体の複合的なリスクが描き出される。
　ベルカーブは、例えば1999年7月のように、極端に右側に寄って買われ過ぎの状態を示すときもあれば、1999年10月や1994年12月のように激しく左に寄って売られ過ぎの状態を示すときもある。百聞は一見にしかずで、ベルカーブを見れば、マーケットは平常なのか、それとも買われ過ぎ、売られ過ぎなのか一目瞭然というわけだ。
　2000年2月のセクターベルカーブは、非常に珍しく、興味深い形をみせた。2000年2月9日のベルカーブは、左側の「売られ過ぎゾーン」にNYSE銘柄を中心としたセクターが集まり、右側にOTCやナスダックに多いテクノロジー銘柄が集まっていたのだ。
　このようにマーケットのリスクを複合的に確認できるベルカーブを利用して、常に50%以下にある強気セクターを買うようにしていれば、リスクが低いときに買って、高いときには守りに徹することが簡単にできるようになるだろう。

デウス・エクス・マキナ
　　　（この項はジャド・ピアショット博士の協力を得て執筆した）

　知力こそ神からの最高の贈り物だと固く信じている。また、この力

を発揮するための秘訣は、信念にあると確信する。信念こそ「デウス・エクス・マキナ（意外などんでん返し）」である。つまり平凡な選手をワールドクラスに変える神秘的な薬なのだ。

このデウス・エクス・マキナは、投資家にも起こり得る。つい最近、友人から電話があった。ファンダメンタル分析にP&Fの概念を組み合わせるようにしてから、投資の仕方が明らかに改善されたと言う。しかし、運用がうまくいっていることよりも、リスクを管理し、資金を増やしている自分の力、ひいては自分自身に大きな自信を持てたことのほうが大きいと語っていた。「信念」という言葉には、人生を変えるほどの力があるのだ。

自信は学習と経験から生まれる。そして自信こそが長期間安定したポートフォリオのカギとなる。自分を信じていれば、スポーツでも、仕事でも、さらには人生でもできないことはない。

かつて、パワーリフティング競技で世界チャンピオンを目指していたころ、私には成功の方程式があった。「構想、確信、達成」だ。これは簡潔だが、奥が深い。

だれでも「自分はすごい」と思ったことがあると思う。それは非常に大事だ。幼いころ、自分にはすごい力があると思っていた。ラリー・ホームズ（元WBC世界ヘビー級王者）に蹴りを入れたり、ハンク・アーロン（元大リーガー）のホームラン記録を抜いたりするシーンをいつも空想していた。素晴らしいことを成し遂げている自分の姿を思い浮かべるのには何の問題もなかった。

問題は、心の奥底で「本当はそんなことはできまい」と思っていたところにあった。

すごい自分を想像することと、「自分はすごくなれる」と実際に信じることには、大きな隔たりがある。心底から自分はすごくなれる（すごくなりつつある）と信じたときこそ、すごい自分は手の届くところにあるのだ。その段階で初めて、どうしたらその目標にたどり着

けるか、はっきり見えてくるからだ。

　信念は、平凡を卓越に変えるデウス・エクス・マキナである。自分を信じることが成功の扉を開く。その結果、どこまでも成長し続けることができるのだ。

　インドの寓話にニワトリと鷲の話がある。ある勇敢な若者が鷲の巣から卵を盗み出し、ニワトリの巣に入れた。そこで生まれた鷲の子は、自分がニワトリだと思い込んだ。ほかのヒヨコとともに育ち、ニワトリとしての生き方を学び、土をつついて食べ物を探し、地面を引っ掻き回し、仲間と同じように泣き声をあげた。

　ある日、その鷲の子が空を見上げると1羽の鷲が空高く舞い上がっていくのが見えた。自分の羽根を動かしながら鷲の子が「あんなふうに飛べたらなあ」とつぶやくと、母鶏が言った。「バカなことをいうんじゃないよ。おまえはニワトリなんだ。あんなに空高く羽ばたけるのは鷲だけさ」

　鷲の子は、空を飛びたいなどというのは、やはりバカげた考えだったとあきらめ、また地面をついばみ始めた。そしてニワトリとして生活し、自分はニワトリだと信じ、それを疑問に思うことは二度となかったという。

　これはすべて認識の問題である。鷲の子は飛べなかった。しかし、それは飛ぶ能力がなかったからではない。「自分はニワトリで、ニワトリは飛べない」という信念があったからだ。飛ぶために鷲の子は、自己への認識を変える必要があった。神がくれた能力に気づくか、少なくとも自分の能力に関する考え方を改める必要があったのだ。

　現実の認識が、自分は何を信じるか決定する。ところが、自分の信じていることが、今の自分と、これからの自分を決定するのだ。もし自分を映画「ウォール街」に出てくるようなトレーダーみたいだと認識すれば、自分の持つ口座もそれ相応になるはずだ。間違いない。私自身がそうだったからだ。

かつての私はポジションにレバレッジを過大に掛け、成功率の低い戦略を平気で勧めていた。しかし、自分は資金管理者兼リスク管理者であると認識し始めるのに、長くはかからなかった。そして、ご想像どおり、（認識を改めてから）本格的な資産が蓄積され始めたのだ。
　人間というのは、それが正しいかどうかは別として、自分が真実だと信じていることに合わせて行動する傾向がある。コンピューターがプログラミングの集大成であるのとまったく同じように、人間はコンディショニング（条件付け）の集大成なのだ。この14年間に多くのブローカーや投資家たちがニワトリから鷲に変わるのを見てきた。
　かつては私もニワトリだった。今度はどの「素晴らしい」推奨銘柄が下落して顧客に損をさせるのか心配しながら毎日会社に通勤することほど、最低最悪の気分はない。無力感に浸っていた。最良の銘柄はいつも足りず、最悪の銘柄はいつも余る。椅子に腰掛け、画面を睨んでも、損失を埋める方法は分からない。自分は鷲の世界にいるニワトリなのだと痛感する。しかし、どうしたら自分も鷲になれるか分からない。
　こうした思いが積み重なった揚げ句、自分で何とかしようという気持ちをあきらめてしまう。そしてニワトリの生活に落ち着いてしまい、飛躍しようという気持ちを失くしてしまうわけだ。
　長い年月の間に、多くの人々が鷲になった自分を思い描き、努力する姿を見てきた。皆、現在の知識では限界があることに気づき、必要な知識を身につけるため何でもしようと決心した人たちだった。知識こそ力である。そして知識が増えるごとに、鷲になれるという自信と信念を強くする。この自信と信念は人に伝播する。そして、人々はその信頼できる人間について行こうとするのだ。
　私がニワトリから鷲へと生まれ変わったのは、A・W・コーエンの『ザ・スリー・ボックス・リバーサル・トゥ・ポイント・アンド・フィギュア・テクニカル・アナリシス（The Three Box Reversal to

Point & Figure Technical Analysis)』の最初の段落を読んだときだった。すでに絶版になっているこの本を読んだとき、自分はブローカーとして文字どおり半人前であることに気づいた。ファンダメンタル分析で分かるのは「何を買うか」だけだった。それと同じく重要なテクニカル分析、つまり「いつ売買するか」を考えていなかったのだ。どちらか一方しか利用しないのは、一方の手だけでピアノを弾くようなものだった。

その夜、私は鷲のように羽ばたいた。需給という不変の原理を再認識し、大学4年間で学んだ単純な経済原則に今になって初めて大きな衝撃を受けた。その瞬間、ニワトリから鷲に変身したのだ。そしてその変身が、ドーシー・ライト&アソシエーツ社設立への道を開いたのである。

繰り返し強調したい。多くのブローカーや投資家が、本書の初版を読んだあと、P&Fとすでに持っていた優れたファンダメンタル分析を組み合わせ、私と同じような啓示を受けた姿をこれまで何度も見てきた。DWAはウォール街のどの会社よりも鷲の顧客を多く抱えている。あなたは投資家として、どのような鳥を目指しているのだろうか？

第8章
オプションとETFを利用したポートフォリオのリスク管理
Managing Risk with Options and
Exchange Traded Funds

　では、素晴らしく簡単に理解できるオプションの話から始めよう。複雑である必要はない。

　オプションは「リスク管理の矢筒」のなかに入れておくべき矢である。使いこなすのが難しく、複雑な印象を持つ人もいるかもしれない。しかし、簡単にするのも複雑にするのも使う人次第だ。私はずっとシンプルに徹してきた。かつて大手証券会社のオプション部門責任者だった経験から、はっきり言える。オプション戦略は複雑になればなるほど、成功率が下がる。

　2000年は確かなリスク管理能力を試された年になった。あとからその成果を振り返ると、驚いたことに収益の多くは、長期投資部分に対して売ったコールからの利益だった。コールを売ったおかげで、マーケット全体が低パフォーマンスに終わったこの年の打撃を和らげることができたのだ。

　この年は、公共株でも保有していないかぎり、高パフォーマンスはかなり厳しかった。しかし、公共株がトップセクターになるとは、だれも想像していなかっただろう。テクノロジー株は、ボコボコに打ちのめされ、米大統領選の泥沼化という前代未聞の不透明な環境に止めを刺された。もしリスク管理の腕を見極められる年があるとすれば、それは2000年だっただろう。

また、この年は401k（確定拠出年金制度）がボディーブローを食らった年でもあった。多くの投資家が「絵に書いた餅（評価益）」よりも「目の前の餅（実収益）」を取ったほうが良いときがあると気づかされた。
　本書はリスク管理のテクニックについて書かれている。オプションはそのツールのひとつにすぎない。
　多くの投資家がマスコミに煽られて長期保有のつもりで株を買った。しかし、2000年だけでも、プライスライン・ドット・コム（PCLN）が150ドルから5ドルに下落し、トップ企業のひとつだったルーセント・テクノロジーズ（LU）が分割もないのに80ドルから6ドルに下げた。シスコ（CSSO）も70ドルから14ドルに下げるなど、下落に関しては枚挙にいとまがない。これはもう2000年を「リスクマネジャーの年」と呼ぶしかないだろう。
　そこでポートフォリオに有効と考えられるオプション戦略について紹介したい。個人投資家向けの戦略は、大きく分けて2つある。ひとつは株の現物の代わりにプットやコールを購入する方法だ。もうひとつは、マーケットの大暴落に備え、プットを保険として利用する方法である。オプションをむやみやたらに投機に使うと、短期的にはうまくいくときがあっても、長期的には損になる可能性が高い。
　ブローカーや個人投資家向けの講習で、オプションについては何度も説明してきたし、オプションに関する記事を幾度となく書いてきた。その経験から、オプションを理解するコツは、プットとコールの定義をしっかり理解することにあると言える。すべてのオプション戦略がプットとコールの定義に依存しているからだ。どんなに複雑な戦略でも、分解してひとつひとつを評価すれば、オプションは基本的な算数と同じくらい簡単であると分かるだろう。
　したがって、まずオプションの定義から始めよう。オプションの定義を暗記するまでしっかり理解してほしい。今まで難しいと感じてい

たオプション戦略も、あきらめず、その定義を書き出して、戦略の各部分を別々に評価してみる。かつては私も、週末のたびに、複雑な戦略を分解する練習を重ねたものだった。そして分解した部分を時間的価値のなくなる満期ごとに分類してみる。それを繰り返しているうちに、気づいたときにはすっかり自由に使いこなせるようになっていた。それはだれにでもできるはずだ。ただし、シンプルに徹すべきである。

コールオプション

定義

コール（買い手） 将来規定された時期（満期日）まで、規定された価格（行使価格）で、対象銘柄100株をコールする（買う）権利がある契約。買い手はコールを購入する代わりに、プレミアムを売り手に支払う。権利行使価格は数多くあり、通常は22 1/2ドルまでは2 1/2ポイント間隔、それより上の水準になると5ポイント間隔の値段である。

コール（売り手） 将来規定された時期（満期日）まで、規定された価格（行使価格）で、対象銘柄100株を売る契約。売り手はプレミアム（オプションのコスト）を買い手から受け取る。

コールの買い手

コールの購入は、少ない資金で大量の株をコントロールできるため、レバレッジが高い。レバレッジがあるからこそ、投資家はオプションの世界に引き込まれるのだ。

例えば、レッドホット社の現物株が現在60ドル近辺で取引されてお

り、この銘柄をこの先6カ月の間に60ドルで買うオプション(つまりコール)が1枚4ドルだったとする。コール1枚は100株単位であるため、手数料を除く支払いコストは400ドルになる。したがって、レッドホット株を60ドルで100株買えば6000ドルかかるところを、オプションならば同じ株数を400ドルで6カ月間コントロールできるわけだ。レバレッジの高さが分かると思う。

この購入したオプションが満期を迎えたとき、レッドホット株が80ドルになっていれば、コールの価値は簡単に分かる。

まず定義に戻って考えてみよう。コールの買い手には、満期までに規定された額で、売り手から対象となる現物株を買う権利がある。規定された額はこの場合60ドルである。満期までならいつでもその権利を行使できる。そのためにプレミアムを支払っているわけだ。

満期日の株価が80ドルであれば、60ドルで現物株を買えるコールの1枚当たりの価値は20ドル(80-60=20)である。100枚購入していれば2000ドルだ。そこからすでに支払ったプレミアム400ドルを引くと、手数料を除く正味の利益は1600ドルとなる。オプション購入費(プレミアム)から考えれば、400%の利益になったわけだ。

逆に、レッドホット株が満期日に55ドルまで下げていたらどうだろうか。満期日まで維持した場合、現物株が55ドルで買えるのに、60ドルで買う権利を行使する意味がない。マーケットで買ったほうが安いからだ。したがって、この場合、権利放棄となり、損失は100%となる。レバレッジは諸刃の剣なのだ。

事実、多くのオプショントレーダーがレバレッジ過多で失敗している。一言アドバイスは「けっして必要な現株数を超える枚数のオプションを購入してはならない」である。レバレッジ過多は破産への早道だ。

私が駆け出しのブローカーだったころ、顧客がレバレッジ過多でオプションを購入するのを止めたことがなかった。大半の顧客は、1000

株分に当たる10枚を購入しようとした。切りの良い数字で、1ポイント上昇するごとに利益が1000ドル増えるからだ。

　先ほどのレッドホット株の例でいえば、1枚400ドルのオプションを10枚購入すれば、4000ドルのコストで60ドルの銘柄を1000株、つまり6万ドル分の株をコントロールできる。通常支払っている株の代金（6万ドル）よりも少ない4000ドルという金額で、1000株分のコールを購入できるというわけだ。

　しかし、通常300株単位で株を買っている投資家にとっては、支払った金額がいつもより少なくても700株分レバレッジ過多になっている。そして、このような売買が破たんへとつながる。この状態で株価が下落すれば、4000ドルがまるまる損失となるからだ。

　全額失った投資家は「オプションは過度に投機的な商品で、大金を失ったのはオプションのせいだ」と文句を言う。だが、これはオプションのせいではない。投資家がレバレッジを掛けすぎたせいだ。いつも300株水準でトレードしているのであれば、オプションも3枚を超えて購入してはならない。このことを必ず守ってほしい。レバレッジはコントロールしなければならないのだ。

　では次に、実際に株を買うよりも有効にオプションを購入する方法を考えてみよう。

　多くの投資家にとって、1株当たり100ドルを超えた銘柄は、どんなにその株が優れていても高すぎて手が届きにくい。

　例えば、伝統ある優良保険会社、マーシュ＆マクレナン（MMC）は現在123ドルで取引されている。通常、50～60ドルの銘柄を買う一般投資家のジョーンズ氏にとっては、ポートフォリオのバランスからも高嶺の花である。しかし、それはジョーンズ氏がこの銘柄でポジションを取れないという意味ではない。ジョーンズ氏が通常200株単位で現物株を買っているとすれば、権利行使価格100ドルの「ディープ・イン・ザ・マネー」のコールの購入が考えられるのだ（ディープ・

イン・ザ・マネーは、行使すれば利益が出る「イン・ザ・マネー」の状態がかなり強いオプションである）。

　この原稿を書いている時点で、このコールは33ドル付近で売買されていた。十分にディープなイン・ザ・マネーのオプションのデルタは１である（訳注　デルタはオプションのリスク指標のひとつ。原資産価格の変化に対するオプション価格の変化を－１から＋１で表している）。デルタ１のコールの価格は、対象銘柄の動いたポイントにそのまま連動する。例えばMMCが１ポイント上昇すれば、コールも１ポイント上昇するわけだ。

　オプション価格が33ドルであれば、コストはコール１枚につき3300ドル（33ドル×100株）となる。つまり、ジョーンズ氏は3300ドルを払うだけで、市場で買えば１万2300ドルもかかるMMC100株をコントロールする権利を得られるのだ。言い換えれば、ジョーンズ氏は、自分が選んだ高品質の株を通常のコストで、そして実際の価格よりも少ない資金で取引に参加できるわけだ。

　このオプションは６月の第３金曜日に満期を迎える。ジョーンズ氏には、満期までの６カ月の間であれば、好きなときにオプションズ・クリアリング・コーポレーション（OCC、オプション清算会社）から、１株100ドルで100株を買う権利がある。

　では、満期日にどのような可能性があるか、ケース別に見ていこう。まず、MMCの株価が満期日までまったく変わらなかった場合だ。株価の123ドルから行使価格の100ドルを引いた差、23ドルがコールの価値となる。したがって１株当たり10ドルの損だ。行使価格100ドルのコールを購入するため、33ドルのコストがかかったことを思い出してほしい。

　またこの条件から、事実上、ジョーンズ氏は現物株を手に入れるため１株当たり計133ドルを支払うことになっていると考えられる。実際の株価は123ドルであるから、差し引き10ドルの損となる。

それでは、株価がジョーンズ氏の思惑どおり上昇したらどうだろうか。仮に満期日の株価が167ドルだったとすると、オプションの価値は67ドル（167－100＝67）となる。そこから初期コストの33ドルを引いた34ドル（67－33＝34）が利益となる。103％のリターンだ。オプションではなく、現物株を買っていたら、利益は44ドル（167－123＝44）で、リターンは33％にとどまる。オプションに賭けたかいがあったといえる。

　最後に、失敗のケースを考えてみよう。株価がある日80ドルに下げ、満期まで回復しなかった場合、ジョーンズ氏の損失は1株当たり33ドルになる。しかし、現物株を買っていれば、43ドル（123－80＝43）の損失である。オプションのほうが被害は少なかったことになる。

　このように、コールを利用した分散投資型ポートフォリオの構築を考えてみる価値はある。試しにひとつ作って、MMC社のケースのようにシミュレーションをしてほしい。現物を買うよりもコールを購入するほうが有利なときもあると気づくだろう。

カバードコールの売り

　カバードコールの売りは「通常、プレミアムの獲得が目的だが、権利行使されても手持ちの現物株を売ればよい」という状況が原則である。個人投資家がカバードコールの売り（現物を保有しつつ、その銘柄のコールを売る戦略）をするときには、原則からあまり外れないほうがよい。プロが執行するさまざまな戦略が機能するのは、取引手数料がほとんどかからないからである。

　カバードコールの売りは個人投資家にも有効に使える戦略のひとつである。手持ちの現物株の値上がり益の可能性をあきらめ、コールの売りでプレミアム収入を得る戦略だ。再びレッドホット社の例で考えてみよう。現在保有しているレッドホット株が60ドルから当分動かな

いと予想されたとき、このポジションを使って6カ月のコールを売る方法が考えられる。

　前の例で説明したように、期間6カ月、行使価格60ドルのコールを1枚売ると、プレミアムとして現金400ドルが手に入る（手数料は考慮せず）、ただし買い手が権利行使を望めば、現物株100株を60ドルで売らなければならない。レッドホット株が80ドルに上昇しても、60ドルで売らなければならないため、値上がり益はない。

　しかし、株価が下落すれば、手持ちの現物株の損失をプレミアムで得た400ドルで一部、もしくはすべて相殺できる可能性がある。この場合の損益分岐点は56ドル（60－4＝56）だ。満期までにこの契約を無効にしたければ、同じオプションを買い戻せばよい。マーケットの状態によってはプレミアムが上昇しているかもしれないが、キャンセル可能であることに変わりはない。

　DWAが毎日発行する調査レポートでは、いくつかの基準から選ばれたカバードライト（コールの売り）を定期的に推奨している。ひとつ目の基準は、今後値上がりが期待できる銘柄を対象にすることだ。言い換えれば、強気支持線よりも上でトレードされているRSの強い銘柄である。

　2つ目の基準は、コールを売ったときのリターンだ。イフコールドリターン（対象となる現物の株価が権利行使価格を上回った場合のリターン）が年20％、スタティックリターン（対象となる現物の株価が満期まで変わらない場合のリターン）が年10％、株価下落による損失の限度が4％までのコールの売りを推奨している。

　カバードコールの売りで、もうひとつ覚えてもらいたいことがある。統計学の基本であるベルカーブ（鐘形曲線）だ。ベルカーブは6つの標準偏差から形成される。標準偏差を株式市場ではボラティリティ（変動率）と呼んでいる。ベルカーブは6つのゾーン（つまり標準偏差）に均等に分けることができる。

男性の身長でベルカーブを描いてみると、右端にはバスケットボール選手のように背の高い人が、左端には背の低い人が入る。そして中央を見ると、大部分の男性が172～180センチくらいであると分かる。このいわゆる「普通の身長」の人たちがベルカーブの中心を挟んだ2つのゾーン、つまり曲線の68％を占めている。この法則はすべての統計に当てはまり、株もその例外ではない。

　通常、株も正規分布のベルカーブの中央に集まる傾向がある。つまり、私たちが追跡している銘柄も68％の期間は中心ゾーン（ベルカーブの2つの中心部分、上下1標準偏差）にあるわけだ。言い換えれば、株はいつもベルカーブの中間層を漂っているのだ。そしてそれはカバードコールのような中立戦略の成功率が68％であることを意味している。統計的にも、この戦略を考慮する価値があるわけだ。

　ただし、欠点もある。売ろうとしているコールの対象となる現物株は、もともと上昇すると思ったから買った銘柄である。それなのにカバードコールを売ると、実際に株価が大きく上昇した場合、その利益はまったく得られないのだ。その反面、下落のリスクはプレミアムの分でしかカバーされない。したがって、しっかりした強気相場では、カバードコールの売りは適当な戦略ではないといえる。

　私の場合、カバードコールの売りは、株価の横ばいが予想されるときに利用している。また、買った銘柄がベルカーブの右端まで値上がりし、一息つきそうなときも、そのコールを売りたい場面である。DWAのサイト（http://www.dorseywright.com/）では、掲載している全チャートの右側にベルカーブのグラフを表示している。きっと役に立つだろう。

プットオプション

定義

プット（買い手） 将来規定された時期（満期日）まで、規定された価格（行使価格）で、対象銘柄をプットする（売る）権利。プットの買い手は、プレミアムを売り手に支払う。

プット（売り手） 将来規定された時期（満期日）まで、規定された価格（行使価格）で、対象銘柄を買い取る用意がある。プットの売り手（アンダーライター、引き受けともいう）は、買い手からプレミアムを受け取る。

プットは非常に用途が広いにもかかわらず、あまり理解されていないツールと言える。個人投資家にとって主に2つの利用方法がある。ひとつは空売り（ショート）の代わりだ。もうひとつはポートフォリオが激しく下落したときの保険としての使い方である。まず、空売りの代わりとしてのプットを紹介しよう。

空売り（ショート）

株を空売りする一般投資家は、そう多くない。大部分の投資家が抱いている楽観的な見方と相反する取引であるからだ。通常、完結したトレードとは、まず株を買い、そして売る。空売りはその逆で、まず売ってから買い戻す。両方とも終わってみれば売りと買いが交互にあって同じように見えるが、空売りでは値上がりではなく、値下がりに勝負を賭けるところが違う。

売り手は、将来返す約束でブローカーから売りたい株を借りる。通

常はマーケットから売った株を購入して元に戻す。売ったあとの株価の動きで利益が出るときもあれば、損失が出るときもある。また空売りでは、借りた株に配当金が発生した場合は、それを支払う義務もある。空売りは、マーケットに流動性をもたらし、ほかの市場参加者の取引を促進しているため、重要な役割を果たしている。

　実際のところ、株の下落するスピードは、上昇するスピードよりもずっと速い。本書の初版で紹介したパデュー大学の研究では、これを数学的に説明している。「落ち目になると、すぐ落ちる」。この言葉は弱気相場で空売りするほうが、強気相場で買うよりも賢明だということを示唆している。

　では、なぜ投資家はほとんど空売りをしないのだろう。それは、空売りが悲観的な見方を強いるだけでなく、理論的に無限のリスクがあるからである。株を買うのであれば、損失は最悪その価値がゼロになることで済む。「ネットプロフィット（純利益）よりも、ページヒット（アクセス数）だ」と、うそぶいていたドットコム銘柄がそうだった。しかし、価格に上限はない。株の買いと空売りの違いは、そのときリスクが限定されているかいないかの違いなのだ。したがって大部分の投資家は、執行したときにリスクが分かっている買いを選びたがるわけだ。

　また、空売りは信用取引でしなければならない。多くの投資家同様、亡くなった私の母もけっして信用取引には手を出さなかった。信用取引でレバレッジ過多になり、1929年の大暴落ですべてを失った自分の父親のことが忘れられなかったからだ。

　ところが、個人投資家が気に入りそうな空売りのツールがある。

空売りの代わりとしてのプット

　プットを空売りの代わりに利用する方法を考えてみよう。プットの

定義は「満期まで規定の価格で株を売る権利が買い手にある」だった。先ほどの例と同じく、期間6カ月、権利行使価格60ドルのレッドホット株のプットをプレミアム400ドル（4ドル×100株）で購入したとしよう。

　満期日にレッドホット株が45ドルであったとする。60ドルで売る権利があり、現在、マーケットでは45ドルで売られているのだから、プットにはいくらかの価値があるはずだ。その価値は、行使したプットで株を売って得られる分と株を買うために支払わなければならない分の差額である。つまり、レッドホットを100株45ドルで買い、そしてオプションを行使して100株60ドルで売ることが可能なわけだ。したがって、利益は1株当たり15ドルである。ただし、こうした方法は可能であるが、実際に権利行使する投資家は非常に少ない。満期日に株価が45ドルならば、60ドルで売る権利のあるプットには15ドルの価値がある。単にそのオプションを売ればよい。

　これまでの例では、満期日までの途中期間については、意図的に触れていない。オプションの本源的な価値に加え、満期までの期間、ボラティリティ（変動率）、そのときのリスクフリーレート（無リスク金利）などを考慮する必要があるからだ。本書はオプション専門書ではないし、私はシンプルに徹したい。複雑な部分は、オプションの専門書を参考にしてほしい。

　では、逆にレッドホット株が15ポイント上昇した場合はどうだろう。シンプルだ。満期まで持っていれば、オプションは無価値で期限切れになるだけである。定義を見れば分かるように、買い手が持っているのは「60ドルで売る権利」である。マーケットで75ドルしている株を権利行使して60ドルで売ろうとは、だれも考えないだろう。したがって、オプションは行使しない。よって、プットの買い手の損失は400ドルである。レッドホット株がどれほど権利行使価格よりも値上がりしたとしても関係ないわけだ。

ここに空売りとプットの違いがある。プットであれば、最悪のケースでもリスクはプレミアムの額に限定される。一方、空売りでは株価が上昇すればするほど、損失が膨らむ。睡眠不足になりたければ、空売りをお勧めする。

また、満期までの間であれば、いつでもプットを市場価格で売ることができる。満期まで売るのを待つ必要はない。購入して15分後に売ってもよいのだ。

このように、プットを利用すれば、リスクをプレミアムの額に限定しながら、レッドホット株の値下がりをチャンスにできるのだ。プットの購入は、空売りよりも個人投資家にとってずっと親しみやすい方法だと思う。

プットの売り——アンダーライターになる

プットを売るのは投資家のなかでも特殊な人たちだ。多くは自分が何をしようとしているのか、よく分かっていない。1990年代に比べ、株価の動きが速かった1980年代にプットを売った投資家の話は、この戦略を説明する格好の例となるだろう。

1980年代、オプションは大人気商品だった。右肩上がりのマーケットがオプション取引をますます楽にしたおかげで、投資家はどんどん投機的になっていった。その成長は驚異的で、例えてみれば、保安官が休暇中のドッジシティのようなものだった（**訳注　ドッジシティは**アメリカ中部のカウボーイタウンで、かつて多くのガンファイターが訪れた）。プットの売りもまた、ゆっくりと、しかし確実に拡大し、その傾向は1987年まで続いた。

「投機バブルが膨らむほど、針先に近づいている」と言う。事実、針先は1987年10月に、はっきりとその姿を現した。

かつてアメリカン証券取引所（AMEX）のオプション研究会で講

演を依頼されたことがある。AMEXは毎年このフォーラムを開催し、世界中のオプション専門家を招き、実際に投資ビジネスに携わっているプロの投資家とともにハイレベルのリサーチについて論じる機会を提供している。このような権威ある会議で講演できるのは、光栄の至りである。

このとき、私は株価指数オプションによる単純なストラドルの売りのメリットについて話をした。この戦略がいかに保守的か、そして米短期債を担保にしたとき、いかに証拠金規則もリターンの増大に役立つか、熱心に説明した。

しかし、今でもこのスピーチのことを思い出すと、冷や汗が吹き出てくる。スピーチをしたのは1987年の大暴落（ブラックマンデー）の少し前で、当時マーケットが1日であれほどまでに下落するなどと考えた人はいなかった。もしあのとき私が紹介した戦略を採用した人がいれば、株価指数のプットの売りで苦痛を味わったはずだ。実際、プットを売っただれもが苦い思いをしたし、それだけでは済まされない人々もいた。人は失敗から学ぶとはいうものの、これは本当に辛い経験だった。

どうして投資家は、このような戦略を採用するのだろうか。その理由は、プットの売りが株式市場で保険を提供することだと考えれば分かりやすい。

自動車の場合、エトナ、オールステート、USAAなど数百の保険会社が保険を提供している。保険の売り手は、要は契約で規定したリスクを完全に引き受ける能力があると言っているだけだ。車の保険では、自分の車が事故にあったとき、免責部分を除いて保険会社がその車を買い取ってくれる。プットも同様だ。株が事故にあったとき、プットの売り手が規定の価格でその株を買い取ってくれるのだ。

もちろん、保険（プット）の買い手が保険会社（プットの売り手）から受け取るのは、保険代（プレミアム）のコストを引いた正味の額

である。換言すれば、プットの売り手（アンダーライター）は、保険会社同様、買い手からプレミアムを得ることを目的としているわけだ。キャピタルゲインを狙っているわけではない。

　保険会社にとって、成功のカギは、幅広い分散にある。ある程度の保険金の支払いはあると分かっている。それが大部分にならなければよいのだ。ところが、プットの売り手には、投資ビジネスの保険会社となるだけの分散は基本的に難しい。大抵は「この銘柄には事故がないだろう」と推測してプットを売っているのだ。

　1987年10月19日、すべての株が事故にあった。もし米国中の自動車が同じ日に事故に遭えば、保険業界は間違いなく消滅する。そして、プットの売り手は1987年10月に消滅したのである。

　当時、ほぼすべてのプットの売り手が資金不足で契約を履行するだけの準備ができていなかった。ウォール街は大混乱に陥り、ブローカー会社のいくつかは倒産を噂された。全財産以上の金額を失ったケースを私自身も数多く見た。ウォール街では顧客が自分の目的にも性格にも合わない投資をさせられたとブローカーを訴え、ブローカーも暴落による損失の支払いを迫ったため、訴訟ラッシュが起きた。一晩にしてウォール街の大人気商品は、どんなことをしてでも避けるべき商品へと変貌したのである。

　ウォール街は何事にも極端になる傾向がある。その余波は今も続いている。いくつかのブローカー会社では、経歴３年未満のブローカーにオプションの取り扱いを認めていない。また単体オプションの取引口座を開設するのに、役所並みに面倒な手続きを義務づけている証券会社もある。その結果、この用途の広い商品に特化したプロに大きなチャンスをもたらしている。

　多くの投資家が、トラブルになると、それをオプションという商品のせいにしようとする。しかし、本当の問題は、欲張ってレバレッジを掛けすぎたことにある。

最近も同じ問題で、またバブルが崩壊した。今回は主に債券デリバティブ（オプション商品の一種）に限られていて、大きな損害を出したのは、いわゆる「保守的」債券ファンドだった。例えば、ノーベル賞受賞者が運用する「コンプリヘンシブ・キャピタル」と呼ばれるヘッジファンドは、デリバティブへのレバレッジの掛けすぎで完全に崩壊した。気の遠くなるような損失を出したため、FRBが救済計画を立てなければならないほどだった。最近見た漫画では、小銭を恵んでもらおうとカップを持ったホームレスが「デリバティブお断り」という張り紙を出していた（つまりデリバティブは小銭以下というわけだ）。

　しかし、ここでも犯人は、レバレッジ過多である。オプション商品ではない。要は使い方なのだ。この章では、オプションで成功するための基本的なアイデアをいくつか紹介しよう。

　1987年の暴落まで、専門知識のない人たちまでがオプションというゲームに飛び込んできた。ブローカー会社に勤めていたころ、老夫婦が引退後の資金を増やすため、口座に保管してある短期国債を担保に単体でプットを売りたいと言ってきたことがあった。ブリッジクラブか何かで、この戦略が成功した話を聞いたのだろう。

　もちろん、これはマーケットとプットの対象銘柄が上昇を続けていればうまくいく。しかし、逆にマーケットが大きく下落すれば、ほとんどの人が破産に巻き込まれるだろう。私は支店長に呼び出されて、この件について話し合った。幸い、頭の切れる支店長だったため、十分起こり得た悲劇は回避された。彼は従業員にプットの売りをさせなかった。

　面白いのは、単体プットの売りも、先ほど紹介したカバードコールの売りも、実はリスクが同じである点だ。次の2つの例から考えてみてほしい。

　XYZ社を1株50ドルで買い、それに対するカバードコールを売っ

たとしよう。1月限50コールは5ドルであった。つまり、その銘柄を1株50ドルで譲る権利を売り、その代わり1枚につき5ドルの現金を払ってもらう契約を買い手と結んだわけだ。

株価が0ドルに下落した場合、リスクは45ドルである。株の買いに50ドルを支払い、1月限50コールの売りで5ドルのプレミアムを受け取っているので、50ドルから5ドルを引いた額（50−5＝45）がリスクとなるからだ。

次に、単体プットの売りの場合を考えてみよう。先ほど同様XYZは現在50ドルである。これを買わずに1月限50プットを5ドルで売った。つまり、プットの売り手は、期間中いつでもXYZを50ドルで売る準備がなければならない契約があるわけだ。

株価が0に下落した場合、やはり実際の損失は45ドルである。0ドルのXYZ株を50ドルで売らなければならないのだから、50ドルの損失となる。しかし、契約時にプレミアム5ドルを受け取っているため、差し引いた額（50−5＝45）がリスクとなるのだ。

カバードコールの売りのリスクと同額だ。簡単な計算だが面白いではないか。

保険としてのプット（プロテクティブ・プット）

プットを別の角度から、つまり買い手の視点から考えてみよう。まず、2つの質問に答えてほしい。
1．プットを持っているか？
2．車を持っているか？

もし質問2の答えが「イエス」、つまり車を持っているのなら、質問1の答えも「イエス」になる。車を持っていれば、保険に入っている。そして、プットも要は保険商品なのだ。プットの購入者は、保険

料（プレミアム）を支払って、ある期間まで、ある価格で、ある銘柄を売る権利を持っている。

　車の保険が約束していることも同じだ。もし事故で車が廃車同然になっても、保険が車の金額を支払ってくれる。保険契約に、事故のときには保険会社が規定された金額を支払い、破損した部分をカバーすると書いてあるからだ。この契約は、例えば6カ月間など、規定された期間有効だ。期間満了後は、契約を更新するかキャンセルするか決めなければならない。この契約を得るために、保険の引受業者（保険会社）にプレミアムを支払う必要がある。

　私は10代のころ、父親の車を運転していて車体が折れ曲がるほどの事故を起こしたことがある。車は修復不可能で、保険会社は車の簿価から免責分を引いた額を支払ってくれた（私はこれでむしろ得をしたのではないかと思ったが、父の考えは違った）。

　プットも変わらない。プットの買い手には、ある期間（満期日）までに、ある金額（行使価格）で、対象銘柄を売る権利がある。車にかけてある保険と非常によく似た契約を結んでいる。

　現在、1株60ドルのフィリップモリス株を保有していたとする。マーケットが大幅に下落したら、間違いなくフィリップモリスも連動して下落すると考えられる。この銘柄の値下がりによる損失を回避したいとき、行使価格60ドルで6カ月のプットを購入する方法がある。

　オプションは常に1枚当たり100株単位で契約される。このプットが1株3ドルであったとする。したがって、プット1枚（100株分）のプレミアムは300ドルとなる。

　オプション価格は満期までの期間など、さまざまな要素がかかわっており、毎日変動する。フィリップモリスが6カ月後に50ドルに下げていれば、ブローカーに電話して60ドルで売る権利を行使したいと伝えるか、保有している株はそのままにしてオプション自体を売り戻し、利益だけを手に入れることもできる。

フィリップモリスが「事故にあって」1株50ドルに下げたとき、プットを行使して60ドルで100株売ると1000ドルの利益となる。ただし、このプットには300ドルのコストがかかっているので、正味の利益は700ドルである（＝1000－300）。

フィリップモリスが事故に遭うことなく60ドルを維持するか、あるいは上昇すれば、プット契約は単に失効させるだけである。

保険を買うときには、それを使わずに済むことを願うものだ。同様に、プットの買い手も、ポートフォリオが値下がりすることに期待するよりも、保険として機能することのほうに関心がある。

オプション売買で成功するコツは、まず銘柄の選択に成功していることにある。したがって、オプション戦略を立てる前に、正しい銘柄を選ぶ必要がある。つまり、本書の前半で解説した銘柄の選択方法をよく踏まえてから、オプション選択のステップに進まなければならないのだ。オプションについて検討する前に、ここまでの内容を完全に理解しておいてほしい。

その前提のうえで、以下の定義について紹介する。オプションの理解をより深めるのに役立つだろう。

デルタ 対象銘柄の1ドルの動きに対するオプション価格の変化額。

権利行使価格 契約で規定された対象銘柄を買うための価格。通常22 1/2ドル以下は2 1/2ポイント間隔で、それ以上は5ポイント間隔に固定されている。

満期日 オプション契約が満期を迎える日。満期日より前であれば、買い手がオプションを市場価格で売ることや、売り手が市場価格で買い戻すこともできる。

プレミアム マーケットの勢いによって決まるオプションの価値。対象銘柄のボラティリティ（変動率）や無リスク金利、満期までの期間、対象銘柄の配当金を含めて決められる。

イン・ザ・マネー　コールの場合であれば、権利行使価格が現在の株価よりも安く、プットの場合であれば、権利行使価格が現在の株価よりも高い状態（意味が分からなければ、この章の最初に戻り、プットとコールの定義を復習してほしい）。

アウト・オブ・ザ・マネー　コールの場合は権利行使価格が現在の株価よりも高く、プットの場合は権利行使価格が現在の株価よりも安い状態。

アット・ザ・マネー　プットでもコールでも、権利行使価格と現在の株価が同じ状態。

本源的価値（イントリンジック・バリュー）　プレミアムのなかで、オプションがイン・ザ・マネーになっている額。例えば、IBMの株価が現在65ドルで、同銘柄の10月限60コールのプレミアムが6ドルであれば、その6ドルのうち5ドルが本源的価値（イン・ザ・マネーの額）で、残りの1ドルが満期までの時間的価値となる。このまま満期まで株価が変わらなければ、このコールの価値はイン・ザ・マネーの額（この場合は5ドル）と同じになる。

時間的価値（タイムプレミアム）　オプションの価値のなかで、本源的価値以外の部分。本源的価値がなければ、オプションのコストは、すべて満期までの時間的価値ということになる。

　重ねて強調する。オプションで成功するコツは、正しい銘柄選びにある。間違った銘柄を選べば、オプションはうまくいかない。オプションを売買する狙いは、できるかぎり株の複製を作ることにある。正しい対象銘柄を選んで、初めてオプションについて考えることができるのだ。

　そして、そこでデルタが重要になる。プットやコールのイン・ザ・マネーが大きければ大きいほど、オプション価格と株価の相関性は高くなるからだ。

デルタの原則

　デルタのガイドラインとして、次のことを覚えておくとよい。5ポイント分イン・ザ・マネーであるオプションのデルタは、およそ75%である。つまり、株価が1ポイント動けば、オプションは約3/4ポイント動くというわけだ。アット・ザ・マネー・オプションのデルタ値はおよそ50%で、5ポイント分アウト・オブ・ザ・マネーのオプションのデルタは約25%となるだろう。

　コンピューターを使えば、デルタを0.1%まで細かく計算できる。しかし、マーケットの動きに合わせて常に変動している数値をそこまで細かく知る必要はない。おおよその範囲から外れないようにしておけば、大丈夫だろう。

　かつてブローカーをしていたころ、オプションの購入は価格で決めていた。対象銘柄の動きと関連して考えず、顧客がオプションを1000ドル分購入したいと言えば、その金額で買える銘柄のオプションを勧めていたのだ。1970年代から1980年代初めにかけて、オプション取引はまだ始まったばかりで、勘に頼って使っているような状態だった。

　5ポイント分アウト・オブ・ザ・マネーであれば、デルタは約0.25だと書いた。例えば1株60ドルのIBM株に対し、行使価格が65ドルの3カ月コールは、現在の株価である「ザ・マネー」から5ポイント分「アウト」オブ・ザ・マネーである。このコールのデルタ値は0.25で、IBMが1ドル上昇すれば、このオプションは0.25ドル上昇するだろう。満期に、株価が65ドルになれば、このコールは価値を失う。買い手は65ドルで買う権利を持っていても、その権利を行使する意味がないからだ。オプションの価値はゼロとなる。

　これは正しい銘柄を選んだのに行使価格の選択を誤ったケースに当たる。このような失敗を避けるために、私が使っている5つの予防策を紹介しよう。

1．コールもプットも、比較的デルタ値の高いイン・ザ・マネーを購入する

オプションは株のポジションの代わりに購入するものである。なかにはイン・ザ・マネー・コールを1枚購入する代わりに、アット・ザ・マネー2枚の購入を勧めるストラテジストもいる。これについては、次のように考えられる。アット・ザ・マネーのデルタ値は約0.50なので、2つのオプションを組み合わせたデルタ値は0.50＋0.50＝1になる。株価が上昇するとイン・ザ・マネーの度合いも深くなり、デルタ値も上昇し、1以上の割合で変わることになるわけだ。

ただ、アット・ザ・マネーの問題は、オプションの期間中に株価が変わらず、プレミアム分が損になるケースである（よくあることだ）。ディープ・イン・ザ・マネーの価値は、大部分が本源的価値であるため、時間的価値はほとんどない。言い換えれば、もしオプションの有効期間に株価が変わらなければ、ディープ・イン・ザ・マネーのオプション価格もほとんど変わらないということである。したがって、イン・ザ・マネー・コールのほうが、デルタ値を上げるため2つのアット・ザ・マネー・コールを購入するよりも重要であると、私は考えている。

2．けっしてレバレッジを掛けすぎない

必要な枚数のオプションだけを購入し、残りの資金はMMFに入れておく。レバレッジを掛けすぎるという過ちは、オプショントレーダーでさえよく犯す。

3．時間を買う

時間はオプションの高血圧、「死に神」である。プレミアムは満期6週間前ぐらいから急速に価値を失い始める。したがって、常に6週間以上のオプションを購入する。株価の動きがカギとなるのだから、

株価が結果を出す前に期限切れとならないように、注意しなければならない。

4．損切りポイントを設定する

オプションの損切り方法は2つ考えられる。簡単なのは、オプションのプレミアムを損切りポイントにする方法だ。株を買うとしたら、損失を許容できる損切りポイントがあるはずだ。その許容額をオプション購入に支払うプレミアムとして考えるわけだ。株価が思惑どおりに動かなければ、オプションを満期まで保有する。6カ月の間には、さまざまなことがその銘柄に起こり得る。何度かチャンスがあるだろう。

損失を限定するもうひとつの方法としては、通常、株価で損切りしている時点でオプションを売却する戦略がある。そもそもオプションで現物株の買いと似たポジションを作ろうとしているのである。株と同様に損切りポイントで売ればよい。これでプレミアムの50％は節約できるかもしれない。ただし、それ以降のチャンスはなくなる。

私は状況に応じて、2つの戦略を使い分けている。

5．シンプルに徹する

オプションは複雑になればなるほど成功率が下がる。オプションに凝る前に、銘柄選びに精通してほしい。

オプションを選ぶには、まずマーケットを見て、現在ボールを支配しているのがだれか知る必要がある。弱気相場でコールを購入してもよいことはない。しかし、プットを購入するならば好機と言える。そして試合に飛び込む前に、必ずボールの位置を見極めてほしい。そのためには、まず短期指標を見る。もしこれが弱気であれば、コールの購入は延期したほうがよい。

時間は高血圧と同じで、音もなく忍び寄ってくる。ここではタイミングがすべてなのだ。もし長期トレンドが強気で、短期トレンドが弱気ならば、2つがそろうまでオプションの購入は待ったほうがよい。

　また、銘柄を選ぶときには、まずセクターBPIを利用する。コールであれば、攻撃中のセクターであるべきだ。しかもRSが強く、BPIが50％未満であれば最適だ。またプットであれば、守備中のセクターであるべきだ。しかもRSが弱く、BPIが50％を超えている銘柄を極力選びたい。

　セクターが決まったら、そのなかからファンダメンタルの材料がある銘柄を探す。これはウォール街の企業が購入を勧めている銘柄を確認すればよい。手始めに、いつも使っているブローカーに問い合わせてみる。大半は提携会社の膨大な数のリサーチを持っている。すぐに回答してくれるだろう。またファンダメンタルとともに、インサイダーがその株を買っていれば（例えば、社長が自社株を買っていれば）素晴らしい。これは必要ではないが、あるに越したことはない。

　ファンダメンタルのしっかりした銘柄をいくつか見つけたら、P&Fチャートのパターンを見て、最も勢いのある銘柄を選ぶ。このとき、少なくとも買いシグナルが出ていて、強気支持線よりも上でトレードされているか確認してほしい。

ETFと資産配分

　「指数オプションの代わりに、指数を証券化し、株のように売買できるようにしたらどうか」。8年ぐらい前、私はある主要取引所にそう提案したことがある。この提案は結局、まったく無視された。しかし、8年後の今、ETF（株価指数連動型上場投資信託）は大きく成長している。

　最初のETFは、アメリカン証券取引所（AMEX）に上場されたス

パイダー（SPDR）であった。スパイダーはS&P500株価指数に連動しており、投資家はミューチュアルファンドに管理手数料を支払わなくてもS&P500株価指数が買えるようになった。この商品は空売りもできるし、コールの売りもできる。

このスパイダーを皮切りに、ダウ平均に連動したダイヤモンド（DIA）、ナスダック100指数に連動したキューズ（QQQ）など、多くのETFが誕生した。また特定のセクターで構成された株式バスケットを指数化したAMEXのセクター別スパイダーズ（SPDRs）、メリルリンチのホルダーズ（HOLDRS）が上場された。さらには、50種類を超えるインデックスファンドを株同様に売買できるｉシェアーズ（iShares）が登場した。

ｉシェアーズは、バークレイズ・グローバル・インベスターズ（BGI）の子会社であるバークレイズ・グローバル・ファンド・アドバイザーズが運用している。各ファンドは、特定の株式指数と密接に連動するように設計された株式のポートフォリオである。

これらのETFは、特定の銘柄ではなく、特定の指数を買う機会を提供している。ホルダーズは、少しひねってあって、株式バスケットの銘柄を実際に個別に買うことになり、また100口単位で買わなければならない。一方、スパイダー、ダイヤモンド、キューズ、セクター別スパイダーズ、ｉシェアーズは１口単位で買える。ETFの詳細についてはAMEXのサイト（http://www.amex.com/）や、http://www.ishares.com/、http://www.holdrs.com/などを参考にしてほしい。

個人的に指数ファンドへの関心は高い。先ほど述べたように、株のリスクの75％がセクターやマーケット全体に関連している。ということは、ETFを使えば、銘柄選びという投資のプロセスを１段階省略できるわけだ。

繰り返しになるが、私は2000年に個別銘柄が次々と脱落するのをこ

の目で見た。「百聞は一見にしかず」だろう。しかし、それはまるでデモリションダービー（訳注　数台の車がぶつけ合うサバイバルレース）を見ているようだった。

　セクターは数多くの銘柄から成る。したがって、ひとつの銘柄がだめになってもセクター全体に与える影響は少ない。魚の群れを丸ごと買うようなものなのだ。すべての魚が同じ方向に動くように、セクターも同じ動きを見せる傾向がある。ある銘柄に影響する経済的刺激が、同セクターのほかの銘柄にも影響する可能性があるのだ。

　セクター分析の結果、テクノロジーが良いと分かれば、個別銘柄を買うのと同じように、ｉシェアのテクノロジーセクターを買うことができる。2000年のように不動産が買いであれば、REIT（不動産投信）ではなく、セクターごと買えるのだ。

　逆に、セクターの勢いが衰えてきたときは、おそらくそのなかの銘柄は、どれも動きが鈍くなると考えられる。

　次の項で、私たちが顧客に提供しているセクターに関するリサーチの一例を紹介しよう。2000年9月26日にDWAのトップアナリストであるスーザン・モリソンが、パソコンメーカーセクターについて書いたレポートである。モリソンは、このセクターの問題点を明らかにし、論理的に整理したうえで、分かり易く説明した。

　このレポートを読み、モリソンのアドバイスに従っただれもが、その後の襲撃から免れることができた。同年12月までに、これらの銘柄は八つ裂きにされた。モリソンが指摘しようとしたのは、ある状況についてとことん突き詰めて考えることの必要性だ。しかし、それができる能力や意欲のある投資家は、ほんのわずかしかいない。

最初の一歩の先を考える——パソコンメーカー
(『デイリー・エクイティ・レポート』2000/9/26号より引用)

　よく最初の一歩が「大変だ」といわれる。金曜日のマーケットもその例外ではなかった。半導体メーカーのインテル（INTC）が業績の下方修正を発表したことに端を発した大惨劇（訳注　いわゆる「インテルショック」）は、マーケットを震撼させた。しかし、これはインテルだけの問題だろうか。それとも、今後の他社から発表される下方修正の大津波の予兆なのだろうか。昨日の『インベスターズ・ビジネス・デイリー』紙の興味深い特集記事を見て、インテルの崩壊についてさらに詳しく調べたくなったし、これは不吉の前兆ではないかという疑問を強くした。

　同記事は、インテル減益の原因が、同社の主張するユーロの下落や欧州での需要の低下というよりも、むしろパソコンの売上低迷にあると指摘している。また、インテルの売上高の75％は、パソコンのチップであるという。そうだとすれば、市場を混乱に陥れた同社の成長率低下の裏づけとなる。

　金曜日の各銘柄の値動きを観察すると、面白いことが分かる。半導体メーカーの多くが寄り付きから大きく下げたにもかかわらず、マーケットは午後には反発しているのである。インテルは一方的に下げた。しかし、同業他社の多くは、最初のパニック売りが収まると、落ち着きを取り戻したわけだ。

　この現象は、パソコンの半導体チップがインテルとAMD（アドバンスド・マイクロ・デバイセズ）の二極支配である一方で、消費家電やブロードバンド・コミュニケーション製品については、多くのメーカーが自社系列で半導体を製造しているからだと考えられる。S・G・コーエン・セキュリティーズ・コーポレーションのアナリスト、ドリュー・ペックによれば、後者はかなりの売上増加を記録しており、

多くの半導体会社は引き続き好調だという。これは半導体セクターで買い銘柄を物色している多くの投資家にとって良い知らせである。しかし、インテルの刀には、もうひとつの刃があるのだ。

ここで、ヘイズレット著『エコノミクス・イン・ワン・レッスン (Economics in One Lesson)』に登場する、いたずらっ子がパン屋のショーウィンドウに石を投げつけた話について考えてみよう。一見、この事件をほとんど影響のない単なる子供のいたずらと片づけてしまいがちだ。しかし、需給という単純な原理を理解し、経済学的視点から最初の一歩の先を見通す能力があれば、この事件が仕立屋にとって経済的打撃だったという結論に至るだろう。このパン屋は、保険会社にショーウインドウを取り換えてもらったとき支払った免責金額の250ドルを失わなければ、仕立屋からスーツを買うつもりだったからだ。

多くの人はこの話を聞いて、保険会社が損失を補塡したのだから、大した損害はなかったと考えがちだ。しかし、この例でさえ、子供の軽率な行為によって、加入者が将来支払う保険料が理論的に値上げされることを考慮していない。

同様に、インテルの業績下方修正が、単にパン屋のショーウィンドウが割れただけでは済まない可能性について、つまりその影響について視野を広げて考慮すべきなのだ。本当にパソコンの売上高が落ちているのであれば、インテルが窮地に陥るだけではなく、次の決算期には、パソコンメーカー全体にかかわる可能性がある。

インテルの下落は多くのトレーダーに衝撃を与えた。しかし、私たちのテクニカル分析は、木曜午後に嵐が吹き荒れる前に、ポジションを手仕舞うように警告を発していたことを思い出してほしい。インテルはトレンドチャートで複数の売りシグナルを出していたし、しかも強気支持線を割っていた。

このようにインテルには不吉な前兆があった。では、ほかにも同様

第8章●オプションとETFを利用したポートフォリオのリスク管理

図8.1 PHLXパソコンメーカー指数（BMX）

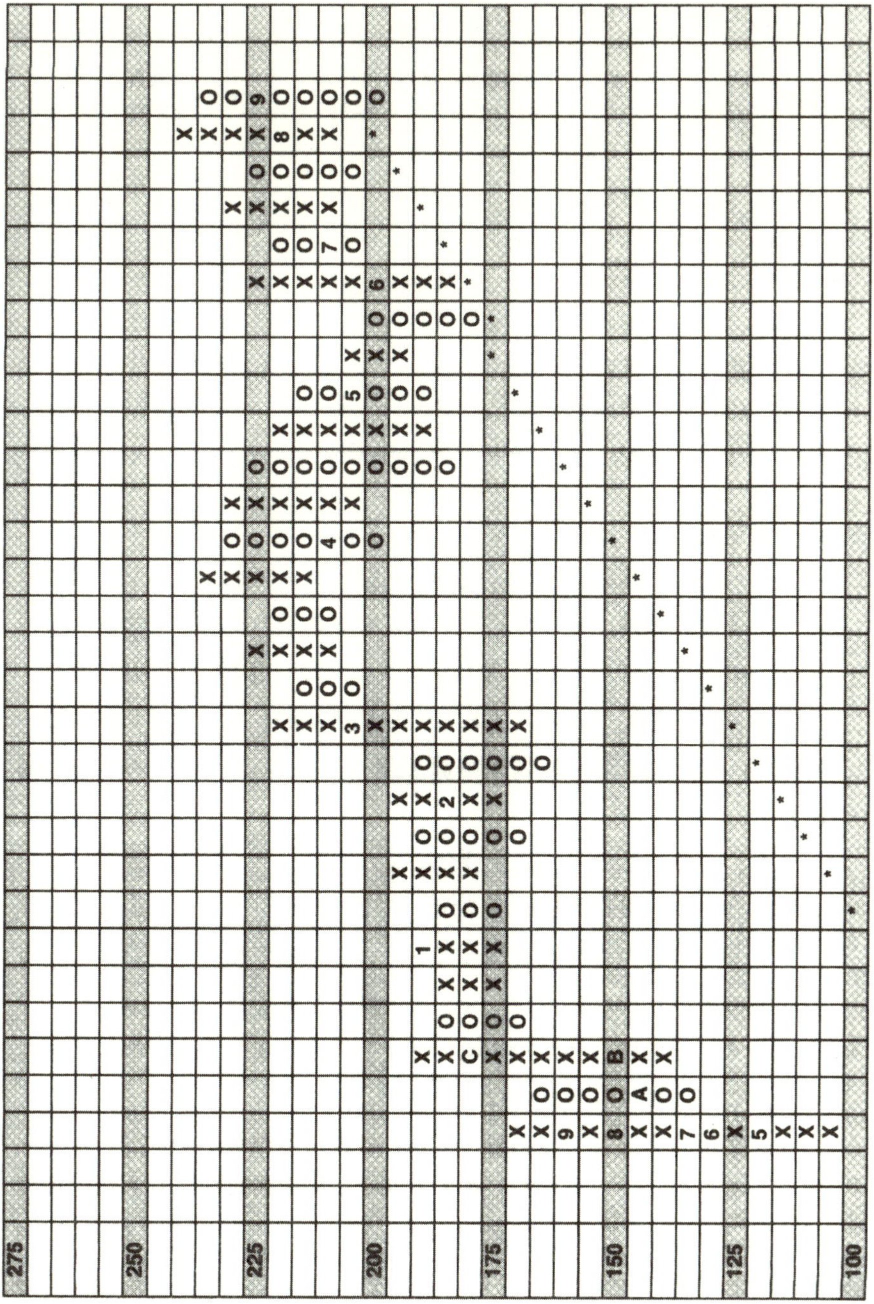

パソコンメーカーのテクニカルデータ

銘柄	直近の株価	RSシグナル (ダウ)	RSの列 (ダウ)	RSシグナル (セクター)	RSの列 (セクター)	トレンド	P&Fシグナル	モメンタム
AAPL	52.19	買い	×	売り	×	−	売り	−
CPQ	29.63	売り	×	買い	×	＋	買い	−
DELL	35.94	買い	○	売り	○	−	売り	＋
GTW	55.50	買い	×	買い	○	−	売り	−
HWP	103.94	買い	○	買い	○	−	売り	−
IBM	124.00	買い	×	買い	×	＋	買い	−

　の警告を発している銘柄がないか探してみよう。先ほど述べたように、インテルの売上高の75％は、同社が85％のシェアを持つパソコン用チップによるものだ。そこで、パソコンセクターのパフォーマンスの目安として重視しているPHLXパソコンメーカー指数（BMX）のトレンドチャートを見てみる。すると、トリプルボトムを形成し、最近、200ポイントで長期の強気支持線を割っていることが判明した（**図8.1**）。

　また、この指数の多くの主要銘柄についてまとめた表を見てほしい。指数に含まれた優良銘柄の多くが、すでに売りシグナルを出しており、トレンドラインの支持線を割っていた。これらの銘柄を保有している投資家は多いと思う。ポジションを再度注意深く見直してほしい。ひとつのミスを見過ごしたために、ポートフォリオ全体を台無しにするようなことは避けなければならない。

　インテルのケースでは、言ってみれば多くの投資家が最初の売りシグナルを無視した。しかし、そのシグナルの忠告に従った人は、金曜日に嵐が襲来する前に避難できた。現在、コンパック（CPQ）やIBMは、まだテクニカルで買い支持を維持している。しかし、下落

図8.2　アップル・コンピュータ（APPL）

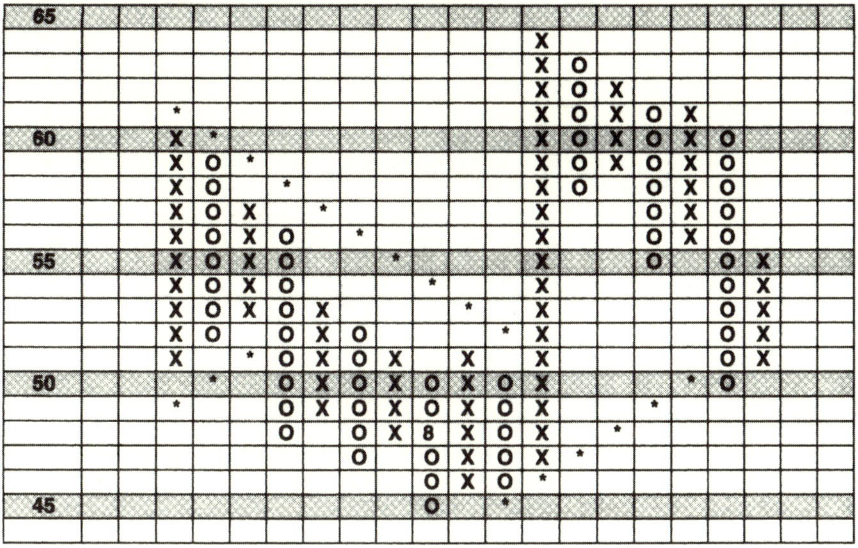

65								X						
								X	O					
								X	O	X				
			*					X	O	X	O	X		
60		X	*					X	O	X	O	X	O	
		X	O	*				X	O	X	O	X	O	
		X	O	X	*			X			O	X	O	
		X	O	X	O	*		X			O	X	O	
55		X	O	X	O		*	X			O		O	X
		X	O	X	O			*	X				O	X
		X	O	X	O	X			*	X			O	X
		X			O	X	O			*	X		O	X
		X		*	O	X	O	X		X	X		O	X
50			*		O	X	O	X	O	X	O		*	O
			*		O	X	O	X	O	X	O		*	
					O		O	X	8	X	O	X	*	
						O		O	X	O	X	*		
								O	X	O	*			
45								O		*				

の兆しには十分注意してほしい。以下、各銘柄のチャートとコメントを記した。

チャートとコメント

AAPL──アップル・コンピュータ（53.625）

夏の終わりに大きく反発し、買い方のレベルもトリプルトップの52ドルから直近の天井である64ドルに上昇した。しかし、今のところ9月には同じ勢いが見られない。現在、二度の売りシグナルを出している。54ドルでダブルボトムを形成したあと、50ドルで強気支持線を割っている。

この銘柄を買っている場合、現在の55ドルまでの反発を利用してポジションを軽くするか、手仕舞う方法が考えられる。週間モメンタム

図8.3 コンパック・コンピュータ (CPQ)

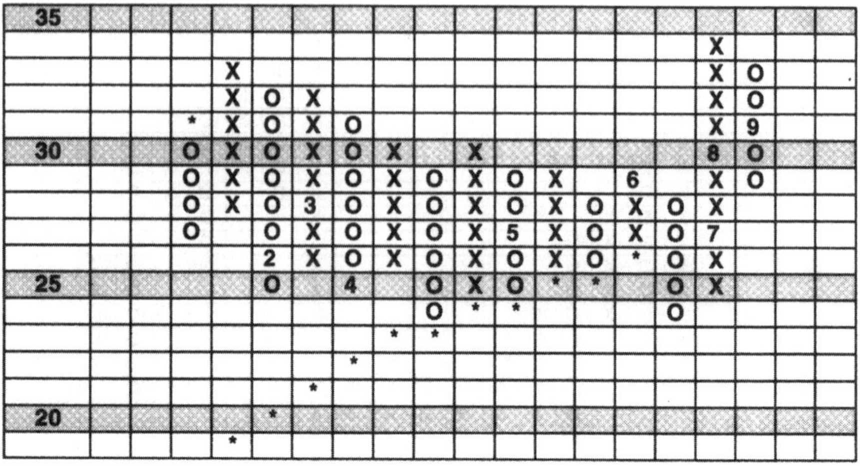

35														
												X		
			X									X	O	
			X	O	X							X	O	
		*	X	O	X	O						X	9	
30			O	X	O	X	O	X		X			8	O
			O	X	O	X	O	X	O	X	6		X	O
			O	X	O	3	O	X	O	X	O	X	O	X
			O		O	X	O	X	O	5	X	O	X	O	7
				2	X	O	X	O	X	O	X	O	*	O	X
25				O		4		O	X	O	*	*		O	X
								O	*	*				O	
						*	*								
					*										
20			*												
			*												

がネガティブに転じたため、短期的に弱気が現れる可能性がある（**図8.2**）。

　ドーシーから一言　2000年12月7日現在、アップルは14ドルに下げている。このレポートから程なくしてアップルは寄り付きから50％下げた。

CPQ——コンパック・コープ（28.600）

　しばらくの底練りから最近、上抜けた。テクニカル的には回復状態が続いている。買いシグナルを維持し、20ドル台半ばにしっかりした支持線がある。

　この銘柄を買っている場合、損切りポイントに、スプレッドトリプルボトムで支持線を割る23ドルが考えられる。マーケットRSは、依然×列にある（**図8.3**）。

　ドーシーから一言　2000年12月7日現在、コンパックは19ドル。

図8.4 デル・コンピュータ（DELL）

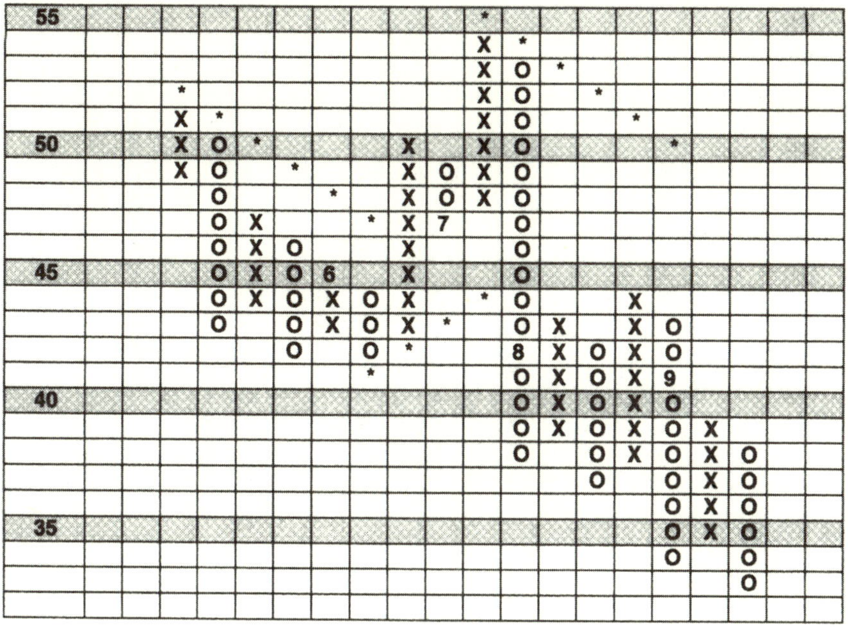

DELL——デル・コンピュータ (34.375)

上値・下値ともに切り下げ、全体的に弱気トレンドを形成している。マーケットに対してもセクターに対しても出遅れた状態が続いており、引き続き避けたほうがよい（**図8.4**）。

ドーシーから一言 2000年12月7日現在、デルは18ドル。

IBM——IBM (121.375)

引き続きテクニカル的に安定し、買いシグナルを維持しているうえ、RSも×列にある。最近134ドル付近で高値を更新してから、10週トレーディングバンドの半ばまで押している。しかし、依然として買いポジションの維持は可能である。最初の弱気シグナルは、ダブルボトム

図8.5 IBM（IBM）

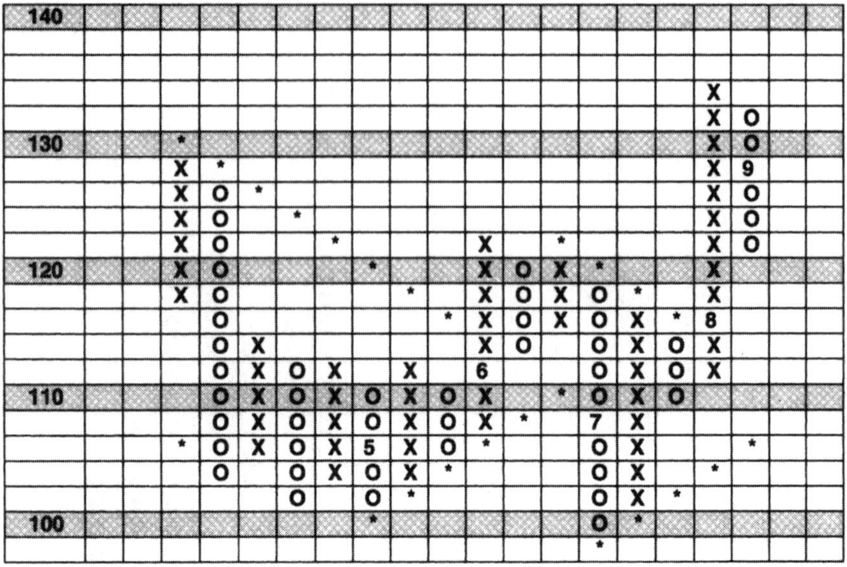

140													
												X	
												X	O
130			*									X	O
		X	*									X	9
		X	O	*								X	O
		X	O		*							X	O
		X	O			*		X		*		X	O
120		X	O			*		X	O	X	*		X	
		X	O				*	X	O	X	O	*	X	
			O				*	X	O	X	O	X	*	8
			O	X				X	O		O	X	O	X
			O	X	O	X		X		6		O	X	O	X
110			O	X	O	X	O	X		*	O	X	O	
			O	X	O	X	O	X	*		7	X	
		*	O	X	O	X	5	X	O	*		O	X		*
				O		O	X	O	X	*		O	X	*	
						O		O	*			O	X	*	
100							*				O	*		
								*						

　売りシグナルとなる108ドルだ。さらに長期で見ると、99ドルへの動きが広範囲の持ち合いを割ることになる。ここをストップポイントにする方法もある（**図8.5**）。

　ドーシーから一言　2000年12月7日現在、IBMは97ドル。だが、このレポートのあと、一時87ドルまで下げた。

GTW──ゲートウェイ（56.710）

　二度連続で売りシグナルを出している。直近のシグナルは上値を切り上げたあと、62ドルで形成したダブルボトム売りシグナルである。現在57ドルまで反発しており、ポジションを軽くする機会だ。ここでの新規ポジションは勧められない（**図8.6**）。

　ドーシーから一言　2000年12月7日現在、17ドル。アップルとともに大きく下落した。

図8.6 ゲートウェイ（GTW）

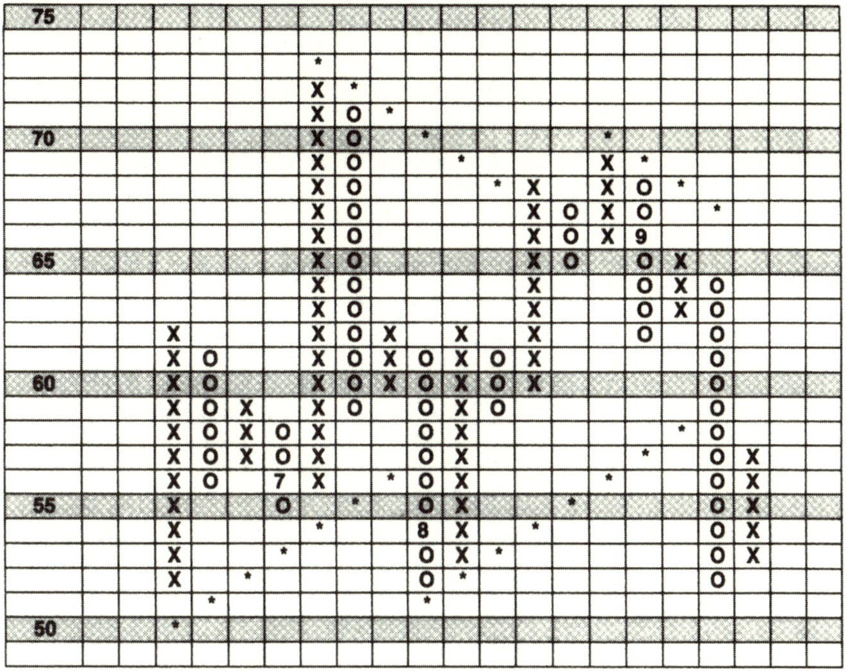

HWP——ヒューレット・パッカード（101.375）

　最近、強気支持線を割り、102ドルでスプレッドダブルボトム売りシグナルを形成した。全体としては下落トレンドにあり、昨日のような反発があったときはポジションを軽くすることを考えたほうがよい。RSはすでに○列に入っており、週間モメンタムも最近ネガティブに転じている（**図8.7**）。

　ドーシーから一言　2000年12月7日現在、分割前の基準で66ドル。

　投資家のなかには、マスコミの「長期買い」という言葉を信じて、ポートフォリオをすべてコンピューター関連銘柄にしてしまった人も

図8.7 ヒューレット・パッカード（HWP）

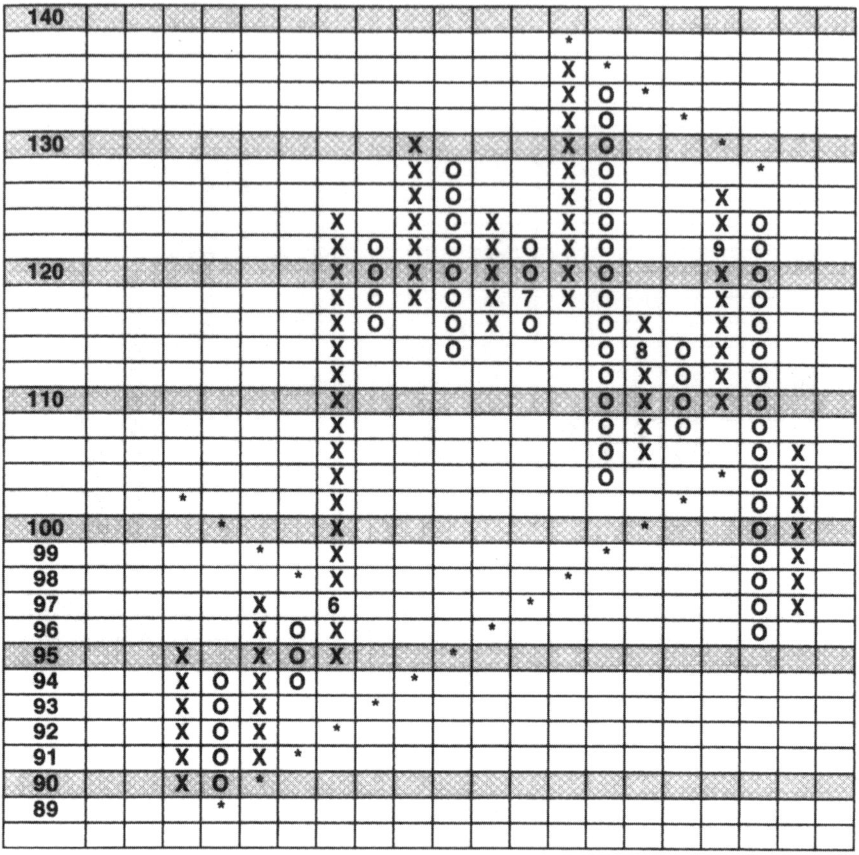

いる。しかし、マスコミはあと6～10年で定年を迎える投資家のことなど考えてはいない。定年間近の投資家に、こうしたポートフォリオが過去80年の平均リターンに戻るのを待つ余裕などないだろう。必要としているのはリスク管理と資本を維持することなのだ。

モリソンのレポートは、リスク管理を考えるうえで格好の例と言える。もし、引退の時期が迫っているのに、このようなポートフォリオ

を保有し、リスク管理ができていなければ、引退生活は思い描いているものと大分違っているだろう。現実を見てほしい。リスク管理こそ、本書が最も強調したい点なのだ。

ポートフォリオを管理する方法はいくつもある。例えば、プットは保有株を売らずに、ポートフォリオに保険を掛ける良い方法だ。もちろん保険にはプレミアムというコストがかかる。しかし、401kやIRA（個人退職金制度）などの資産が守られることを考えれば、わずかな負担でしかない。

その他にも、手仕舞いポイントの設定や、フィラデルフィア証券取引所でパソコンセクター（BMX）のプットを購入し、このセクターに偏ったポートフォリオをヘッジする方法などがある。

実際、この期間にパソコンメーカーのセクターは、240ポイントから125ポイントまで48％も下落した。このような事態を防ぐためには、このセクターのポジション全額に見合ったBMXのアット・ザ・マネー・プットを購入しておけばよい。マスコミが何を騒ごうが、積極的にリスクを管理する方法はあるのだ。

ETFの利用

では、ETFについて、これまで紹介した以外の利用法を紹介しよう。

一言アドバイスは「指数を使った分散は誤解を招く可能性がある」である。例えば、ナスダック100指数に連動するキューズは、100銘柄に「分散」しているわけではない。なぜなら、ナスダック100は時価総額加重型の指数であるため、一部の銘柄の比重がとても高くなっているからだ。

この原稿を書いている時点では、キューズのトップ10銘柄がナスダック100指数の38.6％を支配している。トップ20銘柄になれば、その

力は53％に及ぶ。つまり、キューズはトップ10〜20銘柄のバスケットとは言えても、100銘柄のバスケットとは言い難いのだ。

キューズをテクノロジー株10種のバスケットのつもりで買うのならよい。いずれにしても自分が買った商品を正確に理解し、ポートフォリオの構成を正しく評価しなければならない。すべての銘柄を同等に扱うOTC BPIと、時価総額加重型のキューズを実際に動かしている銘柄を見比べてみると、キューズのトップ10銘柄は好調でも、OTC銘柄の大部分は停滞している可能性も十分あり得るわけだ。

S&P500指数の場合、トップ10銘柄が全体の24％、トップ20銘柄が36％を占めている。別の言い方をすれば、S&P500の場合、4％の銘柄に全体の36％の比重をかけているのだ。

ETFを買う前に、その内容をよく調べてほしいと忠告する理由が、もうひとつある。名称が誤解を招きやすいのだ。例えば、iシェア・ヘルスケア指数（IYH）は、ヘルスケア銘柄のバスケットのように聞こえる。ところが、トップ10銘柄を調べてみると、時価総額の大きい薬品会社やバイオテクノロジー企業ばかりで、それらが全体の67％を支配している。そして、当然入っていそうなメドトロニック（MDT）、ガイダント（GDT）、ボストン・サイエンティフィック（BSC）、ユナイテッド・ヘルスケア（UNH）がトップ10に含まれていない。

重ねて言う。自分が買おうとしているETFを正確に把握してほしい。ETFについての詳しい情報はhttp://www.amex.com/、http://www.ishares.com/、http://www.holdrs.com/など、いくつか優れたサイトから閲覧できる。また、DWAのサイトでもETFの情報を提供しており、クリックひとつでトップ10銘柄とそのテクニカルサマリーを閲覧できるようになっている。

図8.8に、本書執筆の時点で入手できる指数関連のETF、**図8.9**にはセクター関連のETFのリストを載せておく。

図8.8　購入可能なETF

マーケット・インデックスファンド	シンボル
ダウ平均　ダイヤモンド	DIA
S&P500　スパイダー	SPY
中型株　スパイダー	MDY
ナスダック100インデックス	QQQ
iシェア　ダウ平均　USトータル・マーケット・インデックスファンド	IYY
iシェア　ラッセル1000　インデックスファンド	IWB
iシェア　ラッセル1000　バリュー・インデックスファンド	IWD
iシェア　ラッセル2000　グロース・インデックスファンド	IWO
iシェア　ラッセル2000　バリュー・インデックスファンド	IWN
iシェア　ラッセル3000　グロース・インデックスファンド	IWZ
iシェア　ラッセル3000　バリュー・インデックスファンド	IWW
iシェア　S&P500　インデックスファンド	IVV
iシェア　S&P500/バーラ・グロース・インデックスファンド	IVW
iシェア　S&P500/バーラ・バリュー・インデックスファンド	IVE
iシェア　S&P400中型株インデックスファンド	IJH
iシェア　S&P400/バーラ・グロース・インデックスファンド	IJK
iシェア　S&P400/バーラ・バリュー・インデックスファンド	IVE
iシェア　S&P小型株600インデックスファンド	IJR
iシェア　S&P小型株600/バーラ・グロース・インデックスファンド	IJT
iシェア　S&P小型株600/バーラ・バリュー・インデックスファンド	IJS
ストリート・トラックス・ダウ・ジョーンズ・グローバル・ティタンズ・インデックスファンド	DGT
ストリート・トラックス・ダウ・ジョーンズ・US大型株インデックスファンド	ELG
ストリート・トラックス・ダウ・ジョーンズ・US大型株バリュー・インデックスファンド	ELV
ストリート・トラックス・ダウ・ジョーンズ・小型株グロース・インデックスファンド	DSG
ストリート・トラックス・ダウ・ジョーンズ・小型株バリュー・インデックスファンド	DSV

出所＝www.amex.com（1-800-THE-AMEX）、www.ishares.com（1-800-ISHARES）、www.streetTRACKS.com（1-866-S-TRACKS）、www.holdrs.com

　見てのとおり、かなりの種類があり、これだけでポートフォリオを十分作成できる。ひとつ分かっているのは、世界中のマネーマネジャーやミューチュアルファンドの80％が一度もS&P500のパフォーマンスを超えたことがない、という事実だ。したがって、まずスパイダー（S&P SPDR）をポートフォリオに組み込み、それからセクターETF

図8.9 セクター・インデックス関連ETF

セクター・インデックスファンド	シンボル
ホルダーズ	
バイオテック	BBH
ブロードバンド	BDH
B2Bインターネット	BHH
インターネット	HHH
インターネット構築	IAH
インターネット・インフラ	IIH
マーケット2000＋	MKH
製薬	PPH
地方銀行	RKH
半導体	SMH
ソフトウエア	SWH
テレコム	TTH
公共	UTH
セクター別スパイダー	
基幹産業	XLB
消費者サービス	XLV
消費材	XLP
シクリカル／運輸	XLY
エネルギー	XLE
金融	XLF
工業	XLI
テクノロジー	XLK
公共	XLU
iシェア・ダウ・ジョーンズUS	
基本素材	IYM
化学	IYD
消費者シクリカル	IYC
消費者非シクリカル	IYK
エネルギー	IYE
金融	IYF
金融サービス	IYG
ヘルスケア	IYH
工業	IYJ
インターネット	IYV
不動産	IYR
テクノロジー	IRW
テレコム	IYZ
公共	IDU
ストリート・トラックス	
フォーチュン　e-50	FEF
モルガン・スタンレー・ハイテク35	MTK
モルガン・スタンレー・インターネット	MII

出所＝www.amex.com (1-800-THE-AMEX)、www.ishares.com (1-800-ISHARES)、www.streetTRACKS.com (1-866-S-TRACKS)、www.holdrs.com

で色づけする方法が考えられるだろう。

　例えば、主な指標（BPIとRS）がポジティブであるセクターのETFをポートフォリオに組み込む。逆に、主な指標がネガティブになったセクターのETFは、次にポジティブになるまでポートフォリオから外しておくのだ。強いセクターを入れ、弱いセクターを外すのは、非常に実行しやすく、管理しやすい方法であろう。

　なかには外食産業などETFのないセクターもある。その場合は個別の銘柄を買えばよい。セクターがポジティブなとき、ポートフォリオに組み込むのが適当なETFを挙げておこう。

　市場全般──S&P500（SPY）
　中型株指数──S&Pミッドキャップ・スパイダー（MDY）
　銀行セクター──ｉシェア金融サービス
　保険セクター
　林業、製紙、機械、ツール、化学──すべて「重工業」セクターであり、ｉシェア基本素材セクター（IYM）が適当
　電気セクター──ｉシェア公共株（IDU）のほうが電話会社が大半を占める。AMEXセクターセレクト公共株よりも適当
　半導体セクター──メリルリンチ半導体ホルダーズ（SMH）
　食料品、飲料品セクター──適当なETFがないため、マーケットや同業他社よりもRSの優れた銘柄をいくつか買うとよいだろう
　米ドルに売りシグナルが、ユーロに買いシグナルが出ている──ｉシェア・ユーロ350指数ファンドはユーロ高ドル安をメリットとして生かせる国際投資を提供するだろう

　これだけでも、うまく分散された、なかなか魅力的なポートフォリオではないか！　ここから自分のリサーチや戦略に応じて、組み替えたり、個別銘柄用に現物部分を多くしたりできる。

また、素晴らしく資産配分ができているポートフォリオだからといって、リスク管理を怠ってはならない。ヘッドコーチのNYSE BPIが98年4月のように70％を超え、同年5月13日のように反落したら、守備にまわるべきである。

　例えば、指数の50％を売り、そこから得た現金で個別銘柄のアット・ザ・マネーのプットを購入したり、指数オプションでヘッジしたりできる。こうした調整をする人もいれば、しない人もいるだろう。しかし、私は常にポートフォリオの様子を見て「うーん。いい感じだ」と確認するのを好む。

　実際、ポートフォリオを守るべき時期が来ると、ヘッドライトに飛び込んだウサギ状態、つまり金縛りにあってしまうことがよくある。指標の指示は分かっていても、それを実行できない。「今回は違う」と言い訳してしまうのだ。

　私がそれを経験したのは、以前、自家用飛行機のパイロット免許を取得するため練習をしていたときだった。サンディエゴ付近を飛行していたとき、自分の位置を見失った。このとき、私は経験不足だったにもかかわらず、海岸線さえ見つけられれば、あとは左に旋回して、無事ブラウンフィールドまでたどり着けると確信した。コンパスは南西を指していた。しかし、目の前は青一色で、これは海に違いなく、自分は西に向かって飛行していると思い込んでいた。

　ところが、正しかったのは、やはりコンパスだった。結局、メキシコ国境の町、テカテから18マイル（約29キロ）も南の馬牧場に、ほとんど燃料切れの状態で着陸するはめになった。脳内コンパスで西に向かっていると思い込んでいる間、実は南東に進んでおり、知らぬ間に国境まで越えていたわけだ。

　コンパスが守備といったら、緊張せず、実行すればよい。スポーツ心理学者のジュド・ビアショット博士と共同で執筆した次の項は、実践のときの緊張をほぐすのに役立つだろう。

緊張——恐怖のあまり気が動転するのを防ぐヒント

(『デイリー・エクイティ&マーケット・アナリシス・レポート』1999/6/9号より引用。トーマス・ドーシーとジャド・ビアショット博士の共同執筆)

　スポーツで緊張することはよくある。私はリトルリーグに入っていたころを思い出す。自分の打席が回ってくるとアドレナリンが駆け巡り、膝はガクガク、失敗したらどうしようという思いが頭から離れなくなる。体は凍りつき、バットを振ることができないまま、速い球が膝のあたりを通り過ぎ、審判の「ストライク・ワン！」という声が響く。あと２球、次の球は見逃すわけにはいかない。しかし、大きな空振りで「ストライク・ツー！」。もうだめだ、ツーストライク・ノーボール、あと一球でチャンスを潰してしまう。次は絶対に打たなくては。

　チームメートや観客からは「かっとばせ！　トム！」という声援が飛び、アドレナリンは沸騰状態だ。どんな球でも見逃しの三振だけは絶対に避けなければならない。時間が急にスローモーションになり、打つぞという気持ちと、ピッチャーの三振にしてやろうという気迫がぶつかり合う。口の中にツバがたまり、額には玉の汗、緊張は最高潮に達する。ピッチャーが投げた。低め外側からのスライダーだ。思い切り振る。

　しかし、気づいてみると球は予想したコースではなく、右にカーブしてバットは空を切っていた。「ストライク・スリー、バッターアウト！」。緊張してしまったのだ。

　緊張はスポーツのときばかりでなく、投資の世界でもよくある。かつて無計画に仕事をしていたブローカー時代、顧客からよく分からないことを質問されると緊張した。

　典型的な準備不足のブローカーは、新人研修を終え、もう紙の上ではなく現実に顧客の大事な資金を任されるのだと考えただけで、緊張が一気に高まる。紙の上の売買ならお手の物だ。しかし、実際に運用

するとなると胃が痛い。「もし資金をなくしたらどうしよう」などと考えてしまう。

　練習ならば、正しいポートフォリオを選んで、あとは成り行きに任せられる。もし間違っても、だれが損をするわけでもない。だが今回は、ミスをしたら実際に損を被る人がいるのだ。

　得てしてこのようなとき、マーケットはみるみる下落する。専門紙は「景気後退だ」とこぞって書きたて恐怖を煽る。顧客がアドバイスを求めてきても凍りついてしまい、だんだん考えが保守的になってしまう。そして「害のなさそうなものを勧めよう」などと考え始めるのである。

　そうなると最初のアドバイスは「損の出ないもの」として公共株、REIT（不動産投信）、高配当で変動の小さい一部の小売株、そして30％は米国債などを組み入れようとする。完全な緊張状態だ。

　ところが、実際にはNYSE BPIは30％未満で転換したばかりという好機で、かたや公共株やREITは80％よりも上の水準から下げに転じていた。シクリカル銘柄（景気循環株）はどれも下げきった状態で、RSチャートは低水準から反発している。ところが、マーケットは上昇しても顧客は損を出し始める。勧めたボラティリティ（変動率）の低い銘柄が、2年ぶりに調整期に入ってしまったからだ。1カ月が経過し、顧客はこの先どうなるのかを聞いてくる。しかし、分かっているのはひとつだけ、自分がお手上げということだ。

　このような状態に陥らないために、緊張状態をコントロールする方法を紹介したい。

1．秩序立てて考える

　スポーツの場合、これは単なるゲームなのだと考えれば、もっと楽しめるはずである。力いっぱい練習し、戦うのはよい。だが、勝ち負けは気にしない。

投資ビジネスも同じだ。秩序立てて考え、仕事や戦い（競争相手は素早く資金を奪おうとするマーケット）に力を尽くすのはよい。だが、勝ち負けに気を取られて判断を誤ってはならないのだ。

　何らかの理由でポートフォリオの価値が落ちたとき、流れを変えてくれる勝ちトレードを切望するあまり、判断が曇ることはだれにでもある。しかし、その結果、自分が正しいと選んだ銘柄が、さらに悪い結果をもたらすことになる。

2．ミスを恐れない

　すべてに成功する人間などいない。バスケットボールのスーパースター、マイケル・ジョーダンでさえ、終了間際のシュートを外すことがある。実は、ジョーダンのシュート成功率は約50％で、皆が思っているほど高いわけではない。しかし、緊張する場面でも、ジョーダンはボールを要求する。試合を決める大事なときにシュートの成功率は関係ない。入っても外しても、シュートを続けるだけだと分かっているからだ。「何があろうが常に明日がある」。これこそ最高の教訓ではないか。

3．戦いに備える

　戦いには万全を期す（マーケットでの毎日の戦いも例外ではない）。むしろ準備しすぎるぐらいが、ちょうどよい。ブローカー時代の私は、準備不足で、同僚が売っている銘柄をただまねしていただけだった。そもそも、どのように準備すればよいかが分からず、ただ本店の指示どおりに動いていたのである。

　ボクシングのイベンダー・ホリフィールドは、準備について素晴らしい哲学を持っている。ホリフィールドは、初めてマイク・タイソンと対戦する直前、レポーターに今の気持ちは緊張と恐怖のどちらかと聞かれた。それに対してホリフィールドはこう答えている。「リング

に上がって緊張することはない。なぜなら、それまでに肉体的にも精神的にも十分な準備をしているからだ。できるかぎりすべてのことをしていれば、緊張する理由などどこにもない。緊張したり、あがったりするのは、準備不足の人間がすることだ。すべてを出し尽くせば、たとえ負けたとしても納得できる」

　十分な備えから来る自信が「真の本物」であることは疑いようがない。

　ある日、私がよく話をするカルフォルニア州エブリンのブローカーから電話があった。運用計画がとにかく分かり易くなるようきちんと準備をし、顧客に紹介したところ、1200万ドルの運用を任されたという。このブローカーは、その日の帰り道「仕事に対し、今までで一番自信を持つことができた」ため、再び株式ブローカーを名乗ることにしたのだという。さらに来週には別の1000万ドルのビジネスを狙っていると語った。おそらくこれもうまくいくだろう。

　このブローカーは準備万端あい整えることで、自信を持ち、それが周りに伝播したのである。個人投資家もブローカーも、きちんと準備してから仕事にかかってほしい。

4．集中する

　今、自分が戦っている試合がどれだけ重要なものか考えてしまうと、緊張しやすい。戦っているときは、今やらなければならないことに集中する。勝ち負けや、試合の結果どうなるかなど心配しない。今やるべきことに集中するのだ。

　集中すれば疑念は吹き飛ぶ。簡単にいえば、雑念で体の動きが抑制された状態を払拭できるのだ。必要なときに集中できるようになれば、結果はついてくる。

　ダウ平均が「マーケット」だと思い込み、そればかりに集中してしまう投資家が多すぎる。新聞記事を鵜呑みにし、弱気相場に突入する

のだと恐れ、銘柄選びの判断が狂ってしまう。試合結果ばかりに気を取られて、個々の銘柄に集中することを忘れているのだ。パズルのひとつひとつのピースに集中していれば、結果は心配ない。集中、集中、集中だ。

5．決まった行動パターンを作る

先ほど述べたように、戦いに恐怖を抱くのは認知の問題である。恐怖や緊張などの心理的症状は、余計なことを考えるから起こるのだ。

私はパワーリフティングで自分の番が来たら、まず「いつもの儀式」をする。両手に滑り止めの粉をつけ、深呼吸を２回、そして持ち上げることができたときのイメージを思い浮かべ、さらに深呼吸を２回してからバーを握り、持ち上げる。

この儀式を中断せずに進める。そうすれば、次の動きだけに集中できる。バーベルを挙げるまでの手順を機械的にこなしていくことで、マイナス思考や緊張の入る余地が減るわけだ。

投資でも、ポートフォリオや銘柄を選ぶとき、何かしら決まった行動パターンを作っておくとよい。マーケット全体のリスクは？　攻撃か守備か？　フィールドポジションは？　セクターの分布は売られ過ぎ、買われ過ぎ、それとも普通か？　売られ過ぎのセクターは？　下げきったセクターは？　そのなかにファンダメンタルで選んですでに保有しているものはないか？　そのなかでテクニカル的な条件を満たすのは？　買った株が値上がりしたらどうする？　値下がりしたらどうする？　そして最後に、必ず計画を実行する。

6．最悪のシナリオを考えておく

人生のなかでは失敗するときもある。投資の世界でも失敗するときはある。ポートフォリオで一度や二度、失敗した経験があるかもしれない。そんなとき、悪あがきはよしたほうがよい。

最もよくある失敗が、ファンダメンタルを信じ込み、その銘柄にほれ込み、間違った株を買ったときだ。得てして、あっという間に陥落する。泥沼にはまる前に、その株を売り、そして正反対のファンダメンタルとテクニカルの性質を持ったほかの株に切り替えるのが一番よい。そして一度軌道修正したら、絶対に振り返らず、前だけを見る。

　最悪のシナリオに遭遇した場合、どのように対処するか最初から決めておくべきである。トレードする前から最悪のシナリオは何か決めておくのだ。何か悪いことが起きてからでは遅い。計画があるとは、そういう意味だ。

7．どんなときも希望を探す

　どんなに状況が悪くても、良いことは常にある。ただ、それを自力で探し出さなければならない。

　投資プロセスでミスを犯すと、普通いくらかの損失が出る。投資家として、そのミスから学ばなければならない。株を買う前にできるかぎりのことをしたか、あるいは何を間違い、どうすれば今後同じミスを犯さずに済むか、はっきりさせるのだ。

　投資の世界で実力を蓄えるのには時間がかかる。これはビジネスだ。そこを誤解してはならない。私たちは社会の厳しい現実から、大学では教わることのない多くを学ぶ。

　投資ビジネスは今、逆境のなかにある。しかし、過去のミスから学べば好転させることができる。どんなに雲が厚くても、どこかに必ず光は差している。このことを理解し、真の職人への道を進んでほしい。

第9章
まとめ
Putting It All Together

　これまでパズルのピースをひとつひとつ検証してきた。繰り返し概念を解説するなかで、どのようにパズルのピースが一緒になるか次第に見えてきたと思う。では、本当にパズルを完成させよう。

　通常、素晴らしい料理は、料理人が厳密にレシピを守った結果である。同じことは投資にも言える。本当に成功している投資家は、固く順守するいくつかのガイドラインを持っている。でたらめな運用で成功した投資家に出会ったことはない。何らかのオペレーティングシステムやゲームプランを持たなければならないのだ。

　株の運用に向くシステムは数多くある。投資家はそのなかから信頼して長く付き合っていけるものを見つけ、それを突き通さねばならない。

　DWAではP&Fという手法をずっと使っている。この手法は、需給という不滅の法則に基づいている。しかも、分かりやすいのも魅力的だ。指標は強気か弱気、株は売りシグナルか買いシグナル、トレンドはポジティブかネガティブ、とはっきりしている。バーチャートのように主観的な要素の入る余地がない。チャートも強気か弱気だ。中間はない。すべての指標と各銘柄のチャートパターンを評価すれば、パズルのピースが合わさって、市場リスクの全体像を描き出してくれる。

　それでは実際に試してみよう。

銘柄選択のガイドライン

銘柄を選ぶとき、次の6つのステップに従う。
1．マーケットが上昇と下落のどちらを支持しているか調べる。
2．どのセクターが上昇を支持しているか調べる。
3．2のセクター内でファンダメンタルの良い銘柄を調べる。
4．3で選ばれた銘柄をテクニカルに当てはめ、いつ買うべきか調べる。
5．これらの銘柄のトレンドの変化を知らせるシグナルに注意して、各銘柄のポジションを管理する。
6．以上のルールに例外はない！

ステップ1　マーケット全体を見る──ボールを保持しているのはだれか？

このステップについて一度も考えたことのない投資家やマネーマネジャーが、実際には多くいる。大半の投資家が片道、つまり株を買うことしか考えていない。常に攻撃側に立っているわけだ。ミューチュアルファンドも同様である。ファンドマネジャーは四六時中、全額投資を維持し、報酬を得ている。

問題は、自分が常にボールを保持しているわけではない、という点だ。当然、マーケットがボールを支配している時期もあるのだ。ボールがマーケット（敵）側にあれば、敵は投資家のポートフォリオからできるかぎりの資金を引き出そうとする。マーケットは強力な対戦相手だ。大抵、投資家が儲けるよりもずっと速いスピードで資金を奪ってしまう。

逆に、ボールが自陣にあれば、攻撃すべきときである。信念を持って買い、相手ゴールを狙うのだ。

得てして、マーケットが最悪の状態に見えるときが、絶好の買いチャンスである。投資家は、この心理的なハードルを超える手段を学ぶ必要がある。常に弱気のニュースが最高潮に達したとき、ボールは投資家の手に収まるだろう。そして強気のニュースが最高潮に達したとき、ボールはマーケットが取り返しているだろう。ここが、自分の感情をコントロールするポイントなのだ。

　状況が最悪に見えるところで買いを実行し、状況が最高に見えるところでポートフォリオの守備を実行する。人間の本性と逆のパターンをとるわけだ。これはラスベガスのカジノが持つ優位性と同じだ。カジノ側は数学的に、客は感情的に戦っている。

　常に天井で売り、底値で買える投資家を「スマートマネー」と呼ぶ。適切な投資方法を本当に理解している非常に優れた投資家である。私はこの「スマートマネー」のグループには入っていない。属しているのは、その次の「スマートマネーの追従者」のグループだ。

　インサイダーは基本的に逆張り投資家で、最悪に見えるときに買って、最高に見えるときに売る規律がある。インサイダーはマーケットで動き始めると、買いに票を入れる。そして、これがその銘柄の需給関係に変化をもたらす原因となり、P&Fチャートにはっきりと現れるわけだ。本書の冒頭に、P&Fチャートがインサイダー情報と同じくらい役に立つと書いたのはそのためである。

　またSEC（米証券取引委員会）は、企業の役員から情報が漏れるのを防ぐため、新しいフルディスクロージャー規制を設けた。この規制では、企業はプロの投資家に伝える情報を個人投資家にも公開しなければならないとしている。そのため、役員はいかなるグループにも口を閉ざすようになった。したがって、チャートを利用してインサイダーの動きを知る重要性がさらに高まったというわけだ。

　各銘柄はチャートパターンを形成すると、買いシグナルや売りシグナルを出す。買いシグナルが増加し、NYSE（あるいはナスダック）

市場の銘柄の6％以上が弱気から強気に（売りシグナルから買いシグナルに）変わり、NYSE（あるいはOTC）のBPIがポジティブに、つまり○列（マーケットがボールを保持している状態）から×列（投資家がボールを保持している状態）に変わったとき、このときこそ投資家は、マスコミが何と言おうと、勇気を出して攻撃しなければならない。逆にBPIがネガティブに転じたときも同様である。
　NYSE BPIの章に戻って、BPIが守りの準備を告げたとき、マスコミは「家を抵当に入れてでも投資しろ」と煽っていたことを思い出してほしい。一方、マスコミが人々を心底怖がらせるような報道をしている最中に、BPIが攻撃を指示したときもあった。本書を読み終えた投資家は、どのような状況でも信念を持って正しい行動を取れるようになっているはずである。
　最初の防衛策は、ボールを運んでいるのがどちらか知ることだった。BPIが○列を下落しているときはマーケットがボールを支配し、×列を上昇しているときは投資家がボールを保有している。
　次にフィールドポジションを確認する。70％で強気が確定することに、それほどの意味はない。しかし、30％で強気が確定すれば、大きな価値がある。弱気のときはその逆だ。68％での弱気確定は、26％での弱気確定よりも下落リスクが高いと言える。
　最高の買い機会は、NYSE BPIが30％以下の水準で買いシグナルを出しているときだ。最高の売りチャンスは70％付近の水準で売りシグナルを出しているときになる。フィールドポジションをしっかり観察することを忘れないでほしい。一度コツをつかめば、気に入ると思う。そして、この原理を理解するウォール街でも数少ないエリート投資家のひとりになれるだろう。
　さらに短期の指標や、かなり長期のRS指標にも注目する必要がある。ハイロー指数や「10週移動平均よりも上でトレードされている銘柄の割合」（P-10）指数は、非常に有効な短期指標である。また長期

に上昇を支持しているかどうかを知るためには、ポジティブトレンドの割合や、RSチャートが×列の割合、RSチャートがポジティブの割合が有効な目安となる。

マーケット全体が高値を支持しているか確かめるため、以下に示した表を利用する。この表にNYSEとナスダックの指数を書き込み、全体としてポジティブなのかネガティブなのか評価するとよい。

この表は、長期の指標を先に、短期の指標をあとにしてある。大半がポジティブであれば、買い圧力が供給を上回っているために勝算が高く、リスクは低いと考えられる。このときは新規ポジションが考えられる。また、マーケットが上昇を支持していなければ、資産を守る戦略に切り替える必要がある。こうなると週ごとに弱気に転換する指標が増えていくために、リスクが高まっていくのが分かる。

評価対象——NYSEまたはナスダック

指標	ポジティブ	ネガティブ
RSが買いシグナルの割合		
RSが×列の割合		
ポジティブトレンドの割合		
BPI		
P-30		
P-10		
ハイロー指数		
騰落ライン		

ステップ2　セクターの評価

　マーケット全体のリスク状況が分かれば、次は、セクター評価の番だ。セクターローテーションは投資の勘所である（第7章参照）。正しいセクターに投資できるかが成否に大きくかかわるのだ。
　これまで何度も述べてきたように、大部分の投資家は、個別銘柄のファンダメンタルばかりに気をとられ、セクターやマーケットをほとんど見ようとしない。しかし、株のリスクの約75％が、マーケットとセクターのリスクだ。セクター選びは非常に重要である。セクターBPIのフィールドポジションが50％以下の×列で、セクターRSの数値が強い銘柄を選ぶ。
　売りシグナルの出ているセクターを買っても勝算が下がるだけだ。BPIが50％をはるかに超えれば、フィールドポジションは売られ過ぎのゾーンに近づいている。セクターBPIの値が高くなればなるほど、攻撃は控えるべきである。そして30％未満の水準から反発したセクターで優位性を得られるよう準備をしておく。この水準まで売り込まれるのは何年かに一度のことだ。このような「売り切れ」状態で買えるチャンスはめったにない。
　P&F手法の素晴らしさのひとつは、売買シグナルやRSの計算、BPIの概念などが分かれば、それをマーケット全体にもセクターにもまったく同じ方法で応用できる点である。第6章、第7章、そして本章のステップ1で説明したBPIに関する内容は、すべてこの項にも当てはまるのである。
　マーケットを評価したときと同様に、セクターについてもRSとポジティブトレンドの指標を確認する。セクターも通常ポジティブトレンド（強気支持線よりも上にあるもの）でRSの強いセクターを買うのは、このような銘柄が増えているのが望ましいからである。セクターを構成する銘柄が、テクニカルに強含んできていることを教えてく

れるのは、ポジティブトレンド(PT)、RSが買いシグナルの割合(RSP)、RSが×列の割合(RSX)などの指数だ。これらをセクターRSやBPIと合わせて確認する。全体としてポジティブが多ければ、そのセクターは強含んでいる。私は5つの指数のうち半分以上がポジティブであるセクターに注目している。

次の表は、売買シグナル、RS、支持線と抵抗線、BPIなど、基本的かつ重要な概念を組み合わせた画期的な評価方法だ。DWAのサイトから一覧表をプリントできる。一目でネガティブよりもポジティブの多いセクターが分かるだろう。

評価するセクター

指標	ポジティブ	ネガティブ
セクターBPI		
セクターRS		
RSが買いシグナルの割合(RSP)		
RSが×列の割合(RSX)		
ポジティブトレンドの割合(PT)		

ステップ3 選んだセクターのなかで、ファンダメンタルの安定した銘柄をリストアップする

先日、本書執筆の手を休め、映画でも見ようと近所のショッピングモールに出かけた。あちこちの店を見ていると、サンクスギビング(11月第4木曜日)の気分も抜けていないのに、もうクリスマス商品の準備が始まっていた。それを見ていて、ふとノードストロームやメ

ーシーズのようなデパートや、ターゲットのようなディスカウントストアのマネジャーも、投資のマネジャーとよく似た仕事ではないかと思った。どちらも季節や顧客の需要に合わせて商品を入れ替えていくことに変わりはないからである。

8月1日には、9月からの新学年に備えて「バック・トゥ・スクール・セール」が始まり、ジーンズやカバン、ノートなどを売り出す。ここで優秀な在庫マネジャーなら、商品をシーズンの終わりではなく、始まる前に出しておく。ハロウィーンが終わればサンクスギビングや、早いところはクリスマス商品も並べ始める。

在庫マネジャーは、祝日の多いシーズンに備えて、おもちゃ、電子ゲーム、アウトドア用遊具、服など、そのときどきで最も「ホット」なプレゼントが何か知っておく必要がある。さらに優秀なマネジャーは、人気商品の在庫が十分にあるかどうかにも気を配る。大ヒット商品が在庫切れでは、業績は上がらないだろう。

投資マネジャーが最初にすべきは、マーケットやセクターを調べて、今のシーズンを判断することだ。これが先ほどのステップ1と2に当たる。シーズンを迎えたセクターは、セクターBPIが×列で、良いフィールドポジションにある。なかでも相場をリードする「ホット」なセクターは、指標のほとんどがポジティブになっている(セクターBPI、セクターRS、RSX、RSP、PT)。

次に、棚に陳列する商品、つまり個別銘柄を選ぶ。このとき商品カタログになるのが、ファンダメンタルの安定した銘柄のリストだ。これにはバリューライン社のランク1と2の銘柄や、S&P社の4つ星と5つ星の銘柄リストが参考になる。ここまでの手順で買い候補の銘柄リストはかなり絞られているはずだ。次のステップ4でさらに洗練し、最高に選りすぐったリストにする。

本書の初版が出たあと、インターネットが普及したおかげで、ファンダメンタルに優れた銘柄のリスト作成・管理が以前に比べてずっと

楽になった。この仕事を始めたころは、チャート帳をみんなで交換しながら使っていた。当時、銘柄リストは紙に書いておくしか維持する方法がなかった。ところが現在、銘柄リストの維持に費やす時間は、10年前、いや5年前と比べても、ほんの何分の一かになっている。

　私の場合、毎週DWAのサイトにS&P社の4つ星と5つ星、そしてバリューライン社のランク1と2の銘柄を更新している。銘柄の入れ替えには、ほんの数秒しかかからない。リストが完成するとサーチ／ソート（検索／並べ替え）機能を使い、テクニカルの優れたものを選び出す。

　ゴールドマン・サックスでかつて株式リサーチ部門のディレクターをしていたスティーブ・アインホーンは、配下のファンダメンタル・リサーチチームについてこう語っていた。「このチームは、マーケットが下げたときにどの銘柄を買えばよいのか尋ねるところではない。顧客が自分の考えている銘柄のなかからどれがベストか知りたいときに電話するところだ。そのときには素晴らしいアドバイスができるだろう」

　まったくそのとおりである。ウォール街には優れた頭脳の持ち主がいる。しかし、だからと言って、ファンダメンタルアナリストが何もかも答えてくれるわけではない。彼らの仕事は、ノキアとモトローラのどちらがファンダメンタル的に安定しているか判断することである。ワイヤレステレコム株が上昇するか答えることではない。

　ファンダメンタル分析で指摘できる株のリスクは、たった20％しかない。残り80％はマーケットやセクターから判断すべきリスクである。対象銘柄のリスクの大半を占めるこの部分については、自分で判断しなければならない。そしてこれについてはステップ1と2を実行すればよい。

　ファンダメンタル分析のレポートを読むとき、これを書いたアナリストに答えられるのは「何を買うか」だけで、「いつ買うか」ではな

いことを忘れないでほしい。このステップ3が答えてくれるのは、あくまで「何を買うか」である。

ステップ4　P&F分析で「いつ買うか」を調べる

　いよいよ在庫マネジャーとしての手腕を発揮するときがきた。今シーズンの大ヒット商品がどれか見極めるのだ。そのためには、まずファンダメンタルリストというカタログのなかからテクニカルに優れたものを選び出す。

　前にも書いたように、インターネットの普及によって、この作業は以前に比べ、ずっと簡単になった。いくつかのボタンをクリックすれば8000銘柄をほんの数秒間で50銘柄に絞り込める。DWAを設立したころは、この作業に何時間、ときには何日も費やした。セクターの状況が変わると、そのなかの各銘柄のチャートも手作業で更新し、それでやっと買いかどうかを判断していたのである。次は、個別銘柄が買いか判断するためのテクニカル要素を復習しよう。

　ポートフォリオに組み込む銘柄について、まず3つの長期指標を参考にする。トレンド、マーケットに対するRS、同業他社（ピア）に対するRSの3つである。長期投資でも短期トレードでも、全体が上昇トレンドで、マーケットや同業他社に対してRSがポジティブで×列にある銘柄を買えば、勝算は高くなる。そして、このような要素を備えている銘柄は、大抵マーケットのけん引役になっている。

　こう書くと「それでは勢いのある株しか見つからない。バリュー投資家には向いていない」という質問が出てくることも多い。私はこれに「イエス」と答えている。しかし、それは「バリュー投資家にも勢いのある株を選ぶ方法は必要だ」という意味である。

　バリュー投資家にとっても、6カ月後や8カ月後に上昇する銘柄よりも、買ってすぐ上昇する銘柄のほうが良いはずだ。テクニカル分析

をしないでバリュー株を買うのには、2つの問題点がある。ひとつはバリュー株がバリュー価格のまま、この先何十年も留まっている可能性がある点だ。もうひとつは買った株価よりも、さらにバリュー価格になる（つまり下落する）という最悪のケースである。

バリュー投資の理想は、底入れしてこれから需要が主導権を握る兆しが見え始めている銘柄を買うことで、値上がりする潜在力がある銘柄を探すことである。

私はP&Fを使い始めて以来、このような銘柄をいくつも目にしてきた。例えば1990年や2000年3月の銀行株、1999年3月の石油および石油サービス株、1994年夏と1998年9月のテクノロジー株、1994年5月の医薬品株、2000年2月の公共株、2000年3月の食品株などだ。

候補銘柄からトレンドもRSもポジティブの銘柄が判明すれば、次は、実際に仕掛けるポイントの微調整をする。これは特に短期のトレーダーにとって重要だ。投資家であれば、54ドルで買ってよい株は、55ドルでも56ドルでも、60ドルになってもよい株だろう。しかし、トレーダーにとって「6ドル」は十分値上がりして次の銘柄に移ってよい値幅である。そこで、その他のチャート分析方法をいくつか紹介しよう。

リスクとリワード

まず、チャートパターンを復習し、トレーダーにも投資家にも極めて重要な、リスク・リワード比（リスクと報酬の比率）の見方を説明しよう。

これは対象銘柄について、どれくらいのリスクを取れば、どれくらいのリワード（報酬）を期待できるか、ということだ。別の言い方をすれば、トレードがうまくいかないときにはどれだけ下落し、うまくいったときにはどれだけ上昇するのかを示している。通常、リスク・

リワードは、最低でも2対1の割合がほしい。つまり、1ポイントのリスクに対して、2ポイントの潜在的なリワードが望まれるわけだ。

そこで次は、期待されるリワードと起こり得るリスクの算出方法について紹介しよう。そのためには以下のデータが必要になる。

● 重要な抵抗がどこにあるか、あるいはトレーディングバンド（ベルカーブ）で買われ過ぎとなるのはどこか決定する。
● 重要な支持がどこにあるか決定する。
● 垂直カウントか水平カウントを用いて目標値を算出する。
● 損切りポイントを決定する。重要な底やトレンドラインを割るところでは、それ以上その銘柄を保有したくない。最悪のシナリオ、つまりトレードがうまくいかず、損切りするケースにも対処できなければならない。

以上が株を買うか決定する前に調べておくべきリスク・リワードのデータになる。

繰り返す。トレードがうまくいかなければ損切りする場所を知っておかなければならない。最悪のシナリオ、つまり損切りのシナリオに対処できなければならないのだ。

この時点で、すでにマーケット、セクター、銘柄のトレンドやRSを調べてあり、最後の段階にある。その前提でXYZテクノロジー（XYZZ）を例に、リスク・リワードを調べてみよう（**図9.1**）。

例1

XYZテクノロジーは、21ドルで支持を確認したあと、ダブルトップを29ドルでブレイク、33ドルまで回復した。株価は高値を更新しており、上方に抵抗がない。（不完全な）強気の目標値は、垂直カウントで58ドルである。損切りポイントは強気支持線を割る19 1/2ドルだ。ただし、長期投資であれば、スプレッド・クアドラプル（4回）ボト

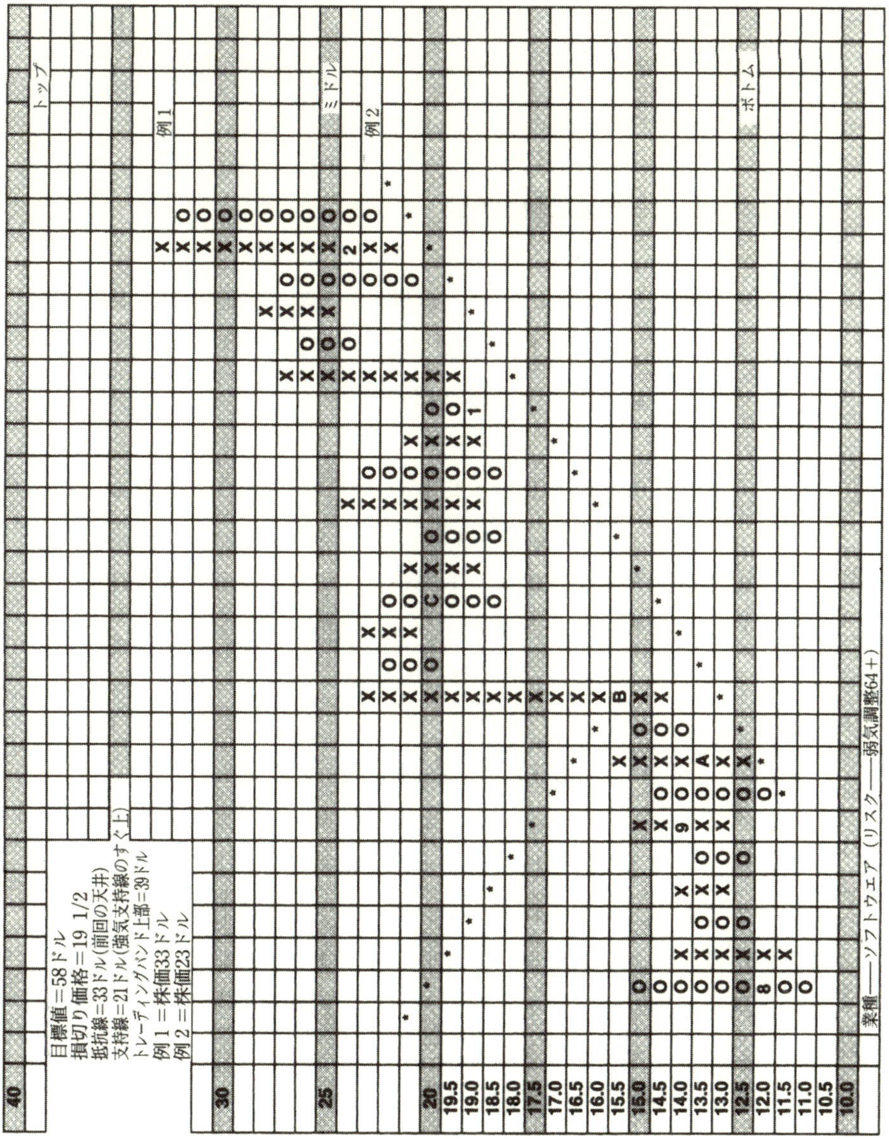
トップ
ミドル
ボトム
例1
例2
目標値＝58ドル
損切り価格＝19 1/2
抵抗線＝33ドル(前回の天井)
支持線＝21ドル(強気支持線のすぐ上)
トレーディングバンド上部＝39ドル
例1＝株価33ドル
例2＝株価23ドル
業種——ソフトウエア（リスク——弱気調整64＋）
40
30
25
20
19.5
19.0
18.5
18.0
17.5
17.0
16.5
16.0
15.5
15.0
14.5
14.0
13.5
13.0
12.5
12.0
11.5
11.0
10.5
10.0

図9.1 XYZテクノロジー——XYZZトレンドチャート

ムを割る18ドルにストップを設定することも考えられる。支持値はまず20〜21ドルにあり、その次が18 1/2ドルである。10週トレーディングバンドの上部は39ドルだ。

リスク・リワード比の算出方法

リワード＝25ポイントの上昇（目標値－現在の株価＝58－33＝25）
リスク＝13 1/2ポイントの下落（現在の株価－最初の損切りポイント＝33－19 1/2＝13 1/2）

リスク・リワード比＝25ポイントのリワード÷13 1/2ポイントのリスク＝1.85：1

（この比率は、損切りポイントを18ドル、または目標値をトレーディングバンド上部39ドルにすると、さらに低くなる）

例2

XYZテクノロジーは33ドルで高値を更新したあと、23ドルまで押した。ダブルトップ買いシグナルと支持値20〜21ドル、そしてその下にある注目すべき支持値18 1/2ドルは、維持している。小さな抵抗値が33ドルにあり、10週トレーディングバンドの上部は39ドルである。強気の目標値は、垂直カウントで58ドルである。損切りポイントは、強気支持線を割る19 1/2ドルだ。ただし、長期投資であれば損切りポイントに18ドルを利用できるだろう。

リスク・リワード比の算出方法

リワード＝35ポイントの上昇（目標値－現在の株価＝58－23＝35）
リスク＝3 1/2ポイントの下落（現在の株価－最初の損切りポイン

ト＝23－19 1/2＝3 1/2）

リスク・リワード比＝35ポイントのリワード÷3 1/2ポイントの
　　　　　　　　リスク＝10.0対1

目標値を最初の抵抗値33ドルにした場合

リスク・リワード比＝10ポイントのリワード÷3 1/2ポイントの
　　　　　　　　リスク＝2.85対1

目標値をトレーディングバンド上部39ドルにした場合

リスク・リワード比率＝16ポイントのリワード÷3 1/2ポイントの
　　　　　　　　　リスク＝4.57対1

　このように、一旦押したときにXYZテクノロジーを買うと、リスク・リワード比は格段に向上する。リスク・リワードの観点では、例1で買うのは容認できなかった。しかし、例2であれば、たとえ目標値を最初の抵抗値の33ドルにしても、非常に魅力的な買い場であった。
　どの銘柄をどこで買えばよいか調べるときは、必ずリスク・リワードの特性について評価してほしい。リスク・リワードは、株式投資で成功するために必要な要素である。特にボラティリティが大きい相場や、チョッピーな（値動きに欠け、トレンドのない）相場で真価を発揮するだろう。
　買いたい株が支持値付近に押されるまで待ち構えたいところだ。そうすれば「リワード」部分を改善し、「リスク」部分を削減できる。

モメンタムとトレーディングバンド

モメンタムとトレーディングバンドは、特に短期トレードで注目しているツールである。しかし、長期投資の判断にも、株価が今にも押しそうなとき、あるいは押しが入ったと考えられるとき、チャートパターンとともに利用できる。DWAでは、両者とも独自に算出している。

モメンタム

モメンタムは、日次、週次、月次の3種類を算出している。日次モメンタムは、非常に短期のトレード用ツールだ。週次モメンタムは、それよりも少し長いタイミング戦略に役立ち、平均して約7週間でポジティブからネガティブ（あるいはその逆）に変わるために、中期的なシグナルとして使える。月次モメンタムは、長期的な変化の目安になっている。3つのなかでは、週次モメンタムを最もよく利用している。

週次（あるいは日次、月次）モメンタムは、基本的に1週（1日、1カ月）移動平均を5週（5日、5カ月）移動平均と比較した数値である。移動平均は指数平滑移動平均で算出される。1週移動平均線が5週移動平均線を上抜くと、週次モメンタムはポジティブになり、株価の反発を示唆している。逆に、1週移動平均線が5週移動平均線を下抜くと、モメンタムはネガティブで、株価に押しが入る可能性がある。

コンピューターグラフィックスが現在のように高度になるずっと以前から、週次モメンタムを利用している。当時は、2本の線（1週と5週）を描き、交差するところを探すのが難しかった。そのため、実際に2本の線の乖離幅を計算して、「トップ」「ボトム」と名づけた2

列の表を作成した。そして、モメンタムがポジティブであれば「トップ」に、モメンタムがネガティブであれば「ボトム」に算出した数値を書き込んだ。

「トップ」列と「ボトム」列を区分する線を5週移動平均線と考えてほしい。例えば、書き込む数値が「ボトム」から「トップ」に移動すれば、1週線が5週線を上抜いたことになる。「トップ」がゼロになり、「ボトム」にネガティブの数値が入れば1週線が5週線を下抜いたことになる。日次や月次モメンタムも、同様の表で管理する。単に時間枠が異なるだけだ。

モメンタムの数値は、補足情報として利用する。P&Fの代わりにはならない。個別銘柄を評価するとき最も重要なのは、マーケットRS、同業他社に対する（ピア）RS、そしてトレンドの3つである。そのうえでリスク・リワード比と個別銘柄のP&Fチャートを検証する必要がある。そして、これらがすべてポジティブであって初めて、短期のタイミングを計るツールである週次モメンタムなどを確認にするのだ。

もしすべての指標が強気になっている銘柄で、週次モメンタムだけがネガティブであれば、新規注文を出すのは株価が戻すまで待ったほうがよいと示唆している。つまり、モメンタムは、銘柄自体ではなく、売買のタイミングについての目安であるわけだ。

では、短期のポジションを取る場合の例として、ネクステル（NXTL）の週次モメンタムを紹介しよう。

まずネクステルのP&Fチャート（**図9.2**）を見てほしい。8月30日の株価は56ドルである。このチャートからさまざまなことが分かる。P&F分析を学ぶため、表から分かることを書き出してみるのも非常によい方法だ。研修生に教えるときは常にそうさせている。

8月30日（チャートの矢印のところ）までに何が確認できるか書き出してみよう。まず、7月に73ドルで高値を付け、それから上値も下

図9.2 ネクステル (NXTL) のP&Fチャート

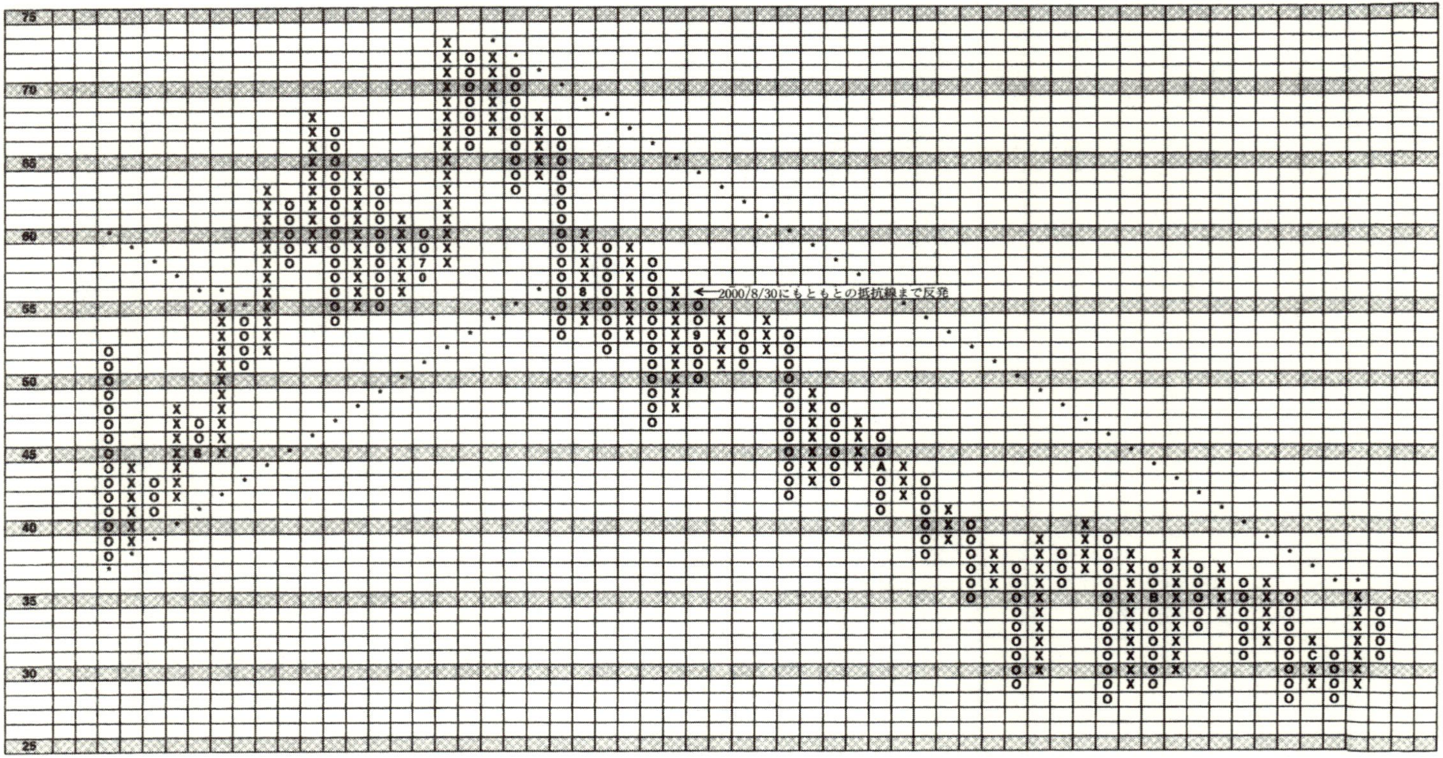

図9.3 ネクステルRS対ダウ（マーケットRS）

8.5		I	I	I	I			
8.0		I	I	I	I			
7.5		I	I	I	I			
7.0		I	I	I	3			
6.5		I	I	I	X	O		
6.0		I	I	I	X	O	X	
5.5		I	I	I	2	4	X	O
5.0		I	I	I	1	5	X	O
4.75		I	I	I	C	O	X	8	2000/8/29に下げに転換
4.5		O	I	I	X	O	6	O
4.25		5	I	I	B	O	X	9
4.0		7	I	I	X	O	X	A
3.75		O	I	I	X	O		O
3.5		8	I	I	A			O
3.25		9	I	I	X			O
3.0		O	I	I	X			B
2.75		A	I	I	9			
2.5		B	I	I	X			
2.25		O	I	I	7			
2.0		C	7	I	6			
1.75		1	X	O	9			
1.5		O	X	O	X			
1.25		2	I	B	X			
1.0		I	I	C	I			
.75		I	I	I	I			
.50		I	I	I	I			
.25		I	I	I	I			
.00								
		9	9	9	9	9	0	
		4	5	6	7		0	

値も切り下げている。また、4回連続（65ドル、62ドル、52ドル、51ドル）でダブルボトム売りシグナルを出している。しかも、強気支持線を割り、ネガティブトレンドに転じている。

次にRSを確認する（**図9.3**）。マーケットRSが○列に転換している。これはネガティブ材料だ。8月30日現在、買いシグナルは維持しているが、短期間で○列が売りシグナルを出せば、さらなる赤信号となる。

ピアRSはどうか（**図9.4**）。○列にある。今までのすべての情報から、ネクステルは供給に支配されていると分かる。

図9.4　ネクステルRS対DWA（ピアRS）

20									
19.5									
19.0									
18.5						X			
18.0					3	X	O		
17.5					X	O	7	O	
17.0					X	O	X	8	
16.5					2	4	X	O	
16.0			X		1	O	X	O	
15.5			X	O	X	O	X	O	
15.0			X	O	X	5	X	O	
14.5			A	C		O	X	9	
14.0			X			O	6	A	
13.5			X			O	X	O	
13.0			X			O	X	O	
12.5		9	9			O	X	O	
12.0		X	O	8		O		O	X
11.5		8	O	X				O	X	O
11.0		X	B	X				O	X	O
10.5		X	C	7				O		B
10.0		X	4	6						
9.5		X	5	X						
9.0		7	O	3						
8.5			7	2						
8.0			9	X						
7.5			A	1						
7.0			C	X						
6.5			O	X						
6.0			O							
5.5										
5.0										
4.75										
4.50										
4.25										
4.0										
3.75										
3.5										
3.25										
3.0										
2.75										
2.50										
2.25										
2.0										
1.75										
1.5										
1.25										
1.0										
.75										
.5										
.25			9		9		0			
.00			7		9		0			

図9.5 ネクステル (NXTL) の週次モメンタム

日付	トップ	ボトム	直近の株価	クロス	
2000/12/11	0.102	0.00	31.56	22.505	
2000/12/08	0.063	0.00	32.44	26.379	
2000/12/01	0.020	0.00	29.13	27.061	
2000/11/24	0.033	0.00	34.88	31.220	週次モメンタムがポジティブに転換
2000/11/17	0.00	-0.007	33.563	34.377	週次モメンタムが近くポジティブ転換
2000/11/10	0.00	-0.060	30.063	37.388	
2000/11/03	0.00	-0.084	33.063	44.801	
2000/10/27	0.00	-0.085	34.875	47.240	
2000/10/20	0.00	-0.090	37.845	51.571	
2000/10/13	0.00	-0.099	28.250	53.780	
2000/10/06	0.00	-0.076	39.125	51.078	
2000/09/29	0.00	-0.024	46.750	50.515	
2000/09/22	0.00	-0.042	47.938	54.968	
2000/09/15	0.00	-0.016	50.875	53.588	
2000/09/08	0.00	-0.033	53.688	59.518	
2000/09/01	0.00	-0.067	53.500	66.167	
2000/08/25	0.00	-0.137	51.125	80.694	週次モメンタムのネガティブ幅が増加
2000/08/18	0.00	-0.119	57.250	82.308	
2000/08/11	0.00	-0.087	54.188	70.428	週次モメンタムがネガティブに転換
2000/08/04	0.00	-0.049	57.000	65.849	
2000/07/28	0.005	0.00	55.875	54.944	
2000/07/21	0.041	0.00	69.813	62.256	週次モメンタムの数値が下がり, ポジティブ幅が減少
2000/07/14	0.157	0.00	72.313	47.978	
2000/07/07	0.194	0.00	62.438	36.067	
2000/06/30	0.264	0.00	61.188	28.352	
2000/06/23	0.176	0.00	53.688	29.413	
2000/06/16	0.126	0.00	67.750	38.677	
2000/06/09	0.025	0.00	57.375	53.139	週次モメンタムがポジティブに転換
2000/06/02	0.00	-0.019	50.657	53.701	

ここまでの分析で、ネクステルが下落トレンドにあり、供給に支配されていることが分かった。そこで空売りの可能性を考える。近くの損切りポイント（株価が上昇して買いシグナルを出す可能性がある直近のポイント）は60ドルである。チャートには強い支持値がみられない。

　ここで週次モメンタムを利用する。空売りすべきか、それとも戻しがあるまで待つべきか見極める。あるいは、この銘柄をすでに保有していれば、ここで売るか、それとも少し待って2〜3ポイント上げてから手仕舞うか見極めるのだ。

　図9.5は週次モメンタムの表である。「トップ」と「ボトム」の列の間に線を引けば、その線が5週移動平均線、数字は1週移動平均になる（訳注　時系列は下から上）。

　8月4日、モメンタムの数値はトップからボトムに移った。つまり週次モメンタムがポジティブからネガティブに変わったわけだ。この表にある数値自体に、あまり意味はない。その増減に注意してほしい。8月4日から25日にかけて数値はネガティブに進んでおり、週次モメンタムのネガティブ幅が増えていると分かる。

　週次モメンタムは、通常6〜8週間、同じ列に留まることが多い。そのため、短期のタイミングを計るのに利用できる。ネクステルのモメンタムはネガティブに転換して間もない。したがって、これ以上、上昇する可能性は低いとみる。よって、売りポジションを取るのであれば今だと考えられる。

　もし週間モメンタムがポジティブに転じたばかりであれば、ぎりぎりの58ドルに上げたところで売ることも考えられる。モメンタムがポジティブであっても、供給が支配しているという銘柄自体の評価は変わらない。したがって、問題は、すぐ売るか、それともあと2〜3ポイント戻してから売るかの違いだけである。

　では話を先に進めて、**図9.2**の2000年12月（チャートの右端）まで

行ってほしい。テクノロジー銘柄がバッシングに遭うなかで、ネクステルも28ドルまで下げた。このときテレコム銘柄の打撃が最もひどく、ネクステルも例外ではなかった。

売りポジションを利食いする方法はいくつもある。ひとつは、30％の利益が出たところでポジションを減らしていく方法だ。30％の利益が出たら、まずポジションの３分の１を売り、50％になったところで、さらに３分の１を売る。そしてトレンドがネガティブであるかぎり、残りの３分の１は維持するわけだ。

短期トレーダーの場合、株価が次の項で紹介する10週トレーディングバンドの下部まで下げたときに利食いする方法もある。

最初の買いシグナルが出るまで、売りポジションを動かさないのも現実的な戦略だ。この場合だと39ドルまでとなる。

ほかには、弱気抵抗線を超えるまでそのままにしておく方法もある。これについては非常に興味深いケースが2000年12月にあったので、詳しく見てみよう。

まず、ネクステルが３回も支持値28ドルで反発している点に、注目してほしい。これは28ドルまで下げると供給がなくなってしまうことを意味している。

次に、36ドルで興味深いブレイクアウトをみせる可能性があった点だ。36ドルまで動けば、ダブルトップをブレイクしたうえに、弱気抵抗線を上抜けたことになる。こうなると、トレンドは2000年７月以来、約６カ月ぶりにポジティブに戻る可能性があるため、売りポジションを手仕舞いしなければならないだろう。

そして、36ドルでブレイクした時点からは、買いの可能性がある銘柄として注目することになる。チャートが形成されている間にファンダメンタルを調べ、買う条件が整っているか確認すればよいのだ。このときRSが展開し、株価がトレンドラインを超えると同時に転換していれば、理想的な状況と言える。

チェスのように、いくつか先の手まで読めることが分かってもらえたと思う。アクションポイントに達するまで行動は起こさない。しかし、チャートが形成されていくのを観察していけば、行動すべきときになってヘッドライトのなかの鹿の状態、つまり金縛りにあうことはなくなる。ネクステルが36ドルに届かず、続落すれば、それはそれでよい。

トレーディングバンド

平均への回帰はとても自然な現象だ。普段の生活でもよく経験する。土曜日の早朝に幹線道路を運転した経験がないだろうか。渋滞もなければ警官もいない。目的地に早く着きたいし、スピードを出すなら今だ。スピードを上げ、暴走気味に制限速度を超えて走る。すると突然、目の前の信号が赤に変わる。ちぇっ、元の木阿弥か。平均に戻ったのである。

自分にうぬぼれていたことはないだろうか。さあ、正直に。得てして、あまりに調子に乗りすぎると、突如、いわゆる平手打ちをくらって目覚めることがある。平均に戻ったのだ。

何かが起こり、我を忘れた自分に気がつく。そして冷静（普通）に戻ることで解決するのだ。

ベルカーブの中央にいるのは自然の摂理である。ある草地にウサギが何匹か住んでいるとする。幾何級数的なスピードで繁殖すると、それだけ1匹当たりの食料は減っていく。そのうち餓死するウサギが出てくる。こうしてウサギの数は、自然とこの草地に合った普通の数に戻るわけだ。

草地にいるウサギたちを狙うオオカミも増える。オオカミはウサギの数をかつての平均から絶滅の危機にまで減らしてしまうかもしれない。しかし、ウサギが減ればオオカミはいなくなる。そして、サイク

ルはまた始まる。株式マーケットもこれと同じ仕組みなのだ。

　平均を往来する株の動きを見やすいグラフにしたのが、10週トレーディングバンドである。

　第7章で言及したベルカーブの概念を思い出してほしい。一連のデータから、ベルカーブで描かれる分布が出来上がる。そのベルカーブの範囲は6つの標準偏差に分けられる。平均値から左に3番目の標準偏差に行けば100％売られ過ぎ、右に3番目の標準偏差に行けば100％買われ過ぎと考えられる。ベルカーブの中心が「普通」で、大抵、株価はこの前後1標準偏差の範囲内にある。

　個別銘柄や指数の10週間分のデータを集め、ベルカーブを作る。このベルカーブを「10週トレーディングバンド」と呼ぶ。株価や指数がベルカーブの買われ過ぎの側に達したとき、通常は平均に戻ると考えられる。

　株価や指数が平均に戻る方法は2つある。株価が大きく下げて中央に戻る場合と、株価はほとんど変わらず、ベルカーブが移行する場合だ。反対に、株や指数が売られ過ぎになった場合も、通常はこのどちらかで戻るのが分かるだろう。

　多くの場合、RSの強い銘柄はトレーディングバンドの中心（ミドル）から上の部分（トップ）で売買されているし、RSの弱い銘柄はトレーディングバンドの中心から下の部分（ボトム）で売買されている。

　トレーディングバンドの概念が分かったところで、次はこれを応用してみよう。DWAでは、追跡しているすべての銘柄のチャートの右側に「トップ」「ミドル」「ボトム」と表示し、その銘柄がトレーディングバンドのどのあたりでトレードされているか、すぐに分かるようにしてある。

　例えば、**図9.6**のクーパー・インダストリーズ（CBE）を見てほしい。セクターRSはポジティブ、その銘柄のRSはロングテールの〇列

図9.6　クーパー・インダストリーズ（CBE）

機械&ツール・セクターBPI	×列の40%
機械&ツール・セクター買いシグナルの割合	×列の20%
機械&ツール・セクターRSが×列の割合	×列の28%
機械&ツール・セクター・ポジティブトレンドの割合	×列の36%
機械&ツール・セクターRS	○列
CBEマーケットRSのシグナル	売り
CBEマーケットRSの列	×列
CBEピアRSのシグナル	売り
CBEピアRSの列	×列
CBEトレンド	ポジティブ
CBEシグナル	買い

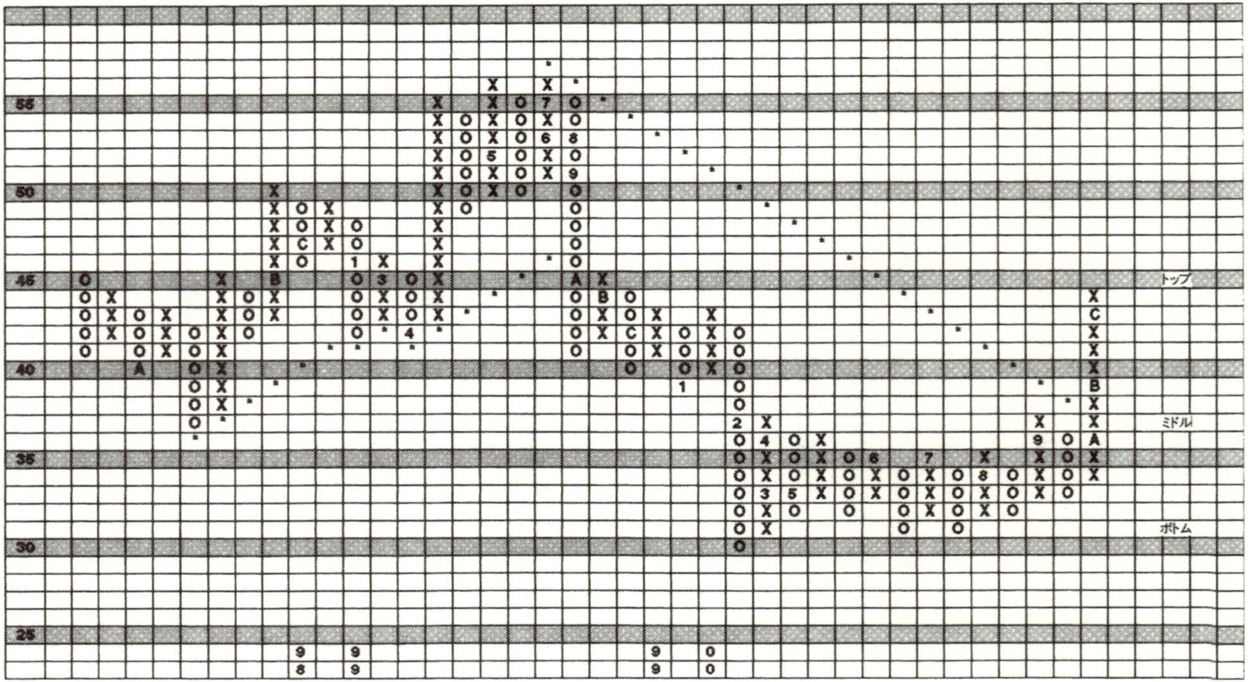

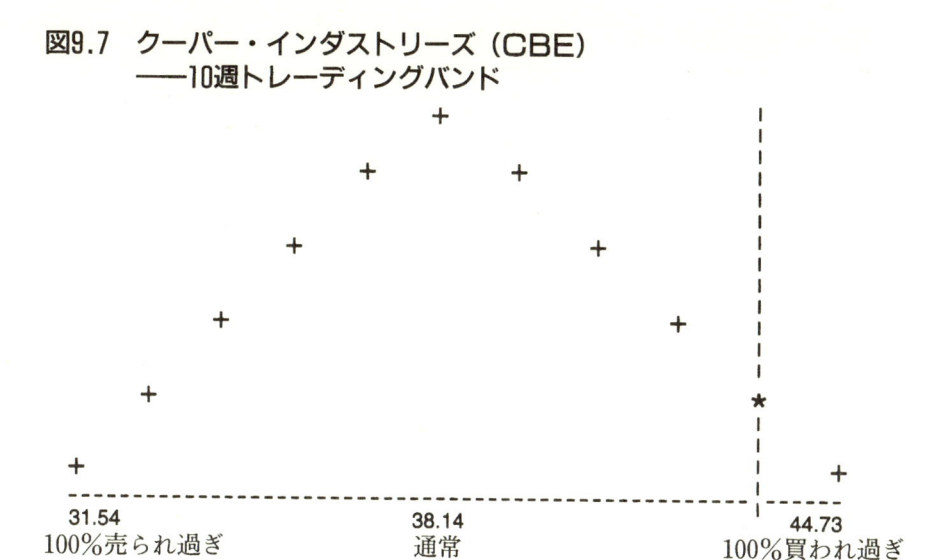

図9.7　クーパー・インダストリーズ（CBE）
　　　　——10週トレーディングバンド

```
                    +
              +           +
                 +
           +               +
              +
        +                       *
                                |
                                |
   +                            |       +
  - - - - - - - - - - - - - - - - - - - - - - -
  31.54              38.14              44.73
 100%売られ過ぎ      通常            100%買われ過ぎ
```

から転換したばかり、そしてトレンドはスプレッドトリプルトップを38ドルでブレイクしてポジティブに転換したばかりである。この銘柄はチャート上で44ドルまで上昇している。

　チャートに表示されている「トップ」に注目してほしい。ここから10週トレーディングバンドの上部に近いことが分かる。このことは**図9.7**のグラフでも確認できる。

　損切りポイントは、すべての短期支持を割る29ドルだと簡単に分かる。ただ、44ドルの株価に対してこのストップは少し離れすぎている。しかも10週トレーディングバンドの上部にも近いために、株価は押し戻される可能性が高い。

　では、どれくらいの押しが入るだろうか。ここで通常RSの強い銘柄はトレーディングバンドの上部から中間で売買されると指摘したのを思い出してほしい。したがって、30ドル台後半に押しが入ると予想

321

図9.8　銘柄評価用チェックリスト

銘柄			日付
	ポジティブ	ネガティブ	コメント
マーケット			
セクター			
セクターRS			
トレンド			
RS			
ピアRS			
パターン			
目標値			
リスク・リワード			
モメンタム			
トレーディングバンド			

される（10週トレーディングバンドの中央は38.14ドル）。

　トレーディングバンドの下部である32ドルまで下げるのを待っていても、RSの強い銘柄がそこまで落ちる可能性は低いだろう。逆に、RSの弱い銘柄がトレーディングバンドの上部まで反発するのを待っていても、そうならない可能性が高いだろう。この場合、トレーディングバンドの中央まで戻していたら、売りまたはヘッジの機会ととらえたほうがよい。

　10週トレーディングバンドは、直近10週間のデータを更新していくことで変化する。私たちの経験では、ダウ平均、ナスダック、S&P500など、幅広いマーケット指標のトレーディングバンドが非常によく機能すると分かっている。

練習問題

　P&F手法を学ぶ最も良い方法は、実際の例で練習することだ。学校でもセミナーでも説明したあとは、常に練習問題で締めくくるようにしている。例題のいくつかは、教授したすべての概念が組み込まれ、完全な事例研究ができるようにしてある。
　本書を読むのは「ドーシー・ライト・ポイント・アンド・フィギュア・インスティチュート」で受講しているようなものだ。したがって最後に、すべての情報が詰まった練習問題を解いてみよう。
　お勧めしたい方法のひとつは、チェックリストを作成して、対象銘柄の良い点と悪い点を書き出すやり方だ。チェックリストには「ポジティブ」「ネガティブ」「コメント」の項目を作る。そしてマーケット、セクター、銘柄の諸条件を検証し、その結果を該当する箇所に書き込んでいくのである（**図9.8**）。
　ポジションを評価するときはいつでもこの練習を続けてほしい。DWAのサイトを利用すれば、この作業はだいぶ楽になる。ボタンをクリックするだけで、すべての情報が含まれたちょうど**図9.8**のような評価リストが入手できるからだ。

例題1

　図9.9をみてほしい。ポジション評価に必要なテクニカルデータは、すべて用意してある。銘柄には架空の名称「クール・クロージング」をつけ、時期は抜いてある。これで企業名や時期に過度に影響されずに済む。事実、ブローカー専門学校で事例研究をする場合、名前が分からないほうがイメージに惑わされず、正しく評価できている。株に「恋に落ちて」はならない。株はあくまでランチデートの相手であって、お見合いの相手ではないことを覚えておいてほしい。

図9.9 クール・クロージング——週次モメンタム—ネガティブ（1週間）、月次モメンタム—ネガティブ（1カ月）

324

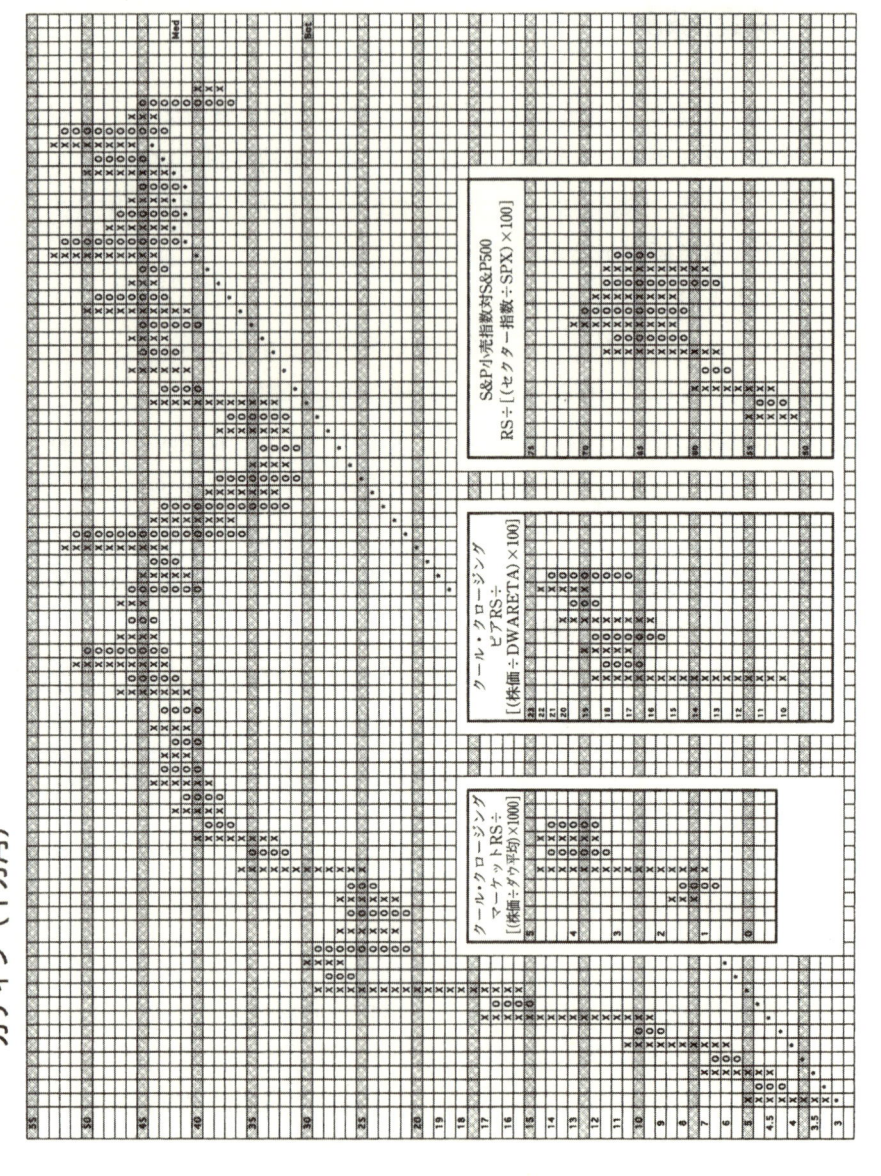

第9章●まとめ

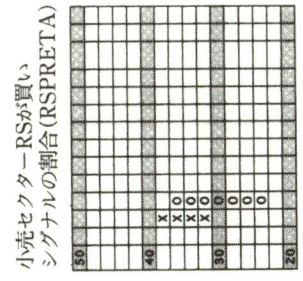

325

図9.10　銘柄評価用チェックリスト──クール・クロージング

	ポジティブ	ネガティブ	コメント
マーケット		×	NYSE BPIは○列
セクター		×	小売BPI、RSが買いシグナルの割合は○列 RS、ポジティブ・トレンドは×列
セクターRS		×	売りシグナルで○列
トレンド		×	長期のトレンドラインを割っている
RS		×	買いシグナルで○列
ピアRS		×	売りシグナルで○列
パターン		×	40〜42ドル付近で主要支持線を割ると同時に上値が切り下がり始めている
目標値		×	次の支持は10週トレーディングバンド下部近くの31ドル
リスク・リワード		×	抵抗水準は46ドル、支持水準は31ドル 6ポイントの上昇に対し、9ポイントの下落
モメンタム		×	週次モメンタム、月次モメンタムともにネガティブ
トレーディングバンド		×	トレーディングバンドの中間

　それでは、図9.9の各チャートをしっかりと検証して、その結果をチェックリスト（図9.8）に書き込んでいこう。気づいたことは、コメント欄に記入する。表を書き終えればパズルは完成だ。何をすべきかがはっきり分かるだろう。

　図9.10の表は、私が図9.9を評価した結果である。これを見ると、すべての指標が「ネガティブ」になっている。この銘柄を買おうと評価しているならば、かなり勝算が低いと示唆している。また、すでにこの銘柄を保有しているのであれば、ポートフォリオの価値を下げる可能性があるため、何らかの防衛策を取ったほうがよい、ということになる。

図9.11 ギャップ (GPS)

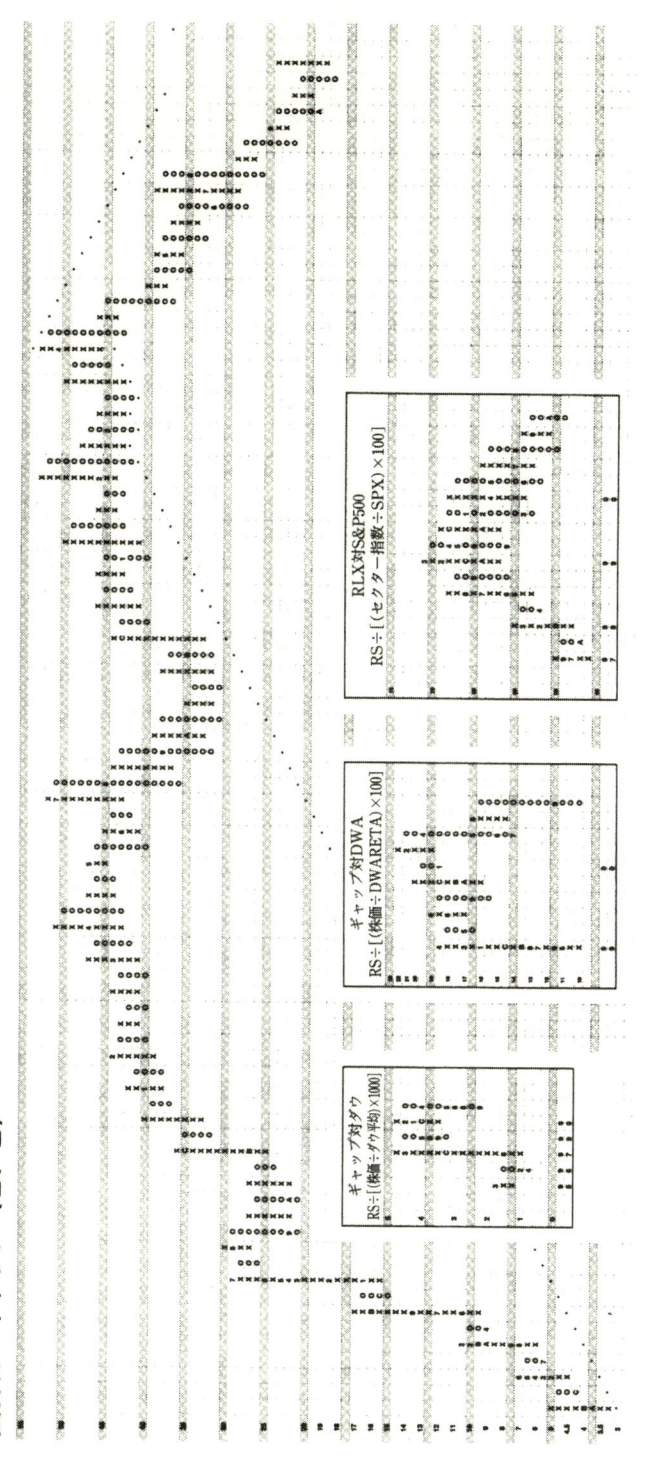

防衛策として、ポジションを売る以外にも、部分的に売る、プロテクティブ・プットを購入するなど、さまざまな方法がある。いずれにせよ、「この銘柄のリスクは高く、リスクを減らすための戦略を導入しなければならない」と分かっているかが重要だ。

　次は**図9.11**を見てほしい。実は、今回評価した銘柄はギャップ（GPS）であった。2000年4月から12月にかけて、ギャップ株は40ドル近辺から26ドルまで35％もの大幅な下げをみせた。もし防衛策を取っていなければ、この銘柄ひとつでポートフォリオに甚大な被害をもたらした可能性がある。この35％減を取り戻すには、55％の上昇が必要だ。株式の平均リターンが12％程度であることを考えると、損失を取り戻すだけでも4年かかる。

　ここでの教訓は「勝算が低いときは資産の守りに徹すること」である。チャンスはまた巡ってくる。しかし、失った資産を取り戻すのは難しい。利益を乗せている間に仕切って、多少の損は甘受する。小さな損ほど対処しやすい。

例題2

　最初の問題と同様、まず**図9.8**の表を書き写し、**図9.12**のテクニカル情報を書き込んでほしい。この銘柄は、すでに証券会社の推奨リストに入っており、ファンダメンタル面は問題ないとする。今回も、先入観が判断に影響しないように、銘柄には架空の名称「セージ・ソフトウエア」をつけている。また時期は伏せてある。判断プロセスに重要ではない。

　唯一重要なのは、今回のターゲットであるセージ・ソフトウエアについて、テクニカル的にポジティブな点とネガティブな点をリストにして、どちらが多いか確認することだけである。この作業をすれば、どのような戦略をとるべきか明確になるはずだ。

第9章●まとめ

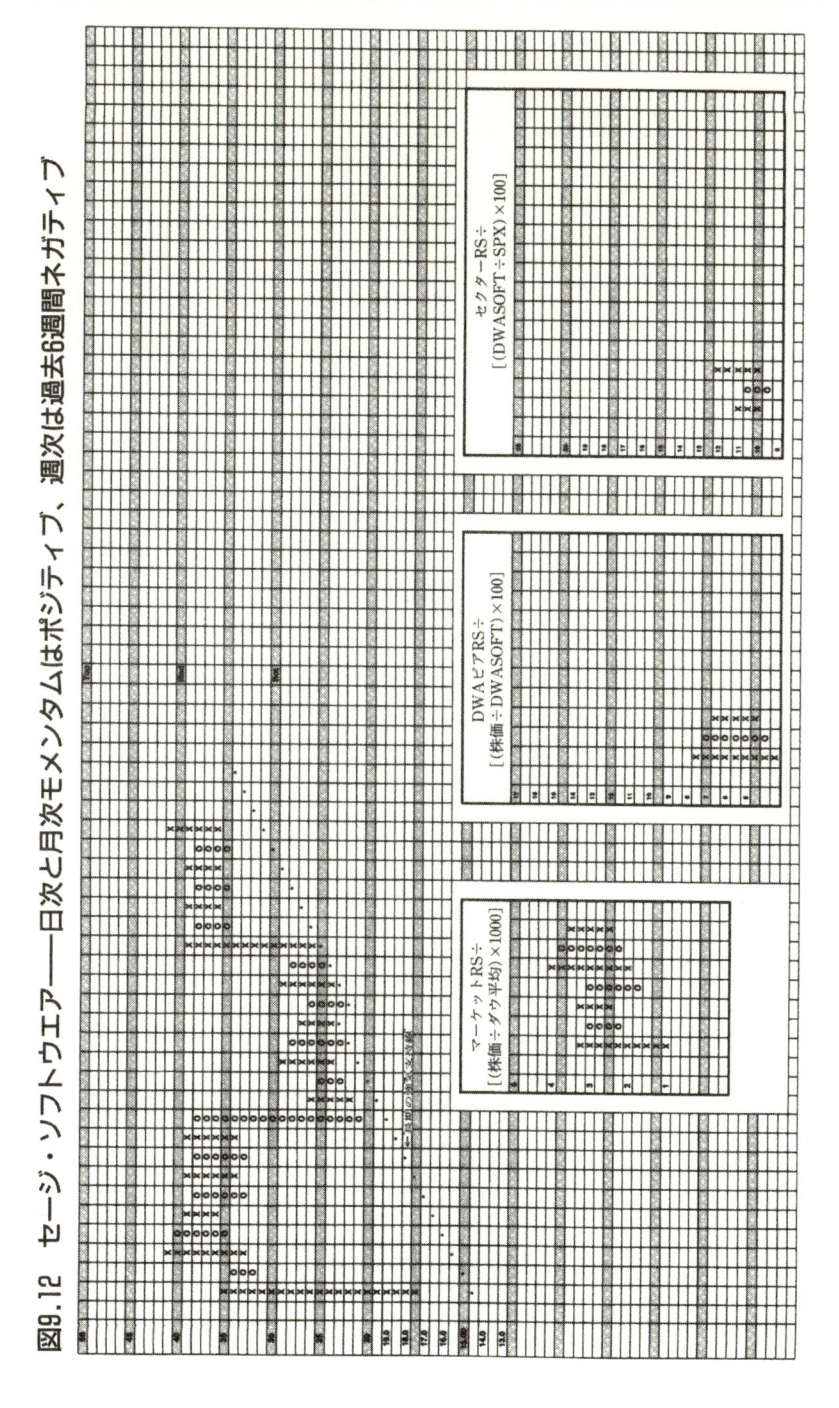

図9.12 セージ・ソフトウエア——日次と月次モメンタム(はポジティブ、週次は過去6週間ネガティブ

図9.12 セージ・ソフトウエア――日次と月次モメンタムはポジティブ、週次は過去6週間ネガティブ

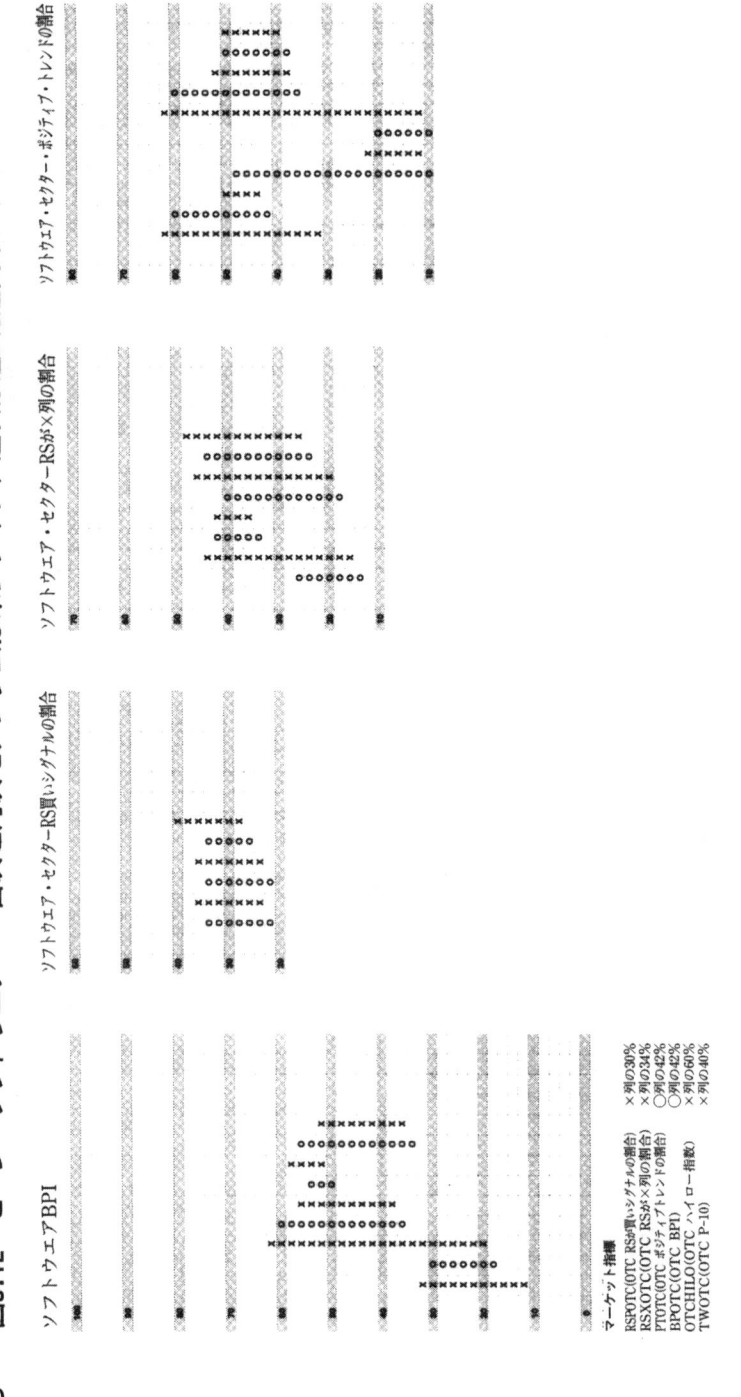

ソフトウェアBPI　　ソフトウェア・セクターRS買いシグナルの割合　　ソフトウェア・セクターRSがX列の割合　　ソフトウェア・セクター・ポジティブ・トレンドの割合

マーケット指標
RSPOTC(OTC RSが買いシグナルの割合)　　×列の30%
RSXOTC(OTC RSがX列の割合)　　×列の34%
PTOTC(OTC ポジティブ・トレンドの割合)　　○列の42%
BPOTC(OTC BPI)　　○列の42%
OTCHILO(OTC ハイ・ロー指数)　　×列の60%
TWOTC(OTC P-10)　　×列の40%

図9.13 銘柄評価用チェックリスト

銘柄　　　　　　　　　　　　　　　　　　　　　　　　　　　　　日付

	ポジティブ	ネガティブ	コメント
マーケット	×		OTC関連指標の大半がポジティブ
セクター	×		ソフトウエア指数はすべて×列にある
セクターRS	×		×列の買いシグナル
トレンド	×		安定した長期の強気支持線
RS	×		×列の買いシグナル
ピアRS	×		×列
パターン	×		40ドルで「ビッグベース・ブレイクアウト」
目標値	×		水平カウントで84ドル
リスク・リワード	×		ストップが31ドル、43ポイント上昇に対し、10ポイント下落
モメンタム	×	×	日次と月次はポジティブ、週次はネガティブ
トレーディングバンド	×		中間、RSが強い銘柄の場合は十分戻している状態

　私が**図9.12**を評価した結果を**図9.13**の表に示した。なんと、これは最強の組み合わせだ。唯一、ネガティブな点を挙げるとすれば、週次モメンタムがまだポジティブになっていないことくらいしかない。

　OTC BPIは依然として○列である。しかし、RSがポジティブの割合やRSが×列の場合など、大部分の指標がポジティブになっている。しかも、短期のOTC指標が反発した。これらはすべて、OTC BPIが×列に転換する日は近いと示唆している。

　またセクターに関しても、すべてが強気だ。ソフトウエアセクターBPIは52％で、まだ上昇余地がある。マーケットとセクターが有利な状況だと分かれば、この銘柄のリスクの75％は確認したことになる。

　今度はセージ・ソフトウエア自体の特徴を見ていこう。RSはマー

ケットに対しても同業他社に対してもポジティブ、トレンドチャートもポジティブ、そしてレンガの壁のようにしっかりした強気支持線が20ドル台半ばから伸びている。

　この銘柄は以前に39ドルまでの素晴らしい上昇をみせた。しかしそれは、さらに上を期待できないというわけではない。40ドルでのブレイクは、保ち合いを経て、需要が再び支配権を握ったと示唆している。

　目標値は、水平カウントで算出する。最初に39ドルで天井となった×列（**図9.12**のチャートでは左から5つ目の列）から直近のブレイクアウトまで数えると21列になる。これを3倍した63に、水平カウントのなかの最安値21を足すと84ドルになる。この84ドルが目標値となる。

　短期トレーダーであれば、当面のストップを34ドルに設定できる。しかし、長期投資家であれば、少し余裕を持って、強気支持線を割る31ドルに置けるだろう。もちろんチャートが思惑どおりに展開すれば、ストップポイントを上げていくことになる。

　このように強いパターンでブレイクアウトしたときは、部分的でもよいので新しいポジションを作り、押し目でさらに買い増したいところだ。

　さて、この銘柄が何か分かっただろうか。答えは、オラクル（ORCL）だ。40ドルをブレイクしたのが1999年9月（分割前）であった。**図9.14**には、この銘柄がそれからわずか3カ月で、倍以上の90ドルまで上昇した様子が描かれている。

　ここで、トレード管理のもうひとつ重要なポイントについて、触れておく必要がある。「どこで利食いするか？」だ。

　利益確定は、投資家にとって最も難しい作業のひとつと言える。買った株が上がると期待が膨らむ。株価が1ポイント上昇するたびに、期待も1ポイント上昇するわけだ。こうして、株にほれ込んでしまう投資家は多い。

図9.14 オラクル（ORCL）

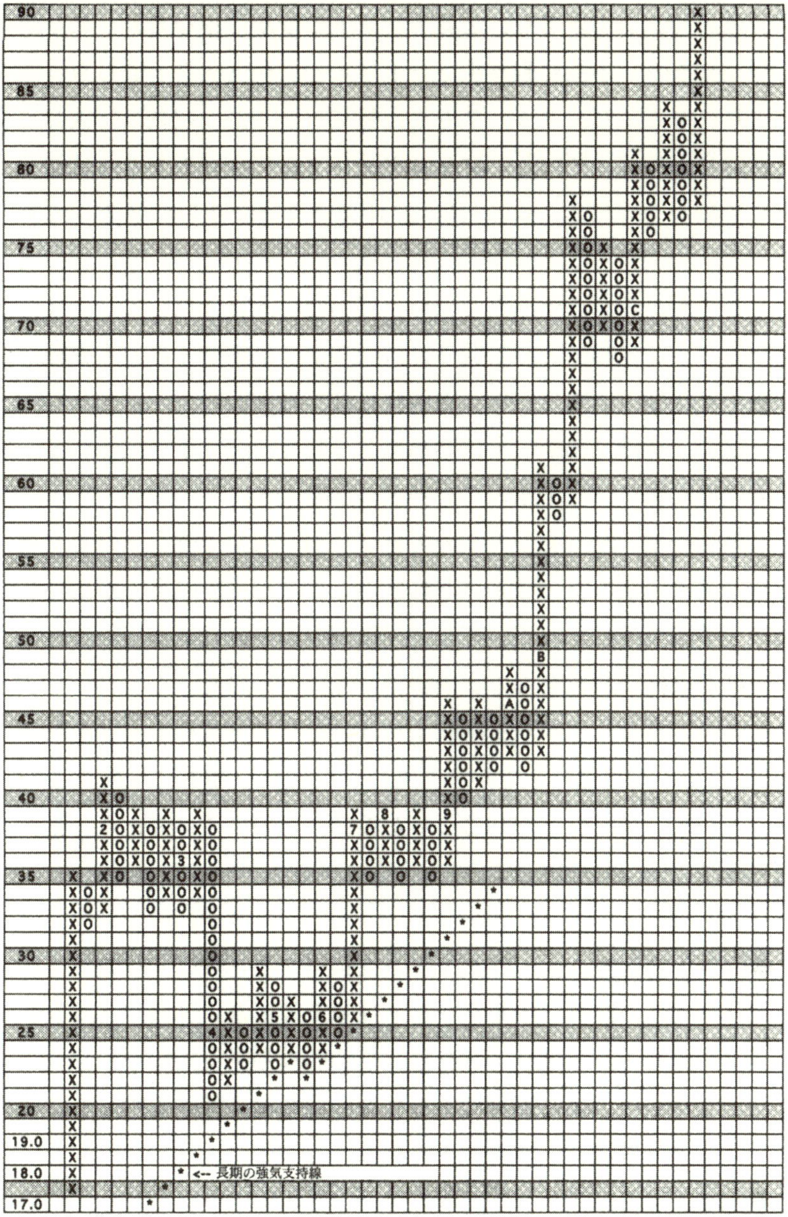

しかし、株価はいずれ天井を打つ。供給が需要を凌駕するのだ。最初、数ポイント下げても、上昇トレンドのなかの単なる押しにしか見えないだろう。さらに数ポイント下げると、ショックと信じられない気持ちになる。どのニュースもまだ強気だからだ。収益は好調で、新製品の発売も控えている。ファンダメンタルアナリストたちは競って収益予想を上方修正し、『タイム』誌までこの会社の特集を組んでいる。

ところが、これこそ頂点を極め、買いたい人は皆買ってしまったときなのだ。この銘柄の需給関係は、明らかに供給サイドに主導権が移り始めた状態である。買いが途切れれば、ほんのわずかな売りが入っただけで、株価は急激に下げ始める。そして、一旦下げ始めれば、懸念は恐怖に変わり、下落のスピードは加速する。

この時点で、たったひとりのアナリストが収益予想を下げるだけでパニックは広がる。一番手に遅れまいとウォール街の多くが追従し、次々と予想を下げていく。そして、投資家がそれに気づいたときは、すでにその株は利益どころか損になっているわけだ。

本書の内容をしっかりと研究すれば（そしてそれらの原理を順守すれば）「どこで利食いするか？」という問題に、頻繁に直面するだろう。トレードが思惑どおりになった場合、どのように考えられるか、選択肢をいくつか提供しよう。

- ●強気支持線をストップポイントに利用する。株価が強気支持線よりも上にあれば、主要トレンドは強気である。株価が主要な強気支持線からかけ離れていれば、補助的な強気支持線を引くことになるだろう。また場合によっては、重要な支持値を割るところにストップを置く方法も考えられる。
- ●BPIが70％よりも上で下落に転じたときは、少なくともポジションの一部は利食いする。このセクターは今後少なくとも小休止が

予想されるからだ。またセクターRSもネガティブであれば、下げる可能性が（ポジティブの場合よりも）高い。
- セクター指標の大半がネガティブに転じたら利食いする。勝算が高い時期はもう過ぎた。
- 含み益があれば利食いし、コールかリープス（期限が9カ月を超える長期オプション）を購入する。ここでレバレッジを掛けすぎてはいけない。例えば、40ドルで500株買った銘柄が60ドルになっていれば、500株すべて60ドルで利食い、利益の一部で、6カ月以上のイン・ザ・マネー・コールを購入するのもひとつの方法と言える。このとき購入するコールは5枚（500株分）までで、それ以上の購入は、戦略の乱用（レバレッジ過多）を意味する。残った資金はマネーマーケットアカウント（**訳注　MMA、最低金額などの条件はあるが、普通預金よりも利率が高く、自由に出し入れできる口座**）に入れておけばよい。この方法であれば、リスクをコールのコストに限定したうえで、さらなる上昇の利益も狙える。
- チャートから依然として上昇傾向にあると判断すれば、保有しているポジションに対し、高めの権利行使価格のコールを売る。こうしておけば、自分で手仕舞いのタイミングを計らずに済む。（ポジションを清算する）オプションズ・クリアリング・コープに任せておけばよい。例えば、40ドルで500株買った銘柄が60ドルになっていれば、権利行使価格が60ドルか65ドルで残存期間3〜6カ月のコールを2枚売ることができる。受け取ったプレミアムは、株価が下げたとき、保有株の損を相殺するのに役に立つ。権利行使されても、残りの保有株も値上がりしているわけだから、良い展開と言える。
- 株価が30％上昇したら、まずポジションの3分の1を売り、50％上昇したらさらに3分の1を売る。そして残りの3分の1は、最

初に利食いした価格まで下げるか、RSチャートがネガティブに転じたときに売る。これは上昇のメリットを最大限に生かす方法だ。まだ好調なときに強制的に一部の利益を確定するところが気に入っている。上げているときに売るほうが、みんなが必死で逃げ道を探しているときよりも、ずっと簡単に売れる。状況が急変しているときは、自分に有利なときに手仕舞いしたほうがよい。

また、この方法は、ひとつのポジションがポートフォリオ内で大きな割合を占めることから防いでくれる。ひとつの篭にたくさんの卵を入れすぎてはいけない。リスクは分散しなければならないのだ。

結論

　本書から、勝算を高められるオペレーティングシステム（OS）を手に入れられたとすれば非常に嬉しく思う。需給という不変の法則に基づいたこのOSを利用すれば、ウォール街のプロと同等、あるいはそれ以上の投資家になれるだろう。

　何よりもシンプルに徹する。本書で紹介した単純な評価表を確認し、「ネガティブ」な指標が「ポジティブ」よりも多ければ、株を買うには勝算は低いとみる。逆に大半の指標が「ポジティブ」であれば、計画を立てて攻撃し、ポジションを管理する。本書で紹介された売買指針は、自らの信念を貫き、自信を育むのに役立つだろう。マスコミがどんなに悲観的に騒いでいても、自分の判断で買えるようになる。これまで聞いたことがないほど素晴らしい状況だと煽っても、自らの判断で売れるようになる。

　45年前に開発されたブリッシュ・パーセントの概念を私たちがマーケットに応用するようになって、20年がたつ。その間、常に大きな成果をもたらしてきた。強気相場のときも、弱気相場のときも、保ち合

い相場のときも、それぞれの場面で正しく成功へと導いてくれたのだ。これらの指標と指針は、だれにでも利用できる。

　本書を読み、ポイント・アンド・フィギュア手法の職人への道を歩み始めたのである。信じる道が見つかれば、あとはそれを極めるだけだ！

監訳者あとがき

「Lost Art（失われたアート）」。本書の著者、トーマス・ドーシー氏は、ポイント・アンド・フィギュア（P&F）分析をそう表現する。

この「失われた」という言葉には「知られざる」「見失われた」「忘れられた」といった意味が込められているようだ。事実P&Fは、100年以上も前にチャールズ・ダウが発案した株価データ管理法を源流とし、長い時の試練に耐えてきた分析法であるにもかかわらず、多くの個人投資家やブローカーたちに「知られざる」手法である。

その理由について、氏は「株価の根本的な変動要因が見失われているからだ」と主張する。

結局のところ株価は「需要と供給」で決まり、P&Fはこの需要と供給の動向を明らかにする、というのがP&Fの基本概念である。実際、氏は本書で、P&Fと派生した手法によって、需給の攻防と結果が、明確なパターンで表されることを証明し、その分析に基づいた一貫した投資プロセスを提示している。ところが、株価の変動要因が需給であると理解されていないため、P&Fが世に知られていない、というわけだ。

では、なぜ需給が注目されないのか。氏は「地道な努力が忘れられているからだ」と説明する。

P&F分析の示すパターンの認識力を高め、投資プロセスを体得するためには、分析者本人に「アート」の要素が求められるという。つまり、P&F手法を極めるには、自身が投資プロセスの一部となり、直感的に状況を判断し、積極的に「悪い」リスクを回避して「良い」リスクをとれる職人にならなければならないのだ。

職人として大成するには、才能と同じくらい、地道な努力による豊

富な経験が必要となる。この点が忘れられている、というわけだ。

そして氏は、そこに個人投資家の問題点があると警告する。

多くの投資家が、続々と開発される新しい売買手法に手を出し、労せずして値上がり銘柄が分かる「聖杯」を求めている。そこには自身で判断することを嫌う消極的な気持ち、自己への不信があるからだと、氏は嘆く。自信がないのだ。

一方、P&Fの職人は、地道な努力から自己への信頼、つまり自信をつけていると断言する。そう、自助努力による自信こそ、P&F分析成功のカギとなると主張しているのだ。

本書は「失われたアート」を探求し、「自信」という成功のカギを自力で生み出そうとする投資家、ブローカーたちへの指南書であり、応援メッセージである。本書で紹介されている分析の筋道は、P&Fを幹とし、さまざまな応用法で根を広げた「一本の木」を想像させる。また、記された投資の心構えと体験談は、P&Fの職人となる道程で壁に直面したとき激励してくれる「肥やし」となるように思う。

本書をきっかけに、日本市場という土壌のなかで、雨風に負けず自力でP&F分析を育て上げ、大きな果実を手にする職人たちが続々と登場すれば、本書に携わった人間として、うれしいかぎりである。

最後に、発行者の後藤康徳氏（パンローリング株式会社社長）、編集者の阿部達郎氏（FGI代表）、翻訳を担当していただいた井田京子氏、翻訳のアドバイスをいただいたナオミ・バーコヴ氏に深く感謝したい。そして、このすばらしい本を執筆し、日本語版の出版を辛抱強く待っていただいたトーマス・ドーシー氏に、あらためて感謝の意を表したい。

2004年1月

世良敬明

■著者紹介
トーマス・J・ドーシー[THOMAS J. Dorsey]
メリルリンチ社の株式ブローカー、ウィート・ファースト・セキュリティーズ社のシニア・バイス・プレジデント兼オプション戦略部門ディレクターを経て、現在はポイント・アンド・フィギュア分析を中心とする登録投資顧問業、ドーシー・ライト＆アソシエーツ社社長（www.dorseywright.com）。米国内で活発にリスク管理セミナーを開催、またウォール・ストリート・ジャーナル紙、バロンズ誌、テクニカル・アナリシス・オブ・ストックズ・アンド・コモディティーズ誌、フューチャーズ誌などに、株やオプション関連の記事を数多く寄稿している。著書に『スライビング・アズ・ア・ブローカー・イン・ザ・トゥエンティ・ファースト・センチュリー（Thriving as a Broker in the Twenty First Century）』、『トム・ドーシーズ・トレーディング・ティップス（Tom Dorsey's Trading Tips）』などがある。

■監訳者紹介
世良敬明（せら・たかあき）
1995年明治大学政治経済学部政治学科卒。商品取引員勤務を経て、エム・ケイ・ニュース社シカゴ駐在員として翻訳・記者業務に従事。現在はパンローリング社で編集に携わる。NFA（全米先物業協会）登録CTA（商品投資顧問）。翻訳書に『ゾーン』『マーケットの魔術師【株式編】』『タートルズの秘密』『魔術師リンダ・ラリーの短期売買入門』（いずれもパンローリング）など。

■訳者紹介
井田京子（いだ・きょうこ）
翻訳者。主な訳書に『ワイルダーのテクニカル分析入門』『トゥモローズゴールド』『ヘッジファンドの売買技術』『投資家のためのリスクマネジメント』『トレーダーの心理学』『スペランデオのトレード実践講座』（いずれもパンローリング）ほかがある。

2004年3月24日　初版第1刷発行
2007年8月1日　　第2刷発行

ウィザードブックシリーズ⑱

最強のポイント・アンド・フィギュア分析
市場価格の予測追跡に不可欠な手法

著　者　　トーマス・J・ドーシー
監訳者　　世良敬明
訳　者　　井田京子
発行者　　後藤康徳
発行所　　パンローリング株式会社
　　　　　〒160-0023　東京都新宿区西新宿 7-9-18-6F
　　　　　TEL 03-5386-7391　FAX 03-5386-7393
　　　　　http://www.panrolling.com/
　　　　　E-mail　info@panrolling.com
編　集　　エフ・ジー・アイ（Factory of Gnomic Three Monkeys Investment）合資会社
装　丁　　新田 "Linda" 和子
印刷・製本　株式会社シナノ

ISBN978-4-7759-7030-0

落丁・乱丁本はお取り替えします。
また、本書の全部、または一部を複写・複製・転訳載、および磁気・光記録媒体に
入力することなどは、著作権法上の例外を除き禁じられています。

©Takaaki Sera, Kyoko Ida　2004 Printed in Japan

アレキサンダー・エルダー博士の投資レクチャー

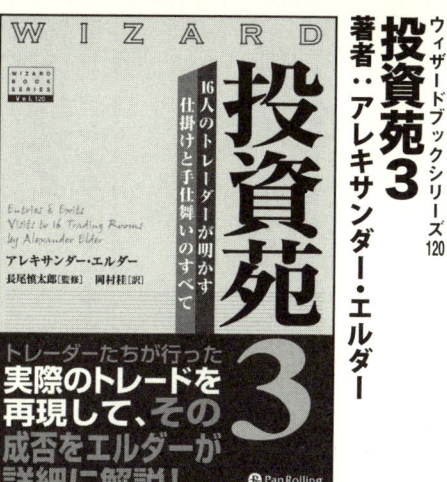

投資苑3

ウィザードブックシリーズ120
著者：アレキサンダー・エルダー

定価 本体 7,800円＋税　ISBN:9784775970867

【どこで仕掛け、どこで手仕舞う】
「成功しているトレーダーはどんな考えで仕掛け、なぜそこで手仕舞ったのか！」——16人のトレーダーたちの売買譜。住んでいる国も、取引する銘柄も、その手法もさまざまな16人のトレーダーが実際に行った、勝ちトレードと負けトレードの仕掛けから手仕舞いまでを実際に再現。その成否をエルダーが詳細に解説する。ベストセラー『投資苑』シリーズ、待望の第3弾！

投資苑3 スタディガイド

ウィザードブックシリーズ121
著者：アレキサンダー・エルダー

定価 本体 2,800円＋税　ISBN:9784775970874

【マーケットを理解するための101問】
トレードで成功するために必須の条件をマスターするための『投資苑3』副読本。トレードの準備、心理、マーケット、トレード戦略、マネージメントと記録管理、トレーダーの教えといった7つの分野を、25のケーススタディを含む101問の問題でカバーする。資金をリスクにさらす前に本書に取り組み、『投資苑3』と併せて読むことでチャンスを最大限に活かすことができる。

DVD トレード成功への3つのM〜心理・手法・資金管理〜

講演：アレキサンダー・エルダー　　定価 本体4,800円＋税　ISBN:9784775961322

世界中で500万部超の大ベストセラーとなった『投資苑』の著者であり、実践家であるアレキサンダー・エルダー博士の来日講演の模様をあますところ無く収録。本公演に加え当日参加者の貴重な生の質問に答えた質疑応答の模様も収録。インタビュアー：林康史(はやしやすし)氏

DVD 投資苑〜アレキサンダー・エルダー博士の超テクニカル分析〜

講演：アレキサンダー・エルダー　　定価 本体50,000円＋税　ISBN:9784775961346

超ロングセラー『投資苑』の著者、エルダー博士のDVD登場！感情に流されないトレーディングの実践と、チャート、コンピューターを使ったテクニカル指標による優良トレードの探し方を解説、様々な分析手法の組み合わせによる強力なトレーディング・システム構築法を伝授する。

トレード基礎理論の決定版!!

投資苑
ウィザードブックシリーズ9
著者：アレキサンダー・エルダー
心理・戦略・資金管理
TRADING FOR A LIVING
アレキサンダー・エルダー Dr. Alexander Elder 福井強訳
世界各国ロングセラー
13カ国語へ翻訳―日本語版ついに登場！
定価6,090円(本体5,800円+税)
PanRolling

定価 本体5,800円＋税　ISBN:9784939103285

【トレーダーの心技体とは？】
それは3つのM「Mind=心理」「Method=手法」「Money=資金管理」であると、著者のエルダー医学博士は説く。そして「ちょうど三脚のように、どのMも欠かすことはできない」と強調する。本書は、その3つのMをバランス良く、やさしく解説したトレード基本書の決定版だ。世界13カ国で翻訳され、各国で超ロングセラーを記録し続けるトレーダーを志望する者は必読の書である。

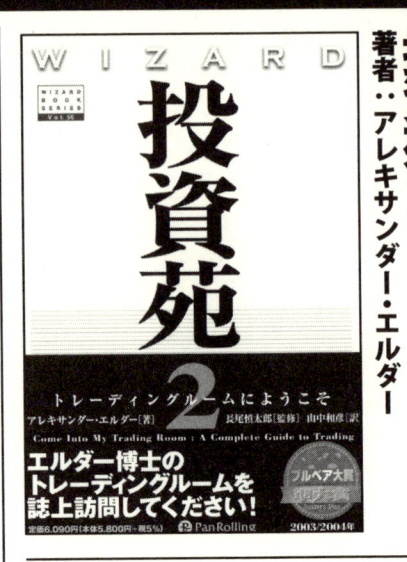

投資苑2
ウィザードブックシリーズ56
著者：アレキサンダー・エルダー
トレーディングルームにようこそ
アレキサンダー・エルダー[著] 長尾慎太郎[監修] 山中和子[訳]
Come Into My Trading Room : A Complete Guide to Trading
エルダー博士のトレーディングルームを誌上訪問してください！
定価6,090円(本体5,800円＋税)
ブルベア大賞2003/2004年
PanRolling

定価 本体5,800円＋税　ISBN:9784775970171

【心技体をさらに極めるための応用書】
「優れたトレーダーになるために必要な時間と費用は？」「トレードすべき市場とその儲けは？」「トレードのルールと方法、資金の分割法は？」――『投資苑』の読者にさらに知識を広げてもらおうと、エルダー博士が自身のトレーディングルームを開放。自らの手法を惜しげもなく公開している。世界に絶賛された「3段式売買システム」の威力を堪能してほしい。

ウィザードブックシリーズ50
投資苑がわかる203問
著者：アレキサンダー・エルダー　　定価 本体2,800円＋税　ISBN:9784775970119

分かった「つもり」の知識では知恵に昇華しない。テクニカルトレーダーとしての成功に欠かせない3つのM(心理・手法・資金管理)の能力をこの問題集で鍛えよう。何回もトライし、正解率を向上させることで、トレーダーとしての成長を自覚できるはずだ。

投資苑2 Q&A
著者：アレキサンダー・エルダー　　定価 本体2,800円＋税　ISBN:9784775970188

『投資苑2』は数日で読める。しかし、同書で紹介した手法や技法のツボを習得するには、実際の売買で何回も試す必要があるだろう。そこで、この問題集が役に立つ。あらかじめ洞察を深めておけば、いたずらに資金を浪費することを避けられるからだ。

バリュー株投資の真髄!!

ウィザードブックシリーズ 4
バフェットからの手紙
著者：ローレンス・A・カニンガム

定価 本体 1,600円＋税　ISBN：9784939103216

【世界が理想とする投資家のすべて】
「ラリー・カニンガムは、私たちの哲学を体系化するという素晴らしい仕事を成し遂げてくれました。本書は、これまで私について書かれたすべての本のなかで最も優れています。もし私が読むべき一冊の本を選ぶとしたら、迷うことなく本書を選びます」
―――――――― ウォーレン・バフェット

ウィザードブックシリーズ 87/88
新 賢明なる投資家
著者：ベンジャミン・グレアム、ジェイソン・ツバイク

定価（各）本体 3,800円＋税　ISBN：(上)9784775970492
(下)9748775970508

【割安株の見つけ方とバリュー投資を成功させる方法】
古典的名著に新たな注解が加わり、グレアムの時代を超えた英知が今日の市場に再びよみがえる！　グレアムがその「バリュー投資」哲学を明らかにした『賢明なる投資家』は、1949年に初版が出版されて以来、株式投資のバイブルとなっている。

ウィザードブックシリーズ 10
賢明なる投資家
著者：ベンジャミン・グレアム
定価（各）本体 3,800円＋税
ISBN：9784939103292

ウォーレン・バフェットが師と仰ぎ、尊敬したベンジャミン・グレアムが残した「バリュー投資」の最高傑作！　「魅力のない二流企業株」や「割安株」の見つけ方を伝授する。

ウィザードブックシリーズ 116
麗しのバフェット銘柄
著者：メアリー・バフェット、デビッド・クラーク
定価 本体 1,800円＋税
ISBN：9784775970829

なぜバフェットは世界屈指の大富豪になるまで株で成功したのか？　本書は氏のバリュー投資術「選別的逆張り法」を徹底解剖したバフェット学の「解体新書」である。

ウィザードブックシリーズ 44
証券分析【1934年版】
著者：ベンジャミン・グレアム、デビッド・L・ドッド
定価 本体 9,800円＋税
ISBN：9784775970058

グレアムの名声をウォール街で不動かつ不滅なものとした一大傑作。ここで展開されている割安な株式や債券のすぐれた発掘法は、今も多くの投資家たちが実践して結果を残している。

ウィザードブックシリーズ 62
最高経営責任者バフェット
著者：ロバート・P・マイルズ
定価 本体 2,800円＋税
ISBN：9784775970249

バフェット率いるバークシャー・ハサウェイ社が買収した企業をいかに飛躍させてきたか？　同社子会社の経営者へのインタビューを通しバフェット流「無干渉経営方式」の極意を知る。

マーケットの魔術師 ウィリアム・オニールの本と関連書

ウィザードブックシリーズ12
オニールの成長株発掘法
著者：ウィリアム・オニール
定価 本体2,800円+税　ISBN:9784939103339

【究極のグロース株選別法】
米国屈指の大投資家ウィリアム・オニールが開発した銘柄スクリーニング法「CAN-SLIM（キャンスリム）」は、過去40年間の大成長銘柄に共通する7つの要素を頭文字でとったもの。オニールの手法を実践して成功を収めた投資家は数多く、詳細を記した本書は全米で100万部を突破した。

ウィザードブックシリーズ71
オニールの相場師養成講座
著者：ウィリアム・オニール
定価 本体2,800円+税　ISBN:9784775970331

【進化するCAN-SLIM】
CAN-SLIMの威力を最大限に発揮させる5つの方法を伝授。00年に米国でネットバブルが崩壊したとき、オニールの手法は投資家の支持を失うどころか、逆に人気を高めた。その理由は全米投資家協会が「98～03年にCAN-SLIMが最も優れた成績を残した」と発表したことからも明らかだ。

ウィザードブックシリーズ93
オニールの空売り練習帖
著者：ウィリアム・オニール、ギル・モラレス
定価 本体2,800円+税　ISBN:9784775970577

氏いわく「売る能力もなく買うのは、攻撃だけで防御がないフットボールチームのようなものだ」。指値の設定からタイミングの決定まで、効果的な空売り戦略を明快にアドバイス。

DVDブック
大化けする成長株を発掘する方法
著者：鈴木一之　定価 本体3,800円+税
DVD1枚 83分収録　ISBN:9784775961285

今も世界中の投資家から絶大な支持を得ているウィリアム・オニールの魅力を日本を代表する株式アナリストが紹介。日本株のスクリーニングにどう当てはめるかについても言及する。

ウィザードブックシリーズ95
伝説のマーケットの魔術師たち
著者：ジョン・ボイク　訳者：鈴木敏昭
定価 本体2,200円+税　ISBN:9784775970591

ジェシー・リバモア、バーナード・バルーク、ニコラス・ダーバス、ジェラルド・ローブ、ウィリアム・オニール。5人の投資家が偉大なのは、彼らの手法が時間を超越して有効だからだ。

ウィザードブックシリーズ49
私は株で200万ドル儲けた
著者：ニコラス・ダーバス　訳者：長尾慎太郎、飯田恒夫
定価 本体2,200円+税　ISBN:9784775970102

1960年の初版は、わずか8週間で20万部が売れたという伝説の書。絶望の淵に落とされた個人投資家が最終的に大成功を収めたのは、不屈の闘志と「ボックス理論」にあった。

マーケットの魔術師シリーズ

ウィザードブックシリーズ 19
マーケットの魔術師
著者：ジャック・D・シュワッガー
定価 本体2,800円＋税　ISBN:9784939103407

【いつ読んでも発見がある】
トレーダー・投資家は、そのとき、その成長過程で、さまざまな悩みや問題意識を抱えているもの。本書はその答えの糸口を「常に」提示してくれる「トレーダーのバイブル」だ。「本書を読まずして、投資をすることなかれ」とは世界的トレーダーたちが口をそろえて言う「投資業界の常識」だ！

ウィザードブックシリーズ 13
新マーケットの魔術師
著者：ジャック・D・シュワッガー
定価 本体2,800円＋税　ISBN:9784939103346

【世にこれほどすごいヤツらがいるのか!!】
株式、先物、為替、オプション、それぞれの市場で勝ち続けている魔術師たちが、成功の秘訣を語る。またトレード・投資の本質である「心理」をはじめ、勝者の条件について鋭い分析がなされている。関心のあるトレーダー・投資家から読み始めてかまわない。自分のスタイルづくりに役立ててほしい。

ウィザードブックシリーズ 14
マーケットの魔術師 株式編《増補版》
著者：ジャック・D・シュワッガー
定価 本体2,800円＋税　ISBN:9784775970232

投資家待望のシリーズ第三弾、フォローアップインタビューを加えて新登場!!　90年代の米株の上げ相場でとてつもないリターンをたたき出した新世代の「魔術師＝ウィザード」たち。彼らは、その後の下落局面でも、その称号にふさわしい成果を残しているのだろうか？

◎アート・コリンズ著 マーケットの魔術師シリーズ

ウィザードブックシリーズ 90
マーケットの魔術師 システムトレーダー編
著者：アート・コリンズ
定価 本体2,800円＋税　ISBN:9784775970522

システムトレードで市場に勝っている職人たちが明かす機械的売買のすべて。相場分析から発見した優位性を最大限に発揮するため、どのようなシステムを構築しているのだろうか？　14人の傑出したトレーダーたちから、システムトレードに対する正しい姿勢を学ぼう！

ウィザードブックシリーズ 111
マーケットの魔術師 大損失編
著者：アート・コリンズ
定価 本体2,800円＋税　ISBN:9784775970775

スータートレーダーたちはいかにして危機を脱したか？　局地的な損失はトレーダーならだれでも経験する不可避なもの。また人間のすることである以上、ミスはつきものだ。35人のスーパートレーダーたちは、窮地に立ったときどのように取り組み、対処したのだろうか？

満員電車でも聞ける！オーディオブックシリーズ

**本を読みたいけど時間がない。
効率的かつ気軽に勉強をしたい。
そんなあなたのための耳で聞く本。
それがオーディオブック!!**

パソコンをお持ちの方はWindows Media Player、iTunes、Realplayerで簡単に聴取できます。また、iPodなどのMP3プレーヤーでも聴取可能です。

オーディオブックシリーズ 12
規律とトレーダー
著者：マーク・ダグラス

定価 本体 3,800円＋税（ダウンロード価格）
MP3 約440分 16ファイル 倍速版付き

ある程度の知識と技量を身に着けたトレーダーにとって、能力を最大限に発揮するため重要なもの。それが「精神力」だ。相場心理学の名著を「瞑想」しながら熟読してほしい。

オーディオブックシリーズ 11
バフェットからの手紙
著者：L・A・カニンガム

定価 本体 4,800円＋税（ダウンロード価格）
MP3 約707分 26ファイル 倍速版付き

バフェット「直筆」の株主向け年次報告書を分析。世界的大投資家の哲学を知る。オーディオブックだから通勤・通学中でもジムで運動していても「読む」ことが可能だ!!

オーディオブックシリーズ 1
先物の世界 相場の張り方

相場は徹底的な自己管理の世界。自ら「過酷な体験」をした著者の言葉は身に染みることだろう。

オーディオブックシリーズ 2
格言で学ぶ相場の哲学

先人の残した格言は、これからを生きる投資家たちに常に発見と反省と成長をもたらすはずだ。

オーディオブックシリーズ 5
生き残りのディーリング決定版

相場で生き残るための100の知恵。通勤電車が日々の投資活動を振り返る絶好の空間となる。

オーディオブックシリーズ 8
相場で負けたときに読む本〜真理編〜

敗者が「敗者」になり、勝者が「勝者」になるのは然的な理由がある。相場の"真理"を詩的に紹介。

ダウンロードで手軽に購入できます!!

パンローリングHP　http://www.panrolling.com/
（「パン発行書籍・DVD」のページをご覧ください）

電子書籍サイト「でじじ」　http://www.digigi.jp

■CDでも販売しております。詳しくは上記HPで——

道具にこだわりを。

よいレシピとよい材料だけでよい料理は生まれません。
一流の料理人は、一流の技術と、それを助ける一流の道具を持っているものです。
成功しているトレーダーに選ばれ、鍛えられたチャートギャラリーだからこそ、
あなたの売買技術がさらに引き立ちます。

Chart Gallery 3.1 for Windows
Established Methods for Every Speculation

パンローリング相場アプリケーション
チャートギャラリープロ 3.1　定価84,000円（本体80,000円＋税5％）
チャートギャラリー 3.1　　　定価29,400円（本体28,000円＋税5％）

[商品紹介ページ] http://www.panrolling.com/pansoft/chtgal/

RSIなど、指標をいくつでも、何段でも重ね書きできます。移動平均の日数などパラメタも自由に変更できます。一度作ったチャートはファイルにいくつでも保存できますので、毎日すばやくチャートを表示できます。
日々のデータは無料配信しています。ボタンを2、3押すだけの簡単操作で、わずか3分以内でデータを更新。過去データも豊富に収録。
プロ版では、柔軟な銘柄検索などさらに強力な機能を搭載。ほかの投資家の一歩先を行く売買環境を実現できます。

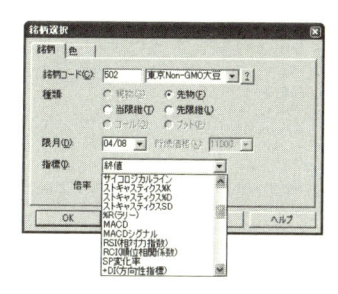

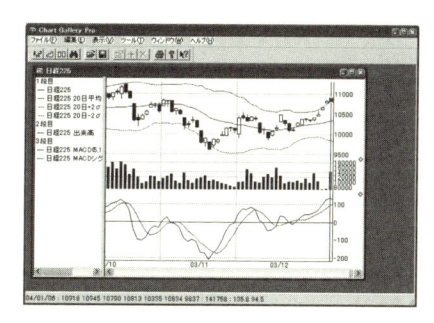

お問合わせ・お申し込みは

Pan Rolling　パンローリング株式会社
〒160-0023　東京都新宿区西新宿7-9-18-6F　TEL.03-5386-7391　FAX.03-5386-7393
E-Mail　info@panrolling.com　ホームページ http://www.panrolling.com/

ここでしか入手できないモノがある

Pan Rolling

相場データ・投資ノウハウ
実践資料…etc

今すぐトレーダーズショップに
アクセスしてみよう！

1 インターネットに接続して http://www.tradersshop.com/ にアクセスします。インターネットだから、24時間どこからでも OK です。

2 トップページが表示されます。画面の左側に便利な検索機能があります。タイトルはもちろん、キーワードや商品番号など、探している商品の手がかりがあれば、簡単に見つけることができます。

3 ほしい商品が見つかったら、お買い物かごに入れます。お買い物かごにほしい品物をすべて入れ終わったら、一覧表の下にあるお会計を押します。

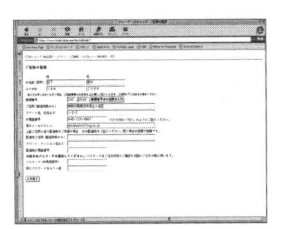

4 はじめてのお客さまは、配達先等を入力します。お支払い方法を入力して内容を確認後、ご注文を送信を押して完了（次回以降の注文はもっとカンタン。最短2クリックで注文が完了します）。送料はご注文1回につき、何点でも全国一律250円です（1回の注文が2800円以上なら無料！）。また、代引手数料も無料となっています。

5 あとは宅配便にて、あなたのお手元に商品が届きます。
そのほかにもトレーダーズショップには、投資業界の有名人による「私のオススメの一冊」コーナーや読者による書評など、投資に役立つ情報が満載です。さらに、投資に役立つ楽しいメールマガジンも無料で登録できます。ごゆっくりお楽しみください。

Traders Shop

http://www.tradersshop.com/

投資に役立つメールマガジンも無料で登録できます。　http://www.tradersshop.com/back/mailmag

パンローリング株式会社

お問い合わせは

〒160-0023　東京都新宿区西新宿7-9-18-6F
Tel：03-5386-7391　Fax：03-5386-7393
http://www.panrolling.com/
E-Mail　info@panrolling.com

携帯版